犯罪に挑む心理学

Ver.2

現場が語る最前線

笠井達夫・桐生正幸・水田惠三　編

北大路書房

2版を出版するにあたって

　本書の初版第1刷が出版されてから，10年が経ちました。その間，犯罪を取り巻く様々な状況が変化し，それに対応するように「犯罪心理学」も進展してきました。編者を代表し，それら変化と進展をふまえながら，以下に，筆を進めさせていただきます。

　水田さんを始め，多くの仲間と一緒に本書を企画，出版した時，なによりも先に，まず正確な「犯罪心理学」の姿を世の中に伝えたい，という思いが強くありました。当時の「犯罪心理学」は，異常性の高い犯罪への精神医学的なアプローチや，少年非行をテーマとした研究といったイメージが，より強いものでした。また，「犯罪心理学」の分野で働く人たちが，どんなところで，何をしているのかも，あまり知られていませんでした。「犯罪心理学」の研究でも，行動を変数化し統計的な処理を行っていることや，精密な器材で生理反応を記録したり，巧妙な実験を繰り返していることは，一部の研究者だけが知っている状態でした。本書を出すことによって，日本における「犯罪心理学」のブレイクスルーのきっかけにしたい，そのような思いも込め，私たちは本書を作成したのでした。

　この10年間に，犯罪形態や司法制度がゆっくりと，しかし大きく変化してきました。

　凶悪犯を含む刑法犯は全般に減少しているのですが，犯行の動機面などの質的な変化がうかがい知れ，そのことを大きく捉えるマスメディア報道の繰り返しによって，犯罪に対する市民感情は複雑になり，犯罪に関する情報整理も単純ではなくなってきています。たとえば，2008年に東京の秋葉原で起こった無差別殺傷事件は，自己の存在証明や軽微な理由でも殺人が成り立つ時代に入ったことを，私たちに知らしめました。また，急速なインターネット環境の広がりにより，これまでの物理的制限の枠が外れた出会いや繋がりが，犯罪を構成する重要な要因となってきました。加えて，ドメスティック・バイオレンスやいじめといった，顕在化しにくい犯行形態も常態化しつつある状況になっています。これまでの犯罪とは何かが違う，しかし何がどう違っているのか，ふ

り返る余裕を持てぬまま，時代が動き続けているのが現代だと考えられます。

　一方，「裁判員制度」の導入により，犯罪がより身近な存在として社会に感じられるようになってきました。裁判員は，刑法や刑事訴訟法の実際に接し，これまで弁護士や検事，警察官など司法関連の人たちしか見られなかった殺害状況の現場記録などを閲覧することが出来るようなりました。本物の事件が，テレビ映像や新聞記事を介してのみ知るものでは無くなったわけです。犯罪というものが，生活の中に何らかの影響をより多く与え始めてきました。市民ひとりひとりが，犯罪について真剣に向き合わなければならい時代になってきたものといえます。そして，このような状況において，犯罪心理学者の果たす役割は，ますます大きくなってきました。より科学的な「犯罪心理学」の構築と，より社会的な活用を目指すことが，求められてきています。

　個人的にも，この10年間に変化がありました。

　長年務めた山形県警科学捜査研究所を辞め，大学教員として働くこととなりました。それまで，生の犯罪現場や加害者，被害者，目撃者などと接していた仕事から，「犯罪心理学」を学びたい大学生や大学院生と接する毎日へと，大きく変化したのです。学生の興味関心に応えるため，個々の理論や事例を調べ教えることで，「犯罪心理学」の多様性を改めて知る良い機会となりました。また，地域の防犯活動ボランティアのみなさん，幼小中高の先生やPTAの保護者，防犯関連企業や市・府県の行政の方々，新聞やテレビニュースの担当者などと，一緒に仕事をする人が劇的に増えました。警察の捜査的視点から市民の防犯的視点に立つことで，犯罪現場に居るだけでは見ることの出来ない犯罪事象があることも，再認識したところです。

　さて，本書が第6刷まで版を重ねられたことは，この10年間に果たした本書の役割と意義が，少なからず評価された証だと思っています。本書が，ガイドライン的役割を果たし，より専門性の高い単行本（たとえば，「幼い子どもを犯罪から守る！：命をつなぐ防犯教育」，「性犯罪の行動科学：発生と再犯の抑止に向けた学術的アプローチ」など，共に北大路書房より）も，生まれています。また，2版の編集を行うために読み返してみると，現場の「犯罪心理学」が骨太に，そしてぶれなく描かれていることに，改めて気づかされます。犯罪

捜査，裁判，矯正など，各現場にかかわる執筆者の正確な記述が本書のなによりの特色でした。時代が変化しても，その表層に惑わされることなく正確な「犯罪心理学」の土台と現場が，生き生きと描かれているのが，この「犯罪に挑む心理学：現場が語る最前線」であるわけです。

今回は，初版のそれらエッセンスを十分に残しながら，最新の資料や記述を加え，編集いたしました。「犯罪心理学」を学びたい，「犯罪心理学」の現場を知りたい，という多くの皆さんに，満足していただけるよう心掛けたつもりです。気軽に，そして楽しんで，読んでいただければ幸いです。

最後に。

2011年3月11日の東日本大震災にて，以後，暴動や凶悪事件がほとんど起きなかった日本に対し賞賛する海外からの多くの声が，我々に伝わりました。先進国の中でも，人口比における刑法犯の認知件数が圧倒的に少ないのが，私たちの日本です。現場の「犯罪心理学」が，今以上に，安全で安心な社会を作る一助になるよう，研究や実践を進めていきたいと考えています。

2012年7月
編者を代表して，神戸より
桐生正幸

「序」

　みなさんは，この「犯罪心理学」という学問に対し，どのようなイメージをもっていますか？　映画や小説に出てくる名探偵の推理のようなイメージでしょうか。猟奇的で残虐な殺人事件が起きた時に，テレビなどで解説されるコメントのようなイメージでしょうか。たしかに，事件を解決したり，犯人の心理を明らかにするために，「犯罪心理学」は様々な手法を駆使し，事件や犯人に迫っていきます。しかしながら，けっして名探偵の推理のように劇的でもなく，ワイドショーのように単純明快でもありません。犯罪に挑む現場の「犯罪心理学」とは，たいへん地味なものであり，語り得ることのみを語る科学的な作業なのです。

　最近の犯罪事情はたいへん悪質化し，それを取り巻く社会環境も複雑な状況になってきています。動機がわかりづらくなってきた事件，高齢者や少年による凶悪な事件，犯罪の広域化，近隣の犯罪に傍観者的な態度をとる地域住民の増加など，犯罪にかかわる様々な状況が変容し，そして毎日のようにマスコミ

を通じて，それらが私たちに伝わってきています。

このような状況の中で，「犯罪心理学」は現実に見合った学問として活用され，また柔軟で学際的な研究が行われ始めています。たとえば，犯罪心理学の新たな分野である「犯罪者プロファイリング」は，隣接学問領域の知見をおおいに取り入れながら，犯罪情報の収集，分析，統合，そしてそれを現場で最大限活用するといった，システマティックな研究と実践において試みられ，そして形づくられてきています。また「犯罪心理学」の主眼は，犯罪を行う「人」のみに焦点を当てるばかりでなく，その「人」と物理的環境との関連や，物理的環境から「人」へのアプローチなどにも注目し，最近の様々な犯罪事情に見合った理論の構築も進められているのです。

しかしながら現在，それらの動向がきちんと記された「犯罪心理学」の学術書はたいへん少なく，初学者のために丁寧にわかりやすく説明した書物にいたっては，なかなか十分なものが見あたりません。そこで私たちは，実状にあった新しい「犯罪心理学」の本を作ることが必要であると考え，「犯罪心理学」に興味をもつすべての方々が満足できるよう，生の犯罪事象に接している，もしくは接したことのある実務家や研究者にその執筆を依頼しました。彼らは，犯罪捜査の第一線で仕事をしたり，罪を犯した者に会い心理テストなどを行っている，経験豊かな人たちばかりなのです。

また，本書では「犯罪心理学」の新たな可能性を模索しています。これまでの学術書は，精神医学的な観点から見た異常性や特異性の高い事例を中心としたものがほとんどでした。他方，犯罪者の心理に影響を与えるすべての要因を考慮し，法則を見いだそうとしている社会心理学的立場の書物も，近年増えてきています。本書では，この2つのアプローチを同等に扱いながら，基礎心理学を犯罪の現場に適応する試みもあわせて記述し，新しい「犯罪心理学」の形を提案しています。すなわち，個々の犯罪者の心理を探り，理解と改善に貢献する個性記述的な臨床心理，矯正心理学的アプローチを中心とした「犯罪心理学」ばかりではなく，犯罪という現象に対する心理学の様々なアプローチの総体を「犯罪心理学」と考え，本書は編集されているわけです。

本書の構成を簡単に紹介しましょう。はじめに，「犯罪心理学」の各理論と現場の実状について，その概観をわかりやすく解説しています。ここでは，「犯

罪心理学」の学問的背景が，たいへんバラエティーに富んでおり，また実際の犯罪現場で実務家がどのように活躍しているかが，理解できるようになっています。次に，捜査場面と矯正場面における犯罪心理学の各領域が説明されています。また「犯罪心理学」において重要な2つの学問領域，社会心理学と臨床心理学による最新の理論がここで紹介されます。最後に，大学の各分野の研究者から「犯罪心理学」に対するコメントが記され，将来の「犯罪心理学」の姿について論じられています。各章ごとに，興味深い最新のトピックスがあり，また可能な限り，図表やイラストが挿入されているので，本文の理解もスムーズになるものと思われます。なにより，経験豊かな犯罪現場の人たちから述べられる従来の形にとらわれないこの「犯罪心理学」は，みなさんのイメージを一新し，知的好奇心をきっと高めてくれることでしょう。本書は，最も新しく，そして役に立つ，これまでにない「犯罪心理学」の入門書なのです。ベストセラーの推理小説をめくるように，あなたをワクワクさせながら，臨場感のある学問の世界にいざなってくれるでしょう。さあ，扉をたたいてみてください。

　本書の出版に際し，丁寧な編集に力をそそいでくださった北大路書房の奥野浩之さんに心から感謝いたします。

2002年10月
編者を代表して
桐生正幸

2版を出版するにあたって　　i
序　　iv

第1部　現代の犯罪心理学

第1章　犯罪に挑む人たち　………………………………… 2
　1節　犯罪心理学という仕事―捜査・裁判・矯正　　2
　2節　試験システムと合格体験　　8
　　■トピックス1　犯罪心理学書籍紹介
　　■トピックス2　警察組織と心理職について

第2章　捜査の現場－事件は現場で起きている　………… 20
　1節　犯罪者プロファイリング　　20
　2節　地理的プロファイリング　　26
　3節　筆跡鑑定　　33
　4節　ポリグラフ検査　　39
　5節　少年警察活動における少年相談　　45
　　■トピックス3　国際捜査心理学会

第3章　鑑別と矯正の現場　………………………………… 54
　1節　少年鑑別所　　54
　2節　少年院　　61
　3節　刑務所　　67
　　■トピックス4　心理テストの様々

第4章　現代の犯罪と非行　………………………………… 76
　1節　犯罪の最前線　　76
　2節　窃盗と強盗　　84
　3節　性犯罪　　92
　4節　凶悪な少年非行―いわゆる「いきなり型非行」について　　98
　　■トピックス5　ストーカー犯罪

第2部　犯罪心理学の方法と理論

第5章　犯罪とは何か　……………………………………… 114
　1節　犯罪研究の歴史　　114
　2節　法律と犯罪　　120
　　■トピックス6　犯罪関連学会

第6章　犯罪心理学へのアプローチ……………………130
　1節　臨床心理学的アプローチ　　130
　2節　社会心理学的アプローチ　　136
　3節　認知，生理，環境からのアプローチ　　142
　　■トピックス7　捜査員の推論過程

第7章　心の世界から犯罪を見る―臨床心理学……………151
　1節　矯正の現場で心理学がいかに活用・応用されているか　　151
　2節　非行少年の心を理解する　　157
　3節　非行少年の心にかかわる　　163
　　■トピックス8　FBIの各種類型

第8章　犯罪に挑む社会心理学………………………172
　1節　生態学的社会学・心理学―特に円循環的見地の強調　　172
　2節　犯罪・非行における安倍理論　　179
　3節　関連する諸理論　　186
　4節　集団におけるトルネード仮説　　190
　　■トピックス9　サイバー犯罪

第3部　これからの犯罪心理学

第9章　犯罪心理学はもっとおもしろくなる……………200
　1節　発達心理学者から　　200
　2節　環境心理学者から　　202
　3節　精神生理学者から　　205
　　■トピックス10　寺田精一 ―日本最初の犯罪心理学者―

第10章　犯罪心理学の展望………………………210
　1節　警察の現場から　　210
　2節　矯正の現場から　　217
　3節　犯罪心理学の今後　　222
　　■トピックス11　犯罪心理学と根拠に基づく実践

引用文献・参考文献　　230
事項索引　　242
人名索引　　245

第1部
現代の犯罪心理学

　凶悪な事件報道が，毎日のようにマス・メディアをにぎわしている現代において，犯罪心理学はいったい何を行い，何を明らかにしているのでしょうか。その疑問を解くために，この第1部では，現代の犯罪心理学の諸事情について，犯罪にかかわる第一線の様々な研究者が執筆を担当しました。

　まず第1章では，犯罪心理学を仕事としている公的機関とその採用について，執筆者の体験談を交えながら紹介します。犯罪心理学の仕事を希望する方々にとっては，多くの情報が得られる章となるでしょう。第2章では，警察機関における犯罪心理学の具体的な業務内容が紹介されます。生の事件に対する科学的な犯罪心理学が，この章にてエキサイティングに明らかにされます。第3章では，少年院や刑務所の仕組みとこれらの組織における犯罪心理学の役割がわかりやすく説明されます。この章では，法と心理学の密接な結びつきについて，具体的に知ることができます。最後に第4章では，精緻な統計データと臨場感あふれる事例を用いて，現在の犯罪が多角的に描写されています。小説や映画とは違った実際の犯罪がもつリアル感と，果敢に犯罪に挑む心理学の姿を，みなさんは感じることになるでしょう。

第1章　犯罪に挑む人たち

1節　犯罪心理学という仕事―捜査・裁判・矯正

　刑法の講義が終わり，奈々子は大学構内の食堂に入りました。最近知り合った文学部のたかやと昼食の約束をしていたのです。見渡すと奥のテーブルに，たかやが座っていました。犯罪心理学担当の柿美（かきみ）教授も一緒です。

奈々子　：あっ，たかや！　柿美先生，こんにちは！
たかや　：ここの席，空いてるよ。
柿美教授：お久しぶり。今年の夏の集中講義以来かな。
奈々子　：はい，あの時はいろいろ質問させていただき，どうもありがとうございました。
たかや　：今ね，犯罪心理学の仕事について先生からお話をお聞きしてたんだ。
奈々子　：仕事？　犯罪心理学の？
柿美教授：確か君は法学部だったね。ひょっとして，たかや君より詳しいかもしれない。どんな人たちが犯罪心理学の仕事をしているか知ってますか？
奈々子　：犯罪心理ですか……えーと，探偵とか……
柿美教授：探偵？
奈々子　：あっ，テレビとかに出て，事件解決の手がかりを言い当てる超能力者とか。
柿美教授：超能力者！
たかや　：柿美先生，僕のほうがまだいいじゃないですか。
奈々子　：じゃ，たかやはなんて言ったのよ？
たかや　：精神医学者さ。超能力者なんて言ってないよ。
奈々子　：へー，すごい！
たかや　：でもね，柿美先生は違うっておっしゃるんだ。
柿美教授：いや，精神医学者の中には犯罪心理にたいへんお詳しい方々がいらっしゃるし，多くの業績がこの分野にて残されてもいる。ただ，実際の犯罪現場で活躍している人たちは，精神医学者だけではないんだ。そして，その仕事も医学的なものばかりではない。実は，警察や家庭裁判所といったところで，様々な犯罪心理学の仕事が毎日行われているのですよ。
奈々子　：おもしろそう！　もっと詳しく教えて下さい。

1 犯罪心理学と関係のある職場

犯罪心理学に関する専門的知識・技術が活用されている職場はどのようなところでしょうか。犯罪心理学はそれらの仕事にどのように反映されているのでしょうか。この質問に答えるのは，意外に難しいのです。そこで，間接的な方法になりますが，日本犯罪心理学会の会員の所属（勤務先）を調べることで，このテーマにアプローチしてみたいと思います。

表1-1は，学会員の職域ごとの人数・比率を示したものです。表の左側の数字は，安香と麦島 (1975) が1972年当時の日本犯罪心理学会会員名簿によって集計したものです。右側の数字は，筆者が最新の会員名簿（2009年版）によって調べたものです。職域のカテゴリーは，安香と麦島が設定したものをそのまま使っています。2つの調査時期の間には37年の開きがあります。その間の変化も，この表から見ることができます。この表の数字からいえることは，おおよそ次のようなことです。

① 会員総数は651名から1,267名へと，ほぼ2倍に増えています。日本犯罪心理学会会則によると，会員の資格は犯罪または非行に関する心理学的研究に学術的関心をもち，大学または大学院において心理学等を専攻した者（会則該当部分要約）となっています。このことからすると，この40年近くの間に犯罪心理学に学術的・専門的関心を抱く人が大幅に増えていると考える

表1-1　日本犯罪心理学会会員の所属

職　域	1972年11月		2009年12月	
矯正施設・その統括機関	371	(57.0)	546	(43.1)
司法機関（裁判所）	86	(13.2)	63	(5.0)
警察機関（研究所を含む）	26	(4.0)	139	(11.0)
児童福祉関係機関	8	(1.2)	32	(2.5)
精神衛生関係機関	11	(1.7)	30	(2.4)
小・中・高校	6	(0.9)	15	(1.2)
大学・研究所	95	(14.6)	241	(19.0)
社会内処遇機関	7	(1.1)	22	(1.7)
その他	41	(6.3)	179	(14.1)
計	651人(100%)		1,267人(100%)	

ことができます。

② 両時期とも圧倒的多数を占めている会員の所属先は，矯正施設およびその統括機関です。心理職としての国家公務員を最も多く擁しているのは矯正施設ですから，このことは当然の現象とも思えます。人数は40年近くの間に1.5倍に増えていますが，全体に占める比率は57％から43％へと14ポイント減少しています。これは，他の職域における人数の増加が著しいことを反映しています。

③ 次に多いのは両時期とも大学・研究所ですが，その増加率は2.5倍と大幅に増えています。心理学やその隣接の学問領域において，犯罪心理学に学術的関心を抱いている研究者が増えていることを示しているのでしょう。

④ 特筆すべきは，警察機関の大幅な増加（5.4倍）です。全体に占める比率も，4％から11％へとほぼ3倍増です。警察庁の機関である科学警察研究所の心理職はもとより，警視庁（東京都）ならびに各道府県の警察本部に設けられている科学捜査研究所の心理職が数多く学会員になったこと，また少年補導領域に心理学の素養をもつ人たちが多く採用されるようになった結果と思われます。

⑤ 司法機関は主として家庭裁判所ですが，そこには高度な専門家としての家庭裁判所調査官（以下，略して調査官という）が配置されており，その多くは心理学をはじめとする行動科学の素養を有する人たちです。学会員の数は多少減少していますが，犯罪心理学に関する有力な実践・研究の場であることに変わりはありません。

⑥ 以上のほかに，福祉・保健・学校・保護などの領域にも少数ながら会員が認められます。

⑦ その他は41名から179名へと4.4倍に増え，比率も6.3％から14.1％へと大幅に増えていますが，その内訳は所属なしが最も多く半分強（98名）を占めており，次に大学院生が3割程度（54名）を占めています。大学院生は1972年当時ほとんど見られず，研究者・高度専門職業人を目指す人が多くなっていることを表しています。

2　各職場の特色

　さて，各職域における犯罪心理学関連の仕事について詳しく説明したいのですが，そのすべてを取り上げることは困難ですので，そのうちの代表的なものについて説明しましょう。

(1) 警察機関

　先に述べたように，学会員の数が大幅に増えたのはこの領域です。犯罪の物的側面については科学的な「鑑識」技術が発達してきましたが，人の心理というのは複雑で個人差が大きいものであるために，犯罪者や犯罪行動の心理的側面の分析は，経験豊かな第一線の捜査員の手に長くゆだねられてきました。今でもその傾向は強いと思われます。たしかにベテラン捜査員の鋭い洞察と深い智恵には，生半可な心理学的知識では遠く及ばないところもあります。

　しかし，そうは言いながらも犯罪に関する心理学的研究が，警察庁の附属機関である科学警察研究所を中心として早くから行われてきました。最近は，警視庁ならびに各道府県の警察本部に設置されている科学捜査研究所の心理職が，研究と実践に力を発揮しつつあります。その仕事の中心は証拠価値が認められているポリグラフ検査（ウソ発見器）による鑑定ですが，レスラーらの一連の著書 (Ressler & Schatman, 1992など) によって一般にもよく知られるようになった犯罪者プロファイリング（犯人像の推定）に一部の人が着目し，科学警察研究所の研究者とともに精力的に研究が進められました。犯罪者プロファイリングについて日本で最初に言及したのは田村 (1994) ですが，その指導を受けた若手の研究者たちがプロファイリングに関する図書を刊行する（辻と岩見訳『犯罪者プロファイリング』；渡邉ら編『犯罪者プロファイリング入門』）など行い，現在その業務が全国で運用されています。

　警察機関には少年補導にたずさわる職員がいます。これらの職員は，「都道府県警察に，少年相談（少年の非行の防止又は少年の福祉に関する相談をいう），継続補導，被害少年の保護等，少年の特性に関する知識並びに少年への適切な対応の方法に関する知識及び技能を必要とする少年警察活動に従事させるため，少年補導職員を置くものとする」（少年警察活動要綱第3条）により配置されていますが，さらに，より複雑な少年相談の処理や少年相談を担当する職

員に対する指導などのため，少年相談専門職員が配置されています。少年相談専門職員は心理学その他の専門的知識を有することが条件になっていますが，少年補導職員は必ずしも専門的知識のあることが求められているわけではありません。しかし，この職種においても最近は心理学の素養のある人が増えてきています。犯罪心理学を志す人にとっては魅力のある仕事といえるでしょう。

(2) 司法機関（家庭裁判所）

法律の専門家である裁判官には犯罪心理学の知識が不要というわけではありませんが，それが最も多く求められるのは家庭裁判所の調査官です。調査官は家庭裁判所の少年事件と家事事件の両方にかかわりますが，犯罪心理学の知識が必要であり力を発揮するのは少年事件です。

少年事件というのは，少年（未成年者，男女ともに含む）の非行のことです。日本の少年法制は少年の健全育成を大目的とし，いわゆる保護主義の考えをとっていますので，処分を決めるためには事の黒白（事実の存否）だけでなく，少年自身の状況や少年を取り巻く環境要因なども考慮に入れなければなりません。そのためには，少年の状況などについての調査情報が必要となりますが，その調査にあたる専門家として調査官が配置されています。このような調査官の役割について，太田 (1997) は，「家裁調査官は裁判官の命令を受けて，少年の非行動機や背景および家庭の問題等を，人間関係諸科学の知識を活用して調査を行い，その結果を処遇に関する意見としてとりまとめて報告を行う」と説明しています。

調査官は全員心理学の専門家というわけではありませんが，その仕事を進めるうえで犯罪心理学の知識は欠かせないものとなっています。

(3) 矯正施設

矯正というのは法務省矯正局が管轄する領域で，その中には刑務所，少年院，少年鑑別所などの矯正施設が入ります。刑務所は，懲役等の刑の決まった人を収容して作業に従事させます。少年院は，家庭裁判所によって少年院送致の決定を受けた人を収容して矯正教育を行います。少年鑑別所は，家庭裁判所によって少年鑑別所送致の決定を受けた人を収容して鑑別を実施しますが，これらの矯正施設における仕事の中で最も犯罪心理学と関係の深いのが少年鑑別所における「資質鑑別」というものです。少年鑑別所は，「少年法第17条第1項第

2号（少年鑑別所送致）の規定により送致された者を収容するとともに，家庭裁判所の行う少年に対する調査及び審判並びに保護処分の執行に資するため，医学，心理学，教育学，社会学その他の専門的知識に基いて，少年の資質の鑑別を行う施設とする」（少年院法第16条）と規定されていますが，「専門的知識に基いて，少年の資質の鑑別を行う」というところが犯罪心理学と深く関係してきます。「資質の鑑別」とはわかりにくい言葉ですが，簡単に言ってしまうと，「心身の状態を調査・診断する」ということになります。そして，実務のうえではこの鑑別の中に非行原因の分析，再非行を防止するために必要な処遇方法の解明，処遇にあたっての留意事項の提示，予後（今後の見通し）の見きわめなどの仕事も含まれています。

　心身の状態の調査・診断，特に心の面の調査ということになると，心理学の中でも臨床心理学との関係が深いといえますが，非行原因の分析や処遇方策の立案ということになると犯罪心理学の知見がおおいに役立つことになりますし，また，この作業自体が犯罪心理学の実践的研究ということにもなります。事実，この鑑別の作業を通して得られた知見を一般化する形での研究報告がこれまでに数多くなされてきました。

　刑務所でも受刑者を対象とした「鑑別」と同じような調査が行われ，そしてその調査の結果に基づく矯正処遇（刑事施設及び非収容者の処遇に関する法律103～105条）が実施されていますが，これらの調査，処遇要領の作成，矯正処遇の実施等に心理職がかかわっています。少年院は教育施設ですから教育が主体ですが，性格の矯正・非行性の除去という目的達成のためには犯罪心理学の知識が欠かせません。このように矯正領域は犯罪心理学の実践の場であり，研究の場でもあるという性格をもっています。この点は，警察における捜査や家庭裁判所における調査業務についても同様のことがいえます。犯罪心理学の定義を犯罪・非行事典（米川, 1995）で見てみますと，「犯罪心理学は，犯罪行動の心理的機序や意味を理解し，その解決・予防そして犯罪行動に陥った個人を立ち直らせることに寄与しようとする，心理学の中の一応用分野」と記されており，犯罪心理学は理論とともに実践の学問であり，実践領域と離れては成り立たない学問分野であるといえます。

　以上，警察，家庭裁判所，矯正の3領域だけを取り上げて説明しましたが，

そのほかに，保護観察所や更生保護施設などの保護領域，児童相談所や児童自立支援施設などの児童福祉領域なども関係の深い職域といえます。

2節　試験システムと合格体験

奈々子　　：本当にいろんなところで，犯罪心理学の仕事が行われているんですね。びっくりしちゃった。
柿美教授　：そうですか。探偵や超能力者が犯罪心理学の仕事をしているわけではないことが，わかりましたか。
奈々子　　：へへへ……，それはもう言わないでください。
たかや　　：ところで先生，そういった仕事に就くためには，どうすればいいんですか。なんか，とっても興味があるな。
柿美教授　：ほほう，たかや君は小説家が希望じゃなかったんですか？
奈々子　　：先生，たかやは小説家には向いてないと思います。だって，たかやの小説って，妙に理屈っぽいんですよ。論文みたい。
たかや　　：ちぇ，うるさいな。
奈々子　　：こないだ，主人公の心理描写のために，たかやが借りていた本は，「目撃者の記憶研究」とか「ウソの心理学」とか，そんなのばっかりで，小説が１冊もないんです。
柿美教授　：最近の心理学の本ばかりですね。たしかに論文を書くみたいだな。
たかや　　：だって先生，フロイト以降，多くの小説はその時代，時代の心理学をうまく取り入れて，人物の内面を書き上げているんですよ。だから，僕も今の心理学に精通しようと勉強しているんです。
奈々子　　：で，小説よりも心理学のほうがおもしろくなってきてるんです，最近のたかやは……
柿美教授　：小説にその時代の心理学を取り入れるか。なるほど，たかや君の話にも一理ありそうだな。
たかや　　：はい，そして犯罪心理学の最前線にいる人たちって，どんなところにいて，どうやってそこに就職したのか，興味があるじゃないですか。
柿美教授　：なるほど。じゃ，実際に犯罪心理の現場で働いている私の知り合いの方々から，その合格体験談をこっそりとお話しいただこう。

1 国家公務員としての心理職

(1) 犯罪にかかわる心理職

　犯罪は，広義には人や社会の安全を侵害する行為すべてですが，社会的文脈の中では，法律的な概念，すなわち法律により違法であると規定され，一定の構成要件に該当する有責性のある行為としてとらえるのが一般的です。犯罪のほとんどは，司法や行政の枠組みの中で扱われます。したがって，その中核群を扱うのは公務員ということになります。心理職も例外ではありません。

　心理職の国家公務員には，少年鑑別所，刑事施設等で犯罪者や非行少年の資質鑑別や改善指導プログラムを実施する法務技官（心理），おもに少年院や少年鑑別所で非行少年の処遇や指導に当たる法務教官，地方更生保護委員会，保護観察所等で犯罪者や非行少年の社会内処遇や犯罪予防活動に当たる保護観察官，法務省法務総合研究所や警察庁科学警察研究所の研究官などがあります。

(2) 国家公務員への採用

　国家公務員となる道にはいろいろありますが，基本的には，国家公務員採用試験に合格することが必要です。心理学関係の試験には，国家公務員採用総合職試験（院卒者試験・大卒程度試験）の人間科学区分と，法務省専門職員（人間科学）採用試験があります。後者は，大きくは，法務技官（心理）として採用される矯正心理専門職，法務教官，保護観察官の3つの試験区分に分かれ，さらに保護観察官以外は，A（男子），B（女子）に細分され，法務教官では，それに加えて社会人A・Bの区分があります。

　受験資格，試験内容等については，人事院作成の受験案内のとおりです。受験資格は，総合職院卒者試験が受験年度の4月1日時点において30歳未満で大学院修士課程修了（見込み）の者，総合職大卒程度試験が同じく21歳以上30歳未満の者および21歳未満の大学卒業（見込み）の者となっています。また，法務省専門職員試験のうち，矯正心理専門職区分は総合職大卒程度試験と同じで，そのほかの2つの区分は，受験年度の4月1日時点において21歳以上30歳未満の者および21歳未満で大学，短大，高等専門学校を卒業（見込み）の者，法務教官区分の社会人区分は30歳以上40歳未満の者となっています。

　試験内容は，総合職試験では，

1次試験：基礎能力試験（多肢選択式），専門試験（多肢選択式）
2次試験：専門試験（記述式），政策課題討議試験（院卒者試験のみ），政策論文試験（大卒程度試験のみ），人物試験（面接）

法務省専門職員試験では，
1次試験：基礎能力試験（多肢選択式），専門試験（多肢選択式），専門試験（記述式）
2次試験：人物試験（面接），身体検査・身体測定（保護観察官区分を除く）
となっています。(注1)

（3）国家公務員における心理職の歴史

　心理職の国家公務員採用試験は，1949年に6級職採用試験として創設され，1957年に上級試験，1960年に上級甲種・乙種（乙は1967年に廃止），1985年にⅠ種（心理試験），2001年にⅠ種（人間科学Ⅰ）試験，2012年に総合職試験（人間科学）と名称を変えて現在にいたっています。ほかに，1996年から2011年まで法務省独自に院卒者を対象とするA種認定鑑別技官選考採用試験を行っていました。採用試験の歴史，すなわち国家公務員としての心理職の歴史は，他の人文科学系の学問領域に比べて格段に古いです。

　歴史が古いということは，心理学の必要性や重要性が早くから公務の世界で認められているということのほかに，職能集団としての位置付けが確立していて，その組織や研修制度が整い，かつ安定していることを意味します。法務技官を例にとれば，どこの職場にも必ず心理職の先輩がいて，スーパーバイズをしてくれます。また，研修制度も充実していて，新採用時の基礎科8か月間，採用5年目の応用科3か月間，8～10年目の特別科2週間を軸として種々の研修が用意されています。こうした恵まれた環境は，新しい組織や小さい組織にはなかなか望めないものです。

（4）合格体験記

　国家公務員採用試験の合格者の多くは，「『考えなければいけない問題』が多くて難しい印象があったが，あとから思えば基本的な知識があれば解ける問題ばかりだったと思う」と言います。専門試験は，広く心理学全般から出題されますので，自分の専門領域以外も勉強しておく必要がありますが，高度に専門的な知識をため込むより，基本をきちんと理解することを優先させるべきでし

ょう。基礎能力試験（旧教養試験）対策としては，問題集を何度もやったという人が多いようです。また，日ごろから新聞をよく読むなどして社会の動向に関心を払い，時事問題，科学トピックスなどを押さえておくことも重要です。

　受験勉強は，前年の秋口から始める人が多いようです。勉強の仕方は人それぞれのようですが，共通するのは，心理関係の仕事に就きたいという明確な目的があることです。犯罪に挑戦する若い仲間が増えることを期待しています。

　　　注1：詳しくは人事院のホームページを参照。http://www.jinji.go.jp/top.htm

2　家庭裁判所における心理職

(1) 家庭裁判所調査官

　家庭裁判所調査官は，家庭裁判所で取り扱っている家事事件，少年事件などについて，調査を行うのが主な仕事です。

　家事事件では，紛争の当事者や，そのさなかに置かれている子どもに面接をして，紛争の原因や背景を調査し，必要に応じて社会福祉や医療などの関係機関との連携などを行い，当事者や子どもにとって最もよいと思われる解決方法を検討し，裁判官に報告します。

　少年事件では，非行を犯したとされる少年とその保護者に会って事情を聞くなどし，少年が非行にいたった動機，原因，生育歴，生活環境などの調査を行います。必要に応じ，少年の資質や性格傾向を把握するために心理テストを実施したり，少年鑑別所，保護観察所，児童相談所などの関係機関と連携を図りながら，少年が立ち直るための方策を検討し，裁判官に報告します。

(2) 試験システム

　家庭裁判所調査官になるには，裁判所職員採用総合職試験（人間科学区分）を受験して採用された後，裁判所職員総合研修所において約2年間研修を受け，必要な技能等を修得することが必要です（平成24年度から，採用試験の方法が変わりました。従前は，家庭裁判所調査官補I種試験という名称でした）。

　新しい裁判所職員採用総合職試験には，院卒者試験（30歳未満であって，大学院修了者及び修了見込みの者）と大卒程度試験（21歳以上30歳未満の者。21歳未満で大学卒業及び卒業見込みの者も受験可）があります。

採用試験は，1次試験，2次試験に分かれています。1次試験では，多肢選択式の基礎能力試験（知能分野，知識分野）と，記述式の専門試験（心理学等分野，社会学等分野，社会福祉学等分野，教育学等分野を選び，6題回答）が行われます。2次試験では，記述式の専門試験（人間科学に必要な13科目のうち2科目を選び回答）と，記述式の政策論文試験（組織運営上の課題を理解し，解決策を企画立案する能力などについての試験），面接試験が行われます。(注2)

(3) 合格体験記

　私が受験したのは，平成10年度の採用試験（家庭裁判所調査官補I種採用試験）です。新しい採用試験に置き換えると，1次試験の専門試験では，教育学等分野中の法律学3題を選択し，2次試験の専門試験では，民法，刑法を選択して回答したこととなります。大学が法学部だったためですが，心理学にも興味がありましたので，心理学も勉強していました。

　私は，家庭裁判所調査官になろうと思い立ったのが，大学3年生の3月頃と遅かったため，合格に2年かかってしまいました。多くの人は大学3年生の夏には勉強をしているようです。基礎能力試験対策としては，あまりにも範囲が広いので，高校時代の各科目の教科書を持ち出してこつこつと読みました。専門試験対策は，他の国家I種，II種の試験問題集を解いたり，司法試験用の問題集で練習をしました。家庭裁判所調査官補採用試験コースのある資格試験予備校に通って，論文を見てもらったりもしました。記述式試験は，短時間でいかに論旨の通った文章を構成できるかがポイントなので，試験が近くなると，毎日何枚も論文を書きました。独り善がりの文章になってはいけないので，他人に読んでもらい，添削してもらうことを大事にしました。資格試験予備校では，面接試験の練習もしました。実際の面接試験では，志望動機や転勤があることをどのように考えているか，苦手な人との付き合い方などを聞かれたように記憶しています。

　私の勉強方法をお伝えしましたが，人によって勉強の仕方は様々です。自分にあった方法で続けていただくのが一番いいと思います。

(4) 家庭裁判所調査官になって

　家庭裁判所調査官として働き始めて，10年ほど経ちました。10年の間にも，社会経済や家族のあり方，子どもたちを取り巻く環境は大きく変わりました。

家庭裁判所で扱う問題は，ますます複雑かつ困難になっています。家庭裁判所調査官は，こうした時代の変化を捉えつつ，家族や子どもたちにとって何が最善かを共に考え，問題を乗り越えるための手伝いをしたいと願い，日々努力しています。一旦学んだことも，時間が経てば新しい知見や研究ができていくため，現在でも勉強の毎日です。苦しいこともありますが，自分を成長させて，人の役に立つというやりがいのある仕事でもあります。この本を読んでくださった方が，いつか仲間として加わってくださることを願っています。

注2：詳しくは裁判所のホームページを参照。http://www.courts.go.jp/index.html

3　警察における心理職

(1) 科学捜査研究所というところ

　警察の業務では，凶悪事件の早期検挙から少年非行の防止，交通事故の抑止等にいたるまで多くの課題で心理学の知識の活用が求められ，実際，その必要性に応じて，いくつかの部署に心理の専門職が配置されています。ここでは，その中でも犯罪捜査の一翼を担う科学捜査研究所における心理の仕事について紹介します。科学捜査研究所（科捜研）は，様々な科学の専門分野の知識，技術により犯罪捜査を支援する鑑定，研究機関です。科捜研は，警視庁（東京都）および各道府県警察本部にあり，その業務内容は，血液・体液・毛髪などの鑑定を担当する法医，薬毒物・繊維などの鑑定を担当する化学，電気機械類・銃器などの鑑定を担当する工学，筆跡・偽造通貨などの鑑定を担当する文書，ポリグラフ検査を担当する心理の各部門に分かれています。

　心理のおもな仕事であるポリグラフ検査とは，呼吸運動，皮膚電気反応，心臓血管系などの生理指標を用い，犯罪事実に関する質問への各生理反応の状態から被検査者の事件の認識の程度について判定する心理鑑定であり，一般には，「ウソ発見」として知られているものです。検査は，現在，各都道府県1～複数名体制で行われており，殺人，強盗，放火，ひき逃げなどの捜査に幅広く活用されています（ポリグラフ検査の詳細については，第2章4節参照）。また，心理以外では，筆跡などの文書鑑定も心理学とかかわりの深い分野です。筆跡は，書字運動という人間行動の産物と見なせますから，鑑定には心理学の視点

が必要となり，実際に多くの心理学専攻者が文書鑑定に携わっています（筆跡鑑定については，第2章3節参照）。

(2) 採用方法

科学捜査研究所の研究員の身分は，都道府県警察の一般職員であり，警察官ではありません。採用試験は，都道府県の事情により人事委員会か，または警察独自かいずれかで行われます。

私の場合は，県の心理職（地方上級）での募集で，当時の採用先には警察本部のほかに知事部局（児童相談所の心理判定員）がありました。一次試験では，多肢選択方式の一般教養試験と専門試験，記述式の専門試験があり，専門科目については，一般心理学，社会心理学，教育心理学，統計学など心理学全般が出題範囲でした。二次試験では，他の職種の方と一緒の集団討議や個別面接が行われ，公務員になるうえで必要な一般常識や志望動機などが問われました。試験勉強については，もともと公務員志望でしたので一般教養の問題集を買い集め，ひたすら問題を解き，公務員志望の友人たちと試験対策について話し合っていました。また，心理関係の専門職をめざしていたので関連する職種は，試験対策も兼ねてできるだけ受験しました。試験対策としては，心理学全般について取りこぼしがないように当時使用していた心理学のテキストや用語集をくり返し読み，特に『心理学の基礎知識』（有斐閣ブックス）には何度も目を通しました。面接や集団討論に関しては，新聞の一面記事や社説，コラムに目を通し，時事問題に関心や意見をもつことを心がけました。しかし，何よりも重要なのは，その職種を志望した動機を明確にアピールできることであると思います。

(3) 採用後の活動

科捜研に採用されると研究員は，警察庁科学警察研究所においてポリグラフ検査や犯罪者プロファイリングに対する3か月間の研修を受講します。研修では心理学，生理学，統計学，刑事訴訟法といった基礎科目の講義や検査面接，生理反応解析や事件分析の実習などで実務に必要な知識，技術を学び，この研修を終えると検査者としての資格を得ることになります。この他にも一定期間ごとの研修や国内外の研究機関での留学制度もあり，研修制度や研究環境は非常に充実しています。また，研究員は，実務のかたわらみずからテーマを設定

し，研究活動を行っています。ポリグラフ関連では，脳波によるウソ発見やコンピュータによる生理反応解析，ポリグラフ以外では，犯罪者プロファイリングや目撃証言など捜査支援のための研究が盛んに行われています。研究成果は，日本心理学会，日本犯罪心理学会，日本法科学技術学会などの学会誌や『ウソ発見』『犯罪者プロファイリング』（ともに北大路書房）の書籍で報告，紹介されており，関心のある方は是非ご覧いただきたいと思います。犯罪が悪質，巧妙化し，捜査における心理学の必要性がますます高まることが予想される今日，私たちは，現場の要請に応えるべく研究を積み重ねていく必要があります。捜査における心理学は，犯罪心理学の中でも発展可能性の高い分野として注目されており，その意味でも十分にやりがいのある仕事といえます。

　なお，採用に関しては警察庁のホームページ＜ http://www.npa.go.jp/ ＞や，各都道府県の警察関連ホームページで情報を得ることができます。

topics

犯罪心理学書籍紹介

　犯罪心理学の書籍を紹介しますが，テーマ別の書籍は各章ごとに紹介されていますので，ここでは総論的な書籍の紹介をしましょう。また，犯罪に関する一般書も枚挙に暇がないですが，ここでは省略します。

　まず，事典としては，『犯罪・非行事典』（星野周弘他編；大成出版社）がよいでしょう。最近のものでは『法と心理学の事典』（越智啓太他編；朝倉書店）があります。用語を詳しく理解するためには『犯罪ハンドブック』（福島章編；新書館）がおすすめです。また，統計的なことを調べるには毎年政府刊行の犯罪白書，警察白書，青少年白書を見るとよいでしょう。

　犯罪に関する理論では，『犯罪学』（ヴォルド，バーナード；東京大学出版会），『犯罪学』（瀬川晃；成文堂），『犯罪・非行と人間社会』（菊田幸一・西村春夫；評論社）などが優れており，『日本の犯罪学 1〜8』（平野龍一他編；東京大学出版会）などもその時代の重要な論文が収録されています。

　精神医学的な犯罪関係の本は，『犯罪精神医学　増補版』（中田修；金剛出版）があり，比較的最近のものでは『犯罪心理学研究 1, 2』（福島章；金剛出版）があります。精神鑑定の実際は，『精神鑑定』（福島章；有斐閣），『日本の精神鑑定』（内村裕之・吉益脩夫監修；みすず書房）があります。また精神障害と犯罪の関係を具体的に記述した書に，『司法精神医学研究』（林幸司編著；新興医学出版社），『犯罪と精神医療』（野田正彰；現代岩波文庫）があります。

　法律的なもの，特に少年法については『少年の非行と教育』（守屋克彦；勁草書房）が古典的名著ですし，最近では『少年法』（澤登俊雄；中公新書）があります。

　犯罪心理学については大著『犯罪心理学』（バートル；北大路書房）がありますが，まず入門的なものとして『図解雑学犯罪心理学』（細江達郎；ナツメ社）をおすすめします。そして，『犯罪心理学』（石田幸平・武井槇次編著；東海大学出版会），『犯罪心理学』（安香宏・麦島文夫；有斐閣）などがあります。最近では『犯罪心理学への招待』（安香宏；サイエンス社），『犯罪心理学』（越智啓太編；朝倉書店），『犯罪心理学』（越智啓太；サイエンス社）があります。いずれの書も現場を経験した人の手によるもので，それゆえ良書と言えます。

　犯罪社会心理学に関しては，『犯罪の社会心理学』（安倍淳吉；新曜社）は古典的名著ですし，その続編である『犯罪・非行の社会心理学』（水田恵三編著；

ブレーン出版）や『新犯罪社会心理学』（高橋良彰；学文社）もよいでしょう。
　非行に関しては，『少年犯罪』（前田雅英；東京大学出版会），『少年非行』（西村春夫編；ソフトサイエンス社），『暴走族のエスノグラフィー』（佐藤郁哉；新曜社）などです。
　各論になりますが，被害者学に関しては『被害者学入門』（諸澤英道；成文堂）です。また是非一読をすすめたいのが古典的名著，『ストリート・コーナー・ソサエティ』（ホワイト；有斐閣）です。捜査心理学では『犯罪者プロファイリング入門』（渡邉和美他編著；北大路書房），環境犯罪学に関しては，『子どもはどこで犯罪にあっているか』（中村攻；晶文社）も一読ください。
　そして最後に，犯罪関係では被害者対策とともに最も遅れている分野に交通があります。殺人でなくなった方の10倍近くが交通事故で亡くなっています。飲酒運転やスピード違反による死亡事故はもはや殺人といっても言いすぎではありません。その意味でも『交通死』（二木雄策；岩波新書）を一読ください。他の分野同様，看過できない問題であることに気づくでしょう。

(水田)

警察組織と心理職について

日本の警察組織は，国の機関と都道府県の機関の2つに分かれています。国の機関である警察庁のホームページ＜http://www.npa.go.jp/＞には，それぞれの組織について次のような説明が示されています。

「……国の警察行政機関として，内閣総理大臣の所轄の下に国家公安委員会（委員長は国務大臣，委員は5人）が置かれ，さらに，国家公安委員会の管理（大綱方針を定め，それに即して監督すること）の下に警察庁が設けられています。警察庁（長は警察庁長官）は，広域組織犯罪に対処するための警察の態勢，犯罪鑑識，犯罪統計等警察庁の所掌事務について都道府県警察を指揮監督しています。警察庁には長官官房と5つの局，2つの部からなる内部部局と，更に3つの附属機関が置かれており，また，地方機関として7つの管区警察局　都道府県には，都道府県公安委員会が置かれ，都道府県警察を管理しています。…都道府県警察には，警察本部（東京都は警視庁）のほか，警察署が置かれています。また，警察署の下部機構として，交番や駐在所があります。警視庁には警視総監が，道府県警察には道府県警察本部長が置かれ，警視庁及び道府県警察本部の事務を統括しています」。

科学警察研究所は警察大学校などと同じ警察庁の付属機関であり，心理学関連の技官が所属する部門は，ポリグラフ検査に関する研究室，筆跡に関する研究室，少年非行に関する研究室，防犯や捜査に関する研究室，交通心理に関する研究室などになります（http://www.npa.go.jp/nrips/jp/index.html を参照）。

一方，警視庁及び道府県警察本部の科学捜査研究所の心理学関連の技術吏員は，おもにポリグラフ検査や筆跡鑑定の業務に従事しています。科学警察研究所は基礎的な研究業務が主であるのに対し，科学捜査研究所は実際の事件に対する鑑定業務が主となっています。また，警視庁や各警察本部の生活安全部には少年補導などに関する少年課のような組織があり，心理学を修めた職員が所属し様々なケースに対処しています。これら業務については，次の章で詳しく述べられます。

（桐生）

第1章 犯罪に挑む人たち　19

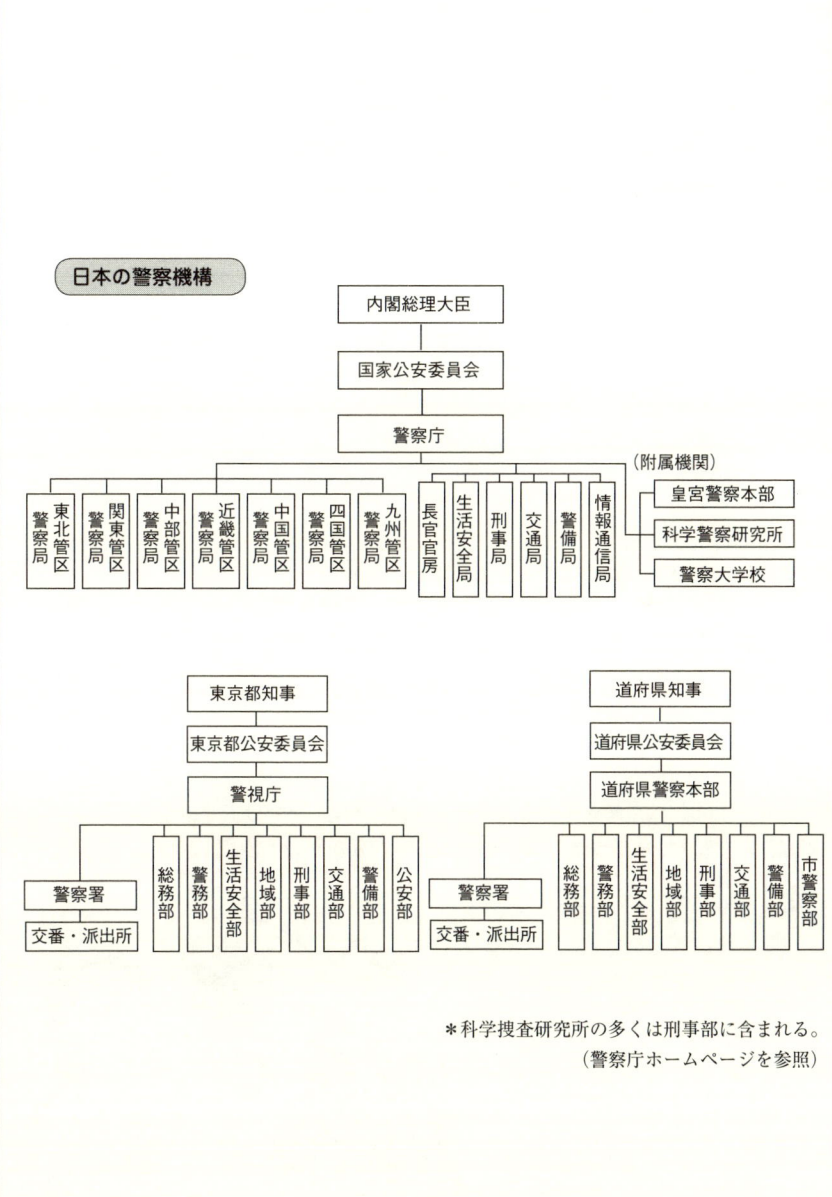

*科学捜査研究所の多くは刑事部に含まれる。
（警察庁ホームページを参照）

第2章　捜査の現場
　　　　　──事件は現場で起きている

1節　犯罪者プロファイリング

奈々子　　：柿美先生，この本知ってますか？
柿美教授　：どれどれ，……『FBI心理分析官』（ロバート・K・レスラー＆トム・シャットマン著；早川書房）……はいはい，読みましたよ。
奈々子　　：図書室で見つけて，借りたんですけど，すごくおもしろくて。
柿美教授　：確か原著の題名は「Whoever Fights Monsters」だったかな。アメリカで話題になり，日本で発売された時もたいへん売れたようです。実際のFBI局員が考え出した新たな捜査手法について，読み物風に書いていましたね。
奈々子　　：犯人像の推定，……プロファイリングの本ですよね。
柿美教授　：そもそも「プロファイリング（profiling）」という言葉は，プロフィールを作成するという意味だったんですが，FBIが犯罪捜査の分野でこの言葉を使って以来，犯罪現場から犯人に関する推定を示すようになってしまいました。ただ，たとえば「DNAプロファイリング」といった具合に，他の分野でもこの言葉を使うので，今は「犯罪者プロファイリング」とよんでいるんですよ。
奈々子　　：ふーん。ところでこの本を読んでいて感じたんですが，「犯罪者プロファイリング」って，犯罪心理学っぽいですよね。凶悪犯人のインタビュー結果をもとに，今起きている事件の犯罪者を予測するわけですから……
柿美教授　：いいところに気がつきましたね。なかなか鋭い。
奈々子　　：ホントですか！
柿美教授　：それでは，犯罪者プロファイリングについて，少し勉強してみましょう。

1　犯罪者プロファイリングとは

　犯罪現場には指紋，足跡，毛髪，唾液，遺留品といった犯人の痕跡が残され，容疑者特定の重要な資料となります。一方，犯行時間帯，犯行現場や被害者のタイプ，犯人の特徴的な言動といった行動パターンも，犯人が残した痕跡といえます。こうした行動パターンを分析して可能性の高い犯人像を推定する方法は「犯罪者プロファイリング」とよばれます。

　経験豊富な捜査員なら，過去に捜査した事件を参考にして，未解決の事件の犯人像を描くことが可能でしょう。しかしながら，捜査員の先行経験が同種事件の代表的なサンプルであるとは限らないわけですから，偏った情報に基づいた推理を行う可能性も大きくなります。これに対し，犯罪者プロファイリングでは，あるタイプの犯罪について系統的に収集蓄積された情報や，心理学・社会学・精神医学・法医学的知識，あるいは人口統計学的知識（ある地域の年齢層，職業層の構成比など）といった一般性の高い知見に基づいた推論が行われます。

2　初期の犯罪者プロファイリング

　犯罪者プロファイリングの萌芽は19世紀に見られます。イタリアの医師ロンブローゾ（Lombroso, C.）は犯罪者を統計的に比較し，生来犯罪者（身体特徴からして原始的に退化している），狂気犯罪者（心身の障害を有している），潜在的犯罪者（特筆すべき特徴はないが情況によっては犯罪に及ぶ）という分類を行いました。また，ドイツの精神科医クレッチマー（Kretschmer, E.）は，体格・人格と犯罪に及ぶ可能性に相関を見いだしています。これらは今日の目で見れば科学的知見とはいえませんが，犯罪者プロファイリングのための基礎的データの始祖といえるでしょう。実際に発生した事件における犯罪者プロファイリングの先駆としては，19世紀末のイギリスで起きた「切り裂きジャック」事件で，法医学者フィリップス（Phillips, G.）が被害者の遺体の受傷パターンを分析し，切り口がきれいで正確であることから犯人は医学的な専門スキルを有する人物であると推定したことが知られています。

近代の犯罪者プロファイリングで最も有名なのは，1940年代から50年代にかけてニューヨークで発生した連続爆破事件（マッドボンバー事件）における精神科医ブラッセル（Brussel, J.）の活躍です。ブラッセルは精神医学の専門知識と人口統計学的な知識を組み合わせて，犯人の家族構成から逮捕時の服装まで正確に推定してみせました。ブラッセルは1962年から1964年にかけて発生した連続殺人（ボストン絞殺魔事件）でも犯罪者プロファイリングを作成し，それと一致する容疑者が犯行を自供したといいます。

3　FBIによるアプローチ

　このように初期の犯罪者プロファイリングは，法医学者や精神医学者がその専門知識を犯罪捜査に応用してみせるといった感の強いものでした。これに対し1970年代初頭のアメリカで，FBIアカデミーの行動科学課（Behavioral Science Unit : BSU）により犯罪者プロファイリングの研究が組織的に開始されました（田村，1994）。FBIの犯罪者プロファイリングは，基本的には経験豊富な捜査員としての洞察と，有罪が確定した犯罪者に対する面接データ等に基づく犯罪者と犯行のタイプ分類によっています。たとえば，殺人犯は「秩序型」と「無秩序型」というタイプに分類されています（Ressler et al., 1988）。前者は計画性と証拠隠滅の周到さが犯行の特徴であり，平均以上の知能をもち，社交的で，熟練を要する職業に就いているなど社会的にはむしろステータスの高い人物像が想定されます。一方，後者の犯行は自宅の近くで目についた人を襲うなど衝動的で，証拠隠滅にもあまり配慮しないタイプであり，平均以下の知能しかもち合わせず，社会性に欠け，単純労働に従事しているといった，社会的には不適応な人物像が想定されます。また，レイプ犯罪についても，心理学者と精神医学者による研究知見を利用した分類が行われています（Hazelwood, 1987）。そこではレイプ犯の行動が，過剰な暴力を使いサディスティックな行為を行うなど被害者を人として扱わない「利己的行動」と，謝罪したりキスや愛撫を要求するなど被害者と親密な関係を築こうとしているような「偽の非利己的行動」とに分けられ，さらに動機と現場での行動特徴からレイプ犯が6つのタイプに分類されています。こうしたタイプ分けによって特徴的な行動と特定の犯人像の

対応づけが可能になると考えられました。

しかしこうしたFBI流のアプローチには，いくつかの批判が行われています。第1に，客観的な分析というよりも経験的・主観的な洞察であるといわれます。第2に，面接調査によって得られたデータに基づいているとはいうものの，サンプルが少なく偏っていることが指摘されています。連続殺人犯に対する面接も，36名の白人の米国人犯罪者に対するものであり，同種の連続殺人者全体をどの程度代表し得るかが疑問視されます。第3に，FBI方式のプロファイリングは真犯人の姿がどの程度「正しく」描写されていたか（妥当性），同じケースについて複数のプロファイラーが別々に描いた犯人像がどの程度一致していたか（信頼性）が明らかにされていないため，評価ができないといわれます (Ainsworth, 2001)。

このように批判を受けてはいるものの，世界で初めて犯罪者プロファイリングを組織的に研究し，小説の世界から現実の犯罪捜査へと実用化した点は，フロンティアスピリットにあふれたアメリカならではの試みとして高く評価できます。

4　イギリスにおける犯罪者プロファイリング

アメリカにおける進展とは別に，1980年代後半にイギリスでも犯罪者プロファイリングが産声をあげました。ただし，アメリカではFBIという大規模な捜査機関が組織的に推進し，実際に携わったのも経験豊富な捜査官であったのに対し，イギリスではカンター（Canter, D.）という犯罪捜査には無縁の心理学者がロンドン警視庁の依頼を受けて手探りで取り組んだという相違があります。カンター（当時サリー大学）は1982年から1986年にかけてロンドンで発生した「鉄道レイプ魔」とよばれる連続レイプ殺人事件で初めて犯罪者プロファイリングを手がけました (Canter, 1994)。その後，リバプール大学に捜査心理学センターが設けられ，カンターを中心として犯罪者プロファイリングをはじめとする様々な心理学的犯罪捜査支援方法が研究されました。現在，カンターは別の大学に移っていますが，国際捜査心理学アカデミーを主宰するなど，精力的に活動しています。

リバプール大学による犯罪者プロファイリング研究の大きな特徴は，多変量解析（変数がたくさんある場合にそれらを要約し，複雑な事象を把握しやすくする解析方法）を用いた犯罪分析と，犯人の拠点（居住地や勤務先など犯人の行動の起点または終点となるポイント）に関する地理的分析であると考えられます（岩見, 2000）。また，その犯罪行動理解の根底には，犯行時の行動には犯罪以外の日常的文脈における犯人の行動特性が反映されているという仮説があります。つまり，犯人にとって犯罪は日常生活の延長線上に位置づけられ，犯行特徴を注意深く検討すれば犯人の特徴が明らかになるというのです。

多変量解析による分析例を紹介しますと，性犯罪事例について被害者の供述内容や事件ファイルから犯人の特徴的行動（たとえば，凶器を使用する，被害者に謝罪を述べる）をリストアップして解析したところ，性犯罪者の行動は被害者への親密さを示すものや攻撃性を示すものなど5つのグループに分けられました（Canter & Heritage, 1990）。この結果は，性犯罪行動が犯人によって意味合いの異なるいくつかの成分に分けられ，暴力的に被害者を襲うというステレオタイプだけでは説明できないことを示します。このように犯行中の行動を整理すれば，犯行の分類や犯人タイプとの関連づけといった分析のための枠組みが提供されることになります。また，連続して発生している類似事件の中でどの犯行が同一犯のものと考えられるかという推定（これを事件のリンク分析とよびます）でも，こうした解析方法を用いて，より類似性の高い事件と低い事件とのふるい分けが行われます。なお，地理的分析については次節で詳しく紹介されるので，本節では割愛します。

5 帰納的プロファイリングと演繹的プロファイリング

FBIとカンターらの方法は過去に起こった事件のパターン分類から可能性の高い犯人像を描くというものでした。ターベイ（Turvey, 1999）は，こうした方法を個体内・個体間の変動を無視した平均値を示しているにすぎないとして厳しく批判し，個々の事件における物的証拠，犯人の行動に関する法科学的分析，被害者や犯行現場の特徴に関して手に入る情報をすべて綿密に調べ，そこから必然的に導かれる結論によって犯人像を描くべきであるとしています。ターベ

イは前者を「帰納的」，後者を「演繹的」プロファイリングとよんでいますが，演繹的プロファイリングは現場で活躍する捜査員の作業に近いものであり，ターベイ自身も捜査経験を要する専門的な職人芸であることを認めています。

ただし，演繹的プロファイリングだけで犯人像に関する有効な情報が提供可能かどうかはケースによって異なります。また，FBIやカンターによる犯罪者プロファイリングも単なるデータの羅列ではなく，実際にはターベイのいう演繹的プロファイリングも含んでいます。したがって，犯人像を推定するには両者をうまく組み合わせるべきであると考えられます (岩見, 2000)。

6　わが国の現状

アメリカとイギリスでそれぞれ独自の発展を遂げた犯罪者プロファイリングは，その後数か国で有効性が検討されました (Boon & Davis, 1993)。現在はカナダ，オランダ，フィンランド，ドイツ，スウェーデンなどの国々で，犯罪者プロファイリングが捜査に利用されています (Snook et al., 2008)。

一方，日本では1995年に警察庁の附置機関である科学警察研究所（千葉県柏市）によって正式に犯罪者プロファイリングの研究と各種犯罪データの収集が開始されました。やがて，都道府県警察レベルにも研究の輪が広がり，関連学会等で活発に議論されるようになりました (高村, 2006)。実践面では，2000年4月に北海道警察で日本初の犯罪者プロファイリング専門チームが発足したのを皮切りに，犯罪者プロファイリングを捜査に取り入れる自治体警察は次第に増えていきました。日本の犯罪者プロファイリングは，FBI流とイギリス流の双方を柔軟に取り入れており，分析結果が事件解決の糸口となった事例も少なくありません。このように，わが国でも，犯罪者プロファイリングは重要な捜査支援手法の一つとして定着しつつあります。

7　犯罪者プロファイリングにおける心理学

さて，本書の題名は「犯罪に挑む心理学」ですが，本節では心理学的な理論はあまり登場していません。むろん，紙面の都合で述べられなかった部分もあ

りますが,読者のみなさんは「どこが心理学なの?」と思われるかもしれません。

　実際の捜査では,犯人にたどり着くための推理のほとんどは常識に基づいた推論であり,ある事件で用いられたロジックがそのまま別の事件に適用できるわけではありません(Canter, 1994)。これに対し,本節で紹介したような犯罪者プロファイリングでは,個々の犯罪および犯罪者の観察から一般的な傾向を見いだし,それを説明し予測する理論を立て,その理論を別のデータで検証するという方法がとられます。これは心理学における一般的な研究スタイルです。

　つまり,犯罪者プロファイリングにおける心理学とは,既存の心理学的理論を援用することにとどまらず,科学的・心理学的な仮説検証-説明と予測というプロセスによることであるといえそうです。その意味では,犯罪者プロファイリングはまぎれもなく「犯罪に挑む心理学」の一つといえますし,また,そうでなくてはならないと考えています。

2節　地理的プロファイリング

奈々子　：「犯罪者プロファイリング」って,FBIばかりじゃないんですね。日本でも始められているなんて,びっくりしました。映画だけの世界かと思ってた。

柿美教授：しかも,たいへん科学的な研究がなされていますね。犯罪心理学の新しい分野といえるかもしれません。

奈々子　：たかやに教えてあげよ。

柿美教授：ところで,奈々子君はこの本を知っていますか?

奈々子　：デヴィット・カンター『心理捜査官:ロンドン事件ファイル』(草思社)……あっ,さっきの説明にあったイギリスの研究者の本ですね。

柿美教授：そうです。犯罪者プロファイリングを大きく発展させた,リバプール大学のカンター教授の本です。お貸ししますよ。

奈々子　：ありがとうございます!

柿美教授：実はこの本には,「犯罪者プロファイリング」のもう一つの重要な方法が示されているんです。それは,目次にもある「心の地図を読む」といった言葉で表されている考え方です。

奈々子　：心の地図……,なんか誰かの歌詞に出てくるような言葉ですね。

柿美教授：ははは,歌ですか。君らしい発想だ。……じゃ,この本のここに書いてある「サ

ークル（円）仮説」はどうですか？
奈々子　：サークル……円ですよね。さっきの心の地図と関係があるんですか？
柿美教授：あるんですよ。
奈々子　：もったいぶらずに，先生，早く教えてください！
柿美教授：わかりました。それはね，「地理的プロファイリング」という方法なんです。たとえば，連続して発生している放火事件のそれぞれの地点から，犯人の家を推定する方法，なんですよ。
奈々子　：ほんとですか？　それって，すごいことじゃないですか！
柿美教授：その背景となる考え方に，心の地図（認知地図）といった心理学的な考え方があるんですよ。

1　地理的プロファイリングとは

　犯罪の地理的要因に着目する分析手法を地理的プロファイリングとよびます。この手法は，事件が発生した場所と時間を含む空間的情報から，犯罪者の行動特徴を導き出し，その分析結果を犯罪捜査活動の支援に寄与することを目的としています。

　地理的プロファイリングで提示可能なのは，「犯行地点と犯人の住居との関係性」や「犯行の発生範囲」に関する予測です (渡邉ら，2000)。連続犯罪の地点パターンから，犯人の住居が存在しそうな地域，次の犯行地，可能であれば犯行現場への移動ルートなどを提示する地理プロファイルは，犯人が出没しそうな地域に捜査員を配備（警察用語では「よう撃捜査」）して犯人逮捕に結びつける，効率的な捜査戦略に役立つと考えられます (三本，2000)。

　地理的プロファイリングが対象にする連続犯罪には，①地域住民の犯罪不安が高い，②被害者と加害者との関係がない，③犯罪現場から犯人逮捕に結びつく証拠資料が乏しい，④発生頻度が高い，という特徴があります (鈴木ら，1998a)。このような特徴をもつ犯罪では，既存の捜査支援システム（たとえば，個人識別能力が高い指紋システム，手口紹介システムなど）が十分に機能するとは限りません。また，犯罪捜査環境の悪化により，捜査員による地道な聞き込み活動といった，人からの情報収集の困難さが増しています。

　このような観点から，効率的な犯罪捜査の支援をめざす有望な枠組みの一つ

として，地理的プロファイリング研究が期待されているのです。

2　犯罪者の活動空間と住居との関係

犯罪地点の空間パターンに着目する分析手法は，比較的古くから用いられ，19世紀前半のフランス環境学派や，1930年代のアメリカ犯罪学の発展に貢献したシカゴ学派らを原型として，現代の環境犯罪学に受け継がれています (守山, 1999)。また，地理学や都市工学，捜査心理学に関連する学問領域でも，その応用研究が盛んに行われています。

環境犯罪学の名づけ親として知られているブランティンガム夫妻 (Brantingham & Brantingham, 1981) は，犯罪者の住居周辺の地域が，犯行を決定する魅力的な場所であると述べています。そのような日常的な活動領域は，十分に熟知している生活環境であるため，潜在的な標的の存在場所が把握できるし，犯行後の逃走ルートの確保も容易になります。したがって，犯罪者は，自由に動き回れる「安全地帯」(Holmes & Holmes, 1996) の中に犯行圏を形成すると考えることができるでしょう。

慣れ親しみ，心理的に快適な環境は，犯行のチャンスや発覚のリスクが最も合理的と思われる機会（場所）や状況（時間）の選択を容易にします。都市の構造や景観 (Lynch, 1960) など，地理的環境の制約を受けるでしょうが，実際の連続犯の活動空間は，住居との特別な心理的距離によって形成されると考えられます。このような観点に立つと，各犯行地点の距離に基づく分布状況の調査から，住居との関係性を導き出すことが可能になります。

3　実践可能な分析手法

分析手法については，前節でも触れられていますが，ここでは読者のみなさんにも実践可能な手法について説明します。

(1) 円仮説（Circle Hypothesis）

自宅周辺の地図，それに定規とコンパスを準備してください。まず最初に，犯罪現場に見立てた複数の地点を地図に書き込んでみましょう。続いて，地図

に書き込んだ地点の中から，最も離れている2つの犯行地点を探し出し，その距離を直径とする円を描いてみましょう．円仮説では，その円の中に，すべての犯行地点が含まれ，また犯人の住居が内在することを仮定しています．

　この推定モデルを提案したカンター (Canter ら, 1993, 1994) は，認知地図研究の知見を引用し，単純化された2つのタイプの犯罪者空間行動モデル（図2-1参照）によって円仮説の検証を行っています．一つは，犯罪者の住居を含む生活圏（ホームレンジ）と犯行圏（クリミナルレンジ）とが重なるタイプの拠点犯行型（Marauder hypothesis）と，もう一つは生活圏から離れた場所に移動して犯行圏を形成する通勤犯行型（Commuter hypothesis）です．イギリスの性犯罪者（45人）の調査結果を見ると，高い割合（87％）で拠点犯行型に当てはまり，このタイプによって円仮説が支持されているようです．

　科学警察研究所の田村と鈴木 (1997) は，日本の連続放火犯データを用いて，いち早く追試しています．その結果は，純粋に円仮説が成立したのは約5割であり，推定円の周辺に住居があったケースも含めると約7割であったと述べています．罪種の違いがあるため単純に比較することは妥当ではありませんが，今後は，そのような適用罪種の検討に加え，円仮説が成立する空間行動タイプの見分け方，推定領域の絞り込みなど，精緻な分析方法の開発により，有効性が高まるものと思われます．

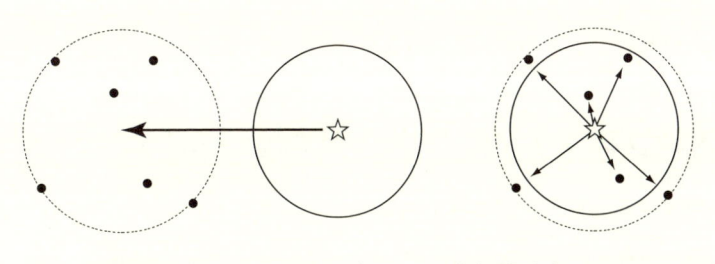

通勤犯行型（Commuter hypothesis）　　　拠点犯行型（Marauder hypothesis）

○ 犯人の犯行圏　　● 犯行地点　　○ 犯人の生活圏　　☆ 犯人の住居／活動拠点

図2-1　連続強姦犯の空間行動モデル (Canter & Larkin, 1993)

(2) 地理的重心モデル (Center of Gravity model)

1975年以降，イギリス・ヨークシャー州を舞台とした連続殺人事件は，ヨークシャー・リッパーの異名をもつ猟奇殺人事件として有名です。この犯罪に恐怖を抱く国民の不安感を懸念した首相らの発言により，内務省中央調査部長のカインド博士 (Kind, 1987) を加えた5人の調査メンバーによる捜査の見直しが行われました。膨大な捜査報告書の検討と並行して科学的な分析も行われ，その一つとして「地理的重心モデル」による空間行動の予測が試行されたのです。

犯人のピーター・サトクリフは，調査報告書が提出されたあとで，警ら中の警察官に職務質問を受けて逮捕されました。「ブラッドフォード (Bradford) が重点的な捜査対象地域」と結論づけた推定手法は，彼の逮捕によって，その有効性が確認されました。

地理的重心とは，どのように求めるのか，カインド博士の説明に従って試してみましょう。まず，地図上に犯行現場に見立てた複数の地点にピンを刺します。次に，重心を求めるために新たなピンを用意し，この重心ピンと犯行地点に刺したピンとに糸を結びます。重心は，「一連の犯行地点との距離の総計が最も短くなる地点」と定義されますから，この糸の長さが最短になるような地点を探して重心ピンを移動することで求められます。

重心は，移動経路を評価せず，犯人の移動コストが最小に見積もられる地点です。しかし，犯人の活動拠点をピンポイントできるという期待感があります。連続放火犯データを用いた追試結果 (三本ら, 1999) では，住居と重心とが近接するケースも一部存在しましたが，残念ながら，多くのデータは「犯人住居のピンポイントは高望み」であることを示しています。

4 地理的プロファイリング分析支援システム

空間情報の管理や地点間の距離計測が効率的に行えるツールの存在は，膨大な情報を扱う研究者の支援に役立ちます。

(1) 地理分析支援ツールの種類と特徴

先に紹介した既存の分析手法について，実際のデータで試し，それらの結果を比較してみることは興味深いことです。しかし，距離計測やデータの統計

処理，プロット情報（犯罪に関する場所・時間・手口データ）の管理は，情報過多が伴い結構やっかいな作業になります。その労力を軽減するツールとして，「Power Plot Professional」というソフトウエアが開発されています (三本ら, 1998)。

現在，地理分析に利用可能なツールの開発が盛んに行われ，警察業務ではC-PAT (Criminal Pathfinder, 島田ら, 2001) や地域安全情報システム (原田, 1997；島田ら, 1997) などが運用されています。それらは，いずれも電子化地図の空間情報をプラットホームとしたデータベースシステムであり，地理情報システム (Geographic Information Systems：GIS) 技術を応用した統合的な犯罪情報管理システムといえます。

「Power Plot Professional」には，C-PATや地域安全情報システムで利用されている住所照合機能（アドレス・ジオコーディング）は備わっていません。しかしながら，紙地図からのスキャナー取り込み画像，市販電子化地図からのキャプチャー画像など，コンピュータに読み込み可能な画像ファイルであれば，ソフトウエアの背景地図として利用できるという利点を有しています。分析対象エリアを表示した画面上において，マウスクリックのみで位置情報の登録や距離計測が行える簡便な操作性は，特筆すべき機能といえます。

一方，海外に視点を移すと，カナダでは，バンクーバー市警察局の地理プロファイリング部門で犯罪地理ターゲッティング (Criminal Geographic Targeting：CGT, Rossmo, 1993, 2000) モデルが実践的支援ツールとして運用されています。イギリスでは，地引き網と直訳されるドラッグネット (Dragnet, http://davidcanter.com/professional-services/software.html/ 参照) が，捜査現場で活用されているようです。

このような支援システムは，いずれも分析結果の多彩な表示機能が備わっており，捜査員への視覚的な説明効果を高めるものと考えられます。

(2) 犯人の居住地推定のアイディア

地理的重心モデルは，ピンポイント推定のエラー・リスクは高いものの，改良を加えることで，拠点推定手法としての潜在能力を高めることができます (三本と深田, 1999)。連続放火犯データを用い，その犯行地点と重心および住居との距離関係について検討してみると，重心と住居との位置のずれが「犯行地点－重心」間距離に比べ小さい傾向が見いだせました。つまり，重心を中心として「犯

行地点－重心」間距離を半径とした円を描くと，その中に犯人の住居が存在する率が高いと考えることができます。

　このような考えから地図上に推定するエリアを"疑惑領域（Suspicion Area）"とよんでいます。地理的重心モデルに疑惑領域を加味した手法は，カンターが提案した2つの空間行動タイプのうち，拠点犯行型に該当する事例では好成績が得られています。

　ヨークシャー・リッパー事件（図2-2参照）のように，犯行件数の多い連続犯罪では，円仮説による推定エリアが広域になりがちです。疑惑領域は，そのようなケースにおける捜査対象範囲の絞り込みに活用できます。

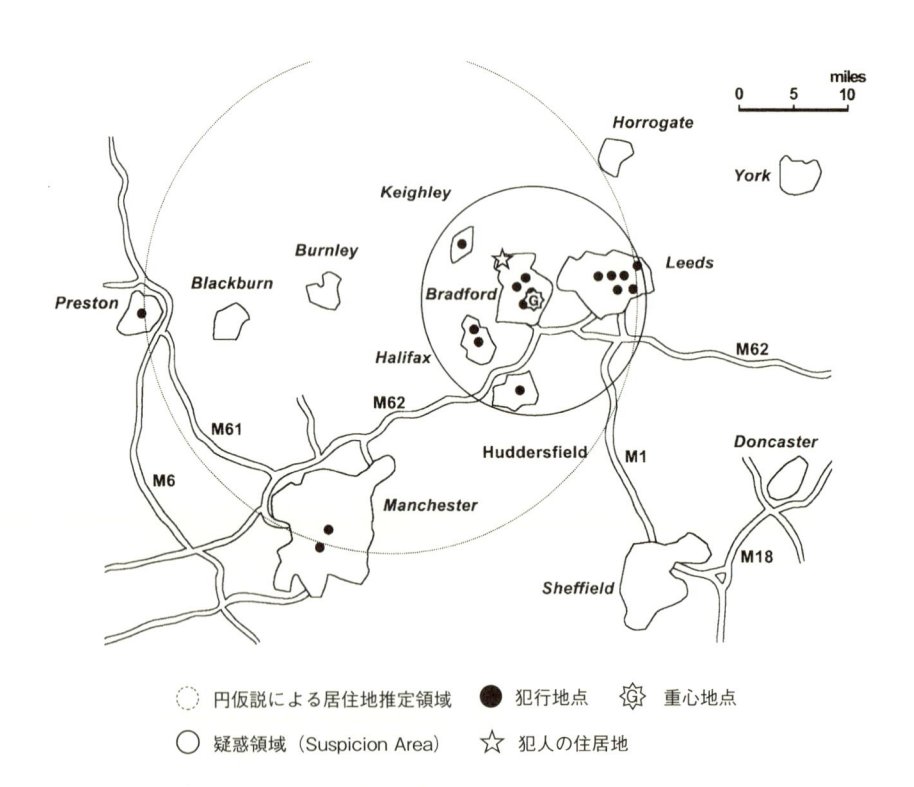

図2-2　ヨークシャー・リッパー事件の地理的重心モデル（Center of Gravity mode）
（Kind, 1987）**を改良した居住地推定手法**（三本と深田，1999）

3節　筆跡鑑定

柿美教授：「犯罪者プロファイリング」については，このくらいにしましょう。もし，もっと詳しく知りたいのなら，次の本を読んでみてくださいね。FBIの方法については『プロファイリング：犯罪心理分析入門』（ホームズ他；日本評論社），カンターらの方法については『犯罪者プロファイリング―犯罪行動が明かす犯人像の断片』（ジャクソン他編；北大路書房），『地理的プロファイリング―凶悪犯罪者に迫る行動科学』（ロスモ著；北大路書房），日本の研究動向については『プロファイリングとは何か』（田村雅幸監修；立花書房）にそれぞれ詳しく述べられています。

奈々子　　：はい，わかりました。

柿美教授：じゃあ次に，警察における心理学関連の仕事の中で，たぶん今まで一番知られていなかった仕事についてお話ししましょう。

奈々子　　：何ですか，それは。

柿美教授：筆跡鑑定です。

奈々子　　：筆跡って，名前とか手紙とかですか？　それってひょっとして……

柿美教授：うーん，きっと君のことだから，画数による姓名判断とかを言いたいのでは？

奈々子　　：先生，鋭い！　でも違うんですか？

柿美教授：違います。

奈々子　　：あっ，わかった。大事件があるとテレビなんかで，その犯行声明文から犯人像を推定していく方法ですね。

柿美教授：たしかに，精神医学的見地からそのような推定をする場合もあるようですし，カンターらも統計的な手法により脅迫文などの分析を行ってはいますが，それぞれ，まだ確立されたものとはいえません。科学捜査研究所で行われている筆跡鑑定とは，複数の筆跡を書いたのは同一人物か異なる人かを識別する鑑定なんです。そして，この鑑定業務に携わる人たちにも，心理学的素養をもつ多くの方々がおり，研究を行っているんです。

奈々子　　：筆跡にも，犯罪心理学の分野に重なる部分があるんですね。

　よく知った人なら，姿を見なくても足音を聞いただけでその人だとわかってしまうことがあります。また，旧友からの手紙をもらって，差出人を読まなくても筆跡を見ただけで誰からの手紙かわかることがあります。このような判断はきわめて短い時間で行われるため，しばしば直感的な判断といわれますが，

実際には，足音の質やピッチ，筆跡の形や筆づかいなどに表れた特徴をとらえて，判断する人の記憶の中にある知人の足音や筆跡の特徴と照合するといったプロセスが含まれています。

足音はさておき，筆跡については「筆跡鑑定」という技術が存在し，犯罪の捜査や立証などの場面で実際に活用されています。そこで，本節では，筆跡とは何かといった問題のほか，筆跡鑑定の目的や方法について概説するとともに，筆跡のもつ性質などに関する研究を紹介し，心理学などの行動科学的な考え方に基づく文字へのアプローチについて述べます。

1 筆跡とは

通常，足音はその場限りであとに残らないのに対して，筆跡は紙の表面にインクなどが文字の形をして残っているという違いがあり，そのため時どき，筆跡は物体と見なされてしまうことがあります。また，紙やインクはたしかに物体ですので，これらの成分分析に意味があることももちろんあります。

しかし，書かれた文字である筆跡は，ほとんどの場合，それを書いた人との関連において問題にされるものです。そして，筆跡と人との関連は人の身体を物体として検査しても何もわかりません。その人が文字を書く行動，すなわち書字行動を行ってはじめて意味があるものです。このような観点から，高澤 (1998a) は「筆跡は，いわば身振り手振りと同等のものであり，純粋に現象としてしかとらえられないものである」と述べています。

また，高澤 (1998a) は「筆跡は書字運動の一部が固定的に対象化されたもの」という定義を示しています。このことは，足音が人の歩く時に生じる現象の一部でしかないのと同様，筆跡は人の書字行動のごく一部が表れたものにすぎないことを意味しています。それでも，これまで筆跡に関してその基礎となる行動の特性を明らかにするため，いくつもの研究が行われ，多くの知見が蓄積されてきています。そして，書字行動は，認知，記憶，学習，情報処理といった多くの心的過程を含むものであることから，筆跡研究において心理学の果たすべき役割はきわめて大きいといえるでしょう。

2　筆跡鑑定の目的と対象物

　筆跡鑑定の目的を一言でいえば「書いた人」を明らかにすることです。そして，これには「どんな人？」という段階と「誰の字？」という段階があります。前者には，文章の内容，用語，用字，修辞法などに基づく筆者の年齢，性別，職業，教育程度，性格などの推定があり，犯罪にかかわる筆跡の場合はいわゆる犯人像推定になります。これも広い意味では筆跡を対象とした鑑定かもしれませんが，本節では後者の「誰の字？」という鑑定に絞って述べます。

　「誰の字？」といっても，実際には多くの場合，特定の人物に絞って鑑定をすることになります。そして，そのためには，その人が書いたことがわかっている筆跡を入手するか，あるいはその人に新たに書いてもらうかしなければなりません。したがって，こういう場合，複数の筆跡を対象として，筆者が同じか違うかを識別する鑑定，すなわち筆者識別を行うことになります。

　たとえば，盗んだ通帳と印鑑を使って銀行でお金をおろした犯人がいたとしましょう。そして，容疑者が浮上すれば，銀行の窓口で犯人が書いた払戻請求書の筆跡と容疑者が書いた対照筆跡の間で筆者識別の鑑定が行われます。

　このほか，筆跡鑑定の対象物は，脅迫状や遺言状など文章の体裁をなすものから，クレジットカードの伝票，宅配便の伝票，消費者金融の契約書，手形の裏書など，住所や名前の文字程度しか書かれていないものまで多岐にわたり，場合によって書かれた文字の種類や数はまちまちで，得られる情報量もそれぞれに大きな差がありますが，いずれにしても，問題になっている筆跡と対照の筆跡の間で筆者識別が行われるのです。

3　筆跡鑑定の方法

　吉田 (1988) は，筆跡の検査項目について，文書の外観所見から始まって配字に関する検査，不自然な文字に関する検査，筆順，誤字・誤用，字画構成，字画の続け書き，字画形態，運筆方向，筆圧など数十項目をあげています。もちろん，資料の状況によってはすべての検査が可能なわけではありませんが，このように多種多様な検査から得られた情報を鑑定人が総合的に検討して妥当と

考えられる結論を得ています。

　また，この方法は，鑑定対象の筆跡間における一対一の比較のみから結論を得るようなものではなく，実験や調査による研究に基づいて筆跡の一般的性質を理解したうえで，多人数が複数回書いた手書き文字標本などのデータを参考にするなど，多方向からの検討をくり返して結論にいたるものです。

4　筆跡鑑定の前提条件

　筆跡には個人差と個人内における恒常性が一般的な性質として存在するということが筆跡鑑定の前提条件になります。

　個人差については，情報伝達の手段という文字の性質上，散らばりの範囲が制限されてしまうことなどのため，同じように書く人は2人といないとまではいえませんが，高澤と長野 (1976) など多くの研究で筆跡に個人差が存在することが明らかにされてきています。

　個人内における恒常性，すなわち自然な状態で書かれた筆跡は多少の変動を伴いながらも，一定の範囲内におさまる傾向があることについても，多くの側面から検証されており，また，恒常性の程度自体にも個人差や書字状況による差があることなども含めて検討が進められています。そして，関と高澤 (1990, 1991)，関ら (1999, 2000) の多変量解析を用いた研究では，画数の多すぎる文字による筆者識別は精度が落ちることや，筆者の母国語以外の書き慣れない文字の筆跡では個人内における恒常性とともに個人差も小さくなってしまう現象が報告されています。

　これらは個人差と恒常性を相互に関連づけて検討すべきであることのほか，書字の学習の程度が識別に影響することを示しており，筆跡の性質に対する行動科学的アプローチの重要性を表しているといえます。

5　筆跡の性質

　もちろん，生まれてすぐに文字が書ける人はいません。ここで，学習とは，同一のあるいは類似の経験がくり返された結果生じる比較的に永続的な行動の

変容,と定義することができます。つまり,書字行動は長期間の反復練習による学習において獲得されるものです。

　八重澤と須川 (1993) は,「米」という文字の書字行動と,図2-3に示す2個の丸印間を矢印の方向に結ぶ線引行動を,筆圧計を用いて比較しました。その結果,左右の手でそれぞれの行動をさせた場合に,線引行動では左右対称的なパターンを示すのに対して,「米」字の書字行動では字画に依存したパターンを示しました。表2-1は筆記速度のデータを示したものです。この結果は,身体構造による制約にもかかわらず,書字行動は全体としてまとまりをもってプログラムされた行動であることを示しています。このことは高澤らの筆跡の部分構造と全体構造の関連についての一連の研究 (1979, 1981, 1982, 1984, 1989) などによっても同様に示されています。

　以上のような研究から,自然な状態における書字行動は,全体としてまとまりのあるプログラムによって制御され,書く内容には注意していても,文字の書き方までは意識されないような,ほぼ自動的な処理に近い状態に達することがあり,そのため筆跡に筆者の個性が表出するものと考えられています。つまり,筆跡鑑定とは,筆跡のこのような表出行動としての性質に基づいて個人差をとらえ,長期の過剰なまでの学習によって生じた個人内の恒常性の存在を前提として筆者を識別しようとするものといえます。

図2-3　線引行動の材料

表2-1　左右対称性の有無

(八重澤と須川, 1993)

左右対称性	あり	なし	その他
線引行動	26	17	5
書字行動	16	30	2

$\chi^2=30.64$　$df=2$　$P<.001$

6 研究の展開

　筆跡は人間行動の結果生じたものである，との観点にたった筆跡鑑定は犯罪の捜査や立証などに貢献している一方で，文字への行動科学的なアプローチとして，文字を書くことを認知的スキルとしてとらえた神宮 (1993) など，多くの心理学的な考え方に基づいた研究が展開されています。また，方法論を含む研究として，高澤ら (1997)，小林ら (1998) の筆圧や筆記速度に加えて筆記具が紙面に触れていない間の書字運動の分析までをデジタイザの利用で可能にした測定システムの開発，高澤 (1998b) の前記のシステムを用いた書字行動研究，古川ら (2000) の書字行動のモデル化に関する研究，石川と須川 (2000) の筆跡の濃度差を顕在化して筆圧の相対強度を推定する方法（図2-4），三崎と梅田 (1997) や三井と若原 (2001) のコンピュータを用いた筆者識別に関する研究なども進められています。

　一方，人の書字行動や筆跡を取り巻く環境は，コンピュータの普及や教育方法の変遷などによって変化し続けているため，常に新しいデータが必要とされています。今後は，フィードバック情報やパースペクティブの獲得に基づく行動の制御，外的・内的要因による行動変容，筆跡を見る側の知覚・認知・評価過程なども書字行動研究の対象とされていくと思われます。そして，認知，学習，記憶，発達，感情，思考といった心理学の専門領域はもちろん，人間工学，情報工学，生理学など多領域にまたがる研究を進展させ，さらに行動科学的デ

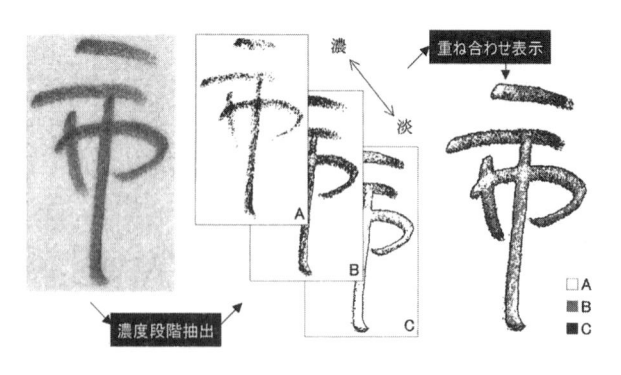

図2-4　デジタル画像処理による濃度差顕在化

ータを蓄積することで，現在の筆跡鑑定をより高度なものにしていくことが期待されています。

4節　ポリグラフ検査

奈々子　：書字行動の研究って，様々な心理学の分野と隣接学問の共同作業みたいなものですね。
柿美教授：そうですね。
たかや　：奈々子，ごめんごめん，遅れちゃった。
奈々子　：今ごろやってきて。先生から，もう，お話たくさん聞いたのよ。遅いよ。
たかや　：柿美先生，すみません。今度のゼミのレポートの準備に手間取っちゃって。
柿美教授：いやいや，お疲れさま。
奈々子　：たかや，本当にレポートの準備だったの？　こないだ一緒にいた彼女と，また，話に夢中になってたんじゃない？
たかや　：違うよ，この前は彼女と話が盛り上がって，つい遅れただけさ。今日は本当にゼミの準備だよ。
奈々子　：柿美先生，聞いてください。たかやったらひどいんですよ。この前なんか，約束の時間に2時間も遅れてきたんです。今日だって，怪しい。
柿美教授：ほほう。
たかや　：そんな疑うんだったら，ウソ発見でもなんでも受けてもいいよ。
奈々子　：じゃあ，私の目を見なさいよ。ほうら，ウソついてるからドキドキしてきたでしょ！
柿美教授：まあまあ，ケンカならグランドか体育館でやってほしいな。そこならジャッジを引き受けてもいい。
二　人　：すみません！
柿美教授：冗談だよ。ははは……。ところで，さっきウソ発見がどうとか言っていたけど，これは正式にはポリグラフ検査というんだが，どんな検査をするのか，君たちは知っていますか？　実はね，一般的に言われている「ドキドキすること」とウソ検査との間には，大きな秘密が隠されているんだけど，知りたいかな？
二　人　：はい，ぜひ！

　ポリグラフ検査（ウソ発見器）について，みなさんはどういうイメージをおもちでしょうか。まず本当に，そんな便利な機械が存在するのか，存在するに

してもまさか裁判で証拠として認められるほど信頼されてはいないだろうと思っておられる方が多いのではないでしょうか。1997年の日本心理学会ワークショップでは，「ポリグラフ検査というのはギュウギュウ取調べをやってもなかなかオチナイ（自供しない）ような凶悪犯に対して使うのでしょうか？」という質問をされたことがあります。

　実際そうなのでしょうか。これらの疑問に答えるために，いまから一つの事件を例にして，日本のポリグラフ検査の現状を説明していきます。

1　シミュレーション
　　　―あなたがポリグラフ検査を受ける日

　一般の人が冷酷無惨な殺人事件を起こすことはまずあり得ませんし，ほとんどの人が万引きのような窃盗事件にさえ，生涯かかわることはないと思います。しかしながら，どんなに誠実な人であっても，自分の意思とは無関係に何らかの形で事件に巻き込まれてしまう可能性がないとは言い切れません。換言すれば，あなた自身が，長い人生のどこかで，ポリグラフ検査を受ける場面に遭遇することがあるかもしれないということです。

　こんな場面を心の中に思い浮かべてみてください。あなたは学校を卒業し，ある会社に就職して，今では数年の経験をもつ若手社員です。ようやく周囲からも信頼されるようになり，自分自身でも仕事がおもしろくなり始めたころですから，毎日，意気揚々として職場にやってきます。ところが，ある日，思いがけないことが起こります。あなたの会社の更衣室で，入社したばかりのAさんのお金がなくなったのです。最初はAさんの勘違いではないかと疑っていた会社側もお金を盗まれたとAさんが頑として言い張るので，ついに警察に相談し，被害届を出してもらうことにしました。数日後，同じ更衣室を使用していた全員が警察署によばれ，当日，不審な人物を見ていないか，更衣室の中で何か変わったことに気づかなかったか，詳しい事情を聞かれます。

　そして，事情聴取のあと，捜査員があなたに，突然，「ポリグラフ検査を受けてもらえませんか」と言ったとします。

　さて，どうしますか。まず，あなたは非常に戸惑うことでしょう。「何で私

が……」と，思わず，口をついて出そうになったその言葉を飲み込みます。捜査員は，更衣室に行くには総務課や人事課の前を通らなければならないので，その場所には外部からの不審者がきわめて侵入しにくいことを指摘します。言い換えれば，この更衣室を使っている女性従業員であればいつ出入りしても不自然には思われないし，そういった人たちの指紋や足跡が室内に残っていても犯罪の証拠にならないと説明します。さらに，今回はAさんの財布から一部の金だけが抜き取られているのですが，そういうやり方は内部犯行の手口であると強調します。もし，外部から侵入した犯人であれば全員のロッカーから，しかも財布ごと，お金を持ち去るはずだというのです。

しかし，あなた自身がそのような容疑をかけられることはまったく心外でしょう。この会社に勤務してから，病気以外で一度も欠勤したことはなく，給料の一部は毎月貯金しているし，借金はもちろんなく，お金に困っているということはありません。そんなことは上司もよく知っているはずなのにと思うと悔しくてなりません。一方，自分が疑われるのも嫌だが，誰かが会社の中でお金を盗むなんて信じられません。こんな疑心暗鬼の状態では，とても仕事を続けられないから早急に事件を解決してほしいと思うのも正直な気持ちでしょう。

それから，ポリグラフ検査というものがはたして信用できるのかという疑問が沸々と起こってきます。自分は，子どものころから，大事な場面になると，緊張のせいで本来の能力を発揮できなかったことがあるし，自己主張することがへたで，損な役回りを押しつけられたことがある……などと考えていると，ますます検査結果が不安になってきます。

そこで，思い切って捜査員に尋ねてみます。

「突然，ポリグラフ検査とか言われて，ドキドキしてしまっているのですけど，大丈夫でしょうか，犯人と間違われないでしょうか」

「なぜ，ドキドキする必要があるのですか？　犯人でないなら，堂々と胸を張って検査を受けたらいいじゃないですか」

こういう意地悪な言い方をされると本当に腹が立ってきます。「こんな状況になったら，誰だってドキドキするに違いない，刑事は毎日，凶悪犯ばかりを相手にしているから，犯人と間違われそうになってドキドキしている，『正直で，小心な人』の気持ちなどわからないのだ」とあなたは思います。

2　ポリグラフ検査の質問

　さて，あなたの順番が巡ってきて実際に検査室に入るように言われます。鑑定人は最初に，検査に用いる装置や検査手続きについて簡単に説明し，いよいよ事件に関する質問を開始します。
　「それでは，最初の質問です。――お金が盗まれたのは，午前 9:00 から 11:00 の間ですか，午前 11:00 から午後 1:00 の間ですか，午後 1:00 から 3:00 の間ですか，午後 3:00 から 5:00 の間ですか，午後 5:00 以降ですか」
　「はあ？　そんなこと聞いていませんけど……」
　「聞いていないなら，『知りません』とでも答えておいてください」
　鑑定人は淡々と，犯行時刻に関する 5 つの質問を約 20 秒おきに発し，呈示順序をかえて 3 系列反復実施します。
　その後に実施された質問は以下のとおりです。
　質問 2　被害金額について
　「盗まれたお金は 1 万円でしたか，2 万円でしたか，3 万円でしたか，4 万円でしたか，5 万円でしたか」
　質問 3　財布の在中品について
　「A さんの財布には古い五百円札が入っていましたか，宝くじの引換券が入っていましたか，米国の 100 ドル紙幣が入っていましたか，新幹線の指定席券が入っていましたか，デパートの商品券が入っていましたか」
　質問 4　財布の処分について
　「現金が抜き取られた後の財布はロッカーの上に置いてあったのですか，更衣室の窓から投げ捨てられたのですか，トイレの鏡の前に置いてあったのですか，給湯室の流し台の横に置いてあったのですか，1 階のゴミ箱に捨てられていたのですか」
　質問 5　財布について（写真呈示）
　「お金を盗られた A さんの財布は①ですか，②ですか，③ですか，④ですか，⑤ですか」
　このような質問を次々にされ，何がなんだかわからないうちに検査が終わってしまいます。予想に反して，「あなたは A さんのお金を盗りましたか」とい

う質問は結局，一度もされないままでした．狐につままれたような気分で，あなたは何かすっきりしないまま検査室から出てくることになります．

3 事件概要

　更衣室を使用していた従業員に対するポリグラフ検査の結果，一人が事件に関係していることが濃厚であると判定され，取調べによって，この女性が犯行を自供します．彼女の自供内容は次のとおりです．
　「午前10時ごろ，更衣室にたばこをとりに行ったら，Aさんのロッカーのドアが半開きになっていたので，中にあった財布から，2万円だけ抜き取った．この時，財布の中には新幹線の指定席券が入っていることに気づいたが，それは盗まなかった．財布を更衣室の前にある給湯室に置いたのは，金を盗んだのがロッカーからではなく，Aさんが流し台の横に財布を置き忘れ，そこで金が盗まれたように偽装するためだった」
　このように事件内容が明らかになると，先ほどの質問の中には，犯人にとってそれぞれ意味のある「ポイント」が含まれていたことがわかります．すなわち，犯行時刻については「9:00から11:00の間」，被害金額については「2万円」，財布内の在中品では「新幹線の指定席券」，財布の処分場所は「給湯室の流し台」が今回の事件内容と一致する「正解」なのです．ポリグラフ検査では，こうした「正解」を含む質問を裁決質問といいます．

4 ポリグラフ検査の原理

　「盗まれたお金は2万円ですか」という裁決質問に，犯人が「いいえ」と答えると，それはウソの答えになり，ドキドキしてポリグラフに反応が出てしまうのではないかと一般的には考えられがちです．しかしながら，「盗まれたお金は2万円ですか」の質問に「いいえ」というウソの返答ではなく，「ハイ」という本当の答えをしても，あるいはまったく返答をしなくても反応は起きるのです (中山, 2000)．つまり，「2万円」というキーワードが重要であって，質問にウソをついたかどうかということはほとんど関係がないのです．ということ

は，この検査が「ウソ」を検出する方法ではなく，犯罪の実行者にしかわからない「被害金額：2万円」について記憶があるかどうかを調べているのだということがおわかりいただけるでしょう。犯罪捜査では，犯人でなければ知り得ない事件内容の詳細事実を被疑者が自供する時，「秘密の暴露があった」としてその後の裁判でも有力な証拠になるのですが，ポリグラフ検査でも同じような原理が使われているのです。

これに対して，上記のような事件で，「盗まれたものはハンカチですか，ボールペンですか，2万円ですか，リップクリームですか，文庫本ですか」という質問表を用いたとしたらどうでしょうか。犯人であれば，先ほどと同じように「2万円」を被害金額として識別するでしょうが，犯人でなくても，泥棒が持っていくほど「価値ある」ものはこの質問の中では現金以外にありません。したがって，このような質問構成では，ことによると無罪の人でも「2万円」に反応してしまうかも知れません。犯人でなくても裁決質問を推定できるような質問構成は不適切とされ，実際には用いられることはありません。

ところで，先に述べた5つの質問のうち，ほかはすべて裁決質問に反応が出ているのに，「新幹線の指定席券」にだけ反応が出なかったとしたら，どういうことが考えられるでしょうか。一つには，犯人が現金を抜き取ったあと，財布の中を見ずに処分してしまったということです。したがって，お金を盗んだ犯人であっても「新幹線の指定席券」が入っていたことに記憶がなければ反応が出ないのは当然です。また，被検者が被害者と親しくて，Aさんがどういう財布を持っているかをよく知っていたなら，財布の色柄，形を写真で尋ねる質問は実施されません。犯行とは無関係な状況でどれが本物かを識別できる被検者の場合には，裁決質問に反応が出てもお金を盗ったという決め手にならないからです。

それから，検査室に入った時にはほとんど誰でもドキドキしています。ふだんのヒトの心拍数は72拍前後ですが，事件に関係していない場合でも，検査を受けるとなると，緊張のせいで心拍が平均80から90拍くらいにはねあがります。しかし，「2万円」という裁決質問に返事をしたあとでは，心拍数は2,3拍程度遅くなるヒトの方が多く，ウソの返答をした時にだけ心拍が急激に加速するという現象は過去のデータから裏づけられていません（鈴木・中山，2001）。

日本の犯罪捜査では毎年，ポリグラフを使った検査が4000件以上実施され

ていますが，結果の半数以上が事件と関係なしと判定されています。したがって，「犯人であることは間違いないのにギュウギュウ調べても自供しない凶悪犯」にだけ，ポリグラフ検査を実施するのではなく，物証が少なく，犯人であるともないともいえないようなケースで多く用いられるのです。しかも，検査場面でいくらドキドキしていても，無実の被検者は裁決質問を識別できないため，誤って犯人であると判定されることはありません。それはこの検査が質問に対する精神的動揺をみているのではなく，その犯罪を実際にやった人間でなければ知り得ないような具体的な事実に関する記憶の有無を検査しているからです。また，ポリグラフ検査の結果が最高裁判所で初めて証拠価値を認められたのは1968年で，今から40年以上も前のことになります。この検査は特に犯人でない人が誤って逮捕されないために使われているということが，あまり知られていないのですが，とてもたいせつな活用方法なのです。

5節　少年警察活動における少年相談

奈々子　：ポリグラフ検査って，おもしろい！
たかや　：ほんと，科学志向で行われている心理テストだよ。小説のネタになるなあ…
柿美教授：すっかり，仲直りしたね。
二　人　：申し訳ありませんでした。
柿美教授：じゃ最後に，警察におけるもう一つの犯罪心理学の仕事について，お教えしましょう。どんな分野かわかりますか？
たかや　：少年警察の部門じゃないですか？
柿美教授：そうです。
奈々子　：最近，凶悪な少年犯罪がとても多くなったから，少年にももっと重い刑を科すため，少年法も改正されたんですよね？
柿美教授：うーん，二人とも勉強してるね。ところで，奈々子君の話だが，凶悪な少年犯罪が顕著に増えているというわけではないんだよ。現代は情報化社会だから，特異な事件がセンセーショナルに報道されるし，手口なども知れわたるので一般の人たちの印象に強く残る面もある。しかし，飛躍的に件数が増えたわけではないんだ。
たかや　：警察の少年部門では，どんなことが行われているんですか？
柿美教授：少年の「健全育成」を目的に，警察でもいろいろな取り組みがなされているね。

なかでも，街頭補導とか相談活動が重要な役割を占めている。
奈々子：警察署に行って警察官に相談するのって，なんか勇気がいるみたい。
柿美教授：実は，警察にも専門のカウンセラーがいるんだよ。
二　人：へー。
柿美教授：非行少年の中にある被害者的な側面，たとえば，被虐待やいじめられ体験などに目を向けて，非行性の浅いうちに補導や相談活動で支援することは，とても重要といわれているんですよ。

1　少年警察活動における補導と相談

「補導」という言葉は，狭い意味では，街頭補導などのように非行少年の早期発見とそれへの指導を指して使いますが，「少年補導」という用語を用いる場合では，「健全育成の精神にのっとり少年の非行を防止し，その福祉を図るための少年に対するあらゆる処遇」(警視庁, 1988b) を指していいます。少年補導の形態としては，①非行事案の捜査や調査と関係機関への送致・通告，②街頭補導（街での非行少年の早期発見活動），③少年相談（少年や保護者から依頼を受け，心理鑑別，性格矯正，行動変容等，非行防止のための相談活動），④継続補導（保護者等の依頼により非行防止のための必要な期間，継続して少年を注意指導する活動）などがあげられます。いずれの活動も密接に連動しており，関係機関やボランティア団体との緊密な連携が必要となり，特に現代では，少年や保護者の悩みに的確に対応できる相談活動の社会的要請が高まっています。

2　警察における少年相談の歴史

警察における「少年相談」は，昭和35年から少年警察活動の一つとして位置づけられており，昭和49年からは各都道府県警察に電話による相談窓口も設置され，今日ではすべての都道府県警察で実施されています。さらに，近年では，都道府県警察ごとに「少年サポートセンター」が置かれ，非行問題に対応する地域のネットワークの核として活動を展開しています。

警察における少年相談の位置づけと意義は，昭和35年に警察庁が示した「少年警察活動要項」の中でも示されていますが，その後，少年非行情勢の悪化を

背景として，少年自身や保護者等の間に悩みごとや困りごとが増加し，相談内容も複雑多様化してきたために，昭和60年には，警察庁はさらに「少年相談実施基準」を定め，相談業務の適正かつ効果的な運営をはかることとなりました。この中で，少年相談の意義について，「少年相談とは，少年またはその保護者等から少年の非行防止その他少年の健全な育成に係る事項に関し，悩みごと，困りごと等の相談があった時に，当該事案の内容に応じ，必要な指導，助言その他の援助を行うことをいう」と定義しています。

警察が相談活動に重点を置くようになってきたのは，少年問題が時代とともに多様化し変質しているために，非行を早期発見し，また一般の少年をも含めた健全育成を推進していくために問題行動に対する予防的かつ成長促進的な関与が必要となり，社会からの要請も高まっているという事情があるのです。

3　非行についての少年相談の意義

(1) 心理臨床としての少年相談

非行についての相談活動・カウンセリングを指して，「非行臨床」という用語を使うことは，すでに一般的になってきていますが，「非行」は，そもそも臨床心理学的な概念ではなくて，法律的な概念であって，①20歳未満のものが行った刑罰法令に違反する行為（未成年に対しては，刑罰ではなく保護的な処分がおもに加えられますが，14歳以上の場合は，成人と同様に「犯罪」とよばれ，14歳未満では，「触法行為」とよばれます），②20歳未満のものが行った行為で，その性格や環境に照らして，将来，犯罪または触法行為をするようなおそれのあるもの，の両者を含めて考えるのです。

①は「犯罪」であり，②は「虞犯行為」といわれるもので，したがって「非行」というのは，犯罪よりずっと広い概念であり，また，未成年にだけ適用されるものです。臨床心理学が「非行」を対象とするのは，まさにここに理由があるわけで，対象が犯罪だけならば，それへの対応は法的規制（刑罰）であって，相談関係やカウンセリングの入り込む余地はあまりありません。虞犯行為のような対象が広くて多義的な行為を対象としていること，また行為者である少年が，人格の発達やその変容においてまだ柔軟性をもっていることが臨床の

対象となる理由なのです。言い替えれば，少年のパーソナリティになんらかの問題があってその非行が起こっている時，あるいは，少年を取り巻く環境（家族や周囲の集団等）のシステムになんらかの歪みや断絶があるために非行が起こっている時，そういうものが臨床の対象となるわけです。また警察での相談では，非行には該当しないが，飲酒，喫煙，けんか等の自己または他者の特性を害する行為をする「不良行為少年」や，また虐待され，酷使され，または放任されている少年など児童福祉法に基づいて措置が必要と認められる「要保護少年」も扱うことになるので，そうした意味で，警察は最も幅広い対象をもつ非行臨床の場ということができるのです。

　非行臨床の特徴として，非行そのものは周囲や社会が困る行為で，自分だけが悩んでいるというものは，ほとんどないといってもよいでしょう。そのために，非行少年はみずからすすんで相談員（カウンセラー）の前に現れることはなく，そのほとんどが本人の意に反して連れてこられるわけです。このような状況から，非行への対処法が，社会が困らない方向へだけの強引な舵取りに傾く危険性があるので，少年がより成長し，発達する方向で解決がはかられなければ「臨床」に値しないことをくり返し確認すべきでしょう。

(2) 相談活動の実際

　警察では，平成10年から少年相談専門職員や補導職員を中心として，少年問題に関する専門組織である「少年サポートセンター」の設置を進め，平成12年までに全都道府県警察に設置しました。このセンターは，警察本部所在地や主要な都市を中心に設置され，学校との連携のもとに補導活動の強化，関係機関や団体等とのネットワークづくり，少年やその家族に対する支援活動，広報啓発のための情報発信活動の充実強化に取り組んでいます。その中でも，非行防止対策としての少年相談活動の意義が大きくなっています。相談の形態は，個人や集団など様々なカウンセリング場面に対応できるように整備され，従来から「ヤングテレホン」等のよび名で知られるように電話相談活動も展開されています。近年では，フリーダイヤルの電話や電子メールでの相談に応じられる体制も整えています。

① 警察の相談の特徴

　少年問題を扱う相談機関には，児童相談所や教育センター等様々な機関がありますが，警察の相談窓口には，警察にしかできない活動が期待されている面

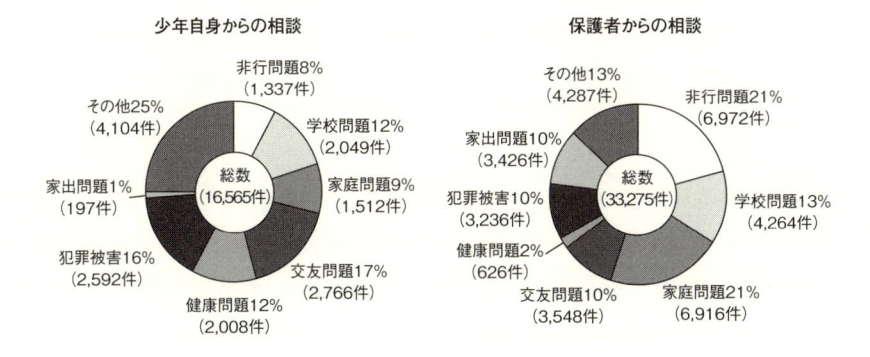

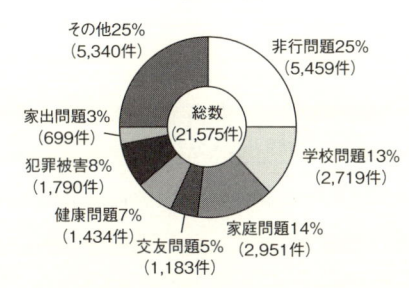

図 2-5 少年相談の内容（平成 21 年）（警察庁, 2009）

少年自身からの相談 総数(16,565件)
- 非行問題 8%（1,337件）
- 学校問題 12%（2,049件）
- 家庭問題 9%（1,512件）
- 交友問題 17%（2,766件）
- 健康問題 12%（2,008件）
- 犯罪被害 16%（2,592件）
- 家出問題 1%（197件）
- その他 25%（4,104件）

保護者からの相談 総数(33,275件)
- その他 13%（4,287件）
- 非行問題 21%（6,972件）
- 学校問題 13%（4,264件）
- 家庭問題 21%（6,916件）
- 交友問題 10%（3,548件）
- 健康問題 2%（626件）
- 犯罪被害 10%（3,236件）
- 家出問題 10%（3,426件）

その他からの相談 総数(21,575件)
- その他 25%（5,340件）
- 非行問題 25%（5,459件）
- 学校問題 13%（2,719件）
- 家庭問題 14%（2,951件）
- 交友問題 5%（1,183件）
- 健康問題 7%（1,434件）
- 犯罪被害 8%（1,790件）
- 家出問題 3%（699件）

も見逃せないところです（図 2-5）。他の相談機関よりも，深刻な非行や切迫した問題が持ち込まれることが多くなっています。特に，警察における相談活動の特徴を列挙してみましょう。

1. 地域に密着した少年警察活動を通して，たまり場や不良集団の情報など地域の事情を把握しているために，非行の相談が持ち込まれた時に適切な情報把握が可能となる。
2. 犯罪が起こりそうな急を要する状況下では，複数の職員を現場に動員するなど機動力を発揮してすばやく効果的な対応に結びつけることができる。
3. 状況に応じて，家庭裁判所や児童相談所への送致・通告といった司法的な措置を迅速に行うことができる。
4. 犯罪被害者に対するケアの流れをつくることができる。

② 相談の機能

遊間(2002)は，警察の少年相談の特徴的な活動として次の3つをあげています。

1つめは本人や家族が危険な状態にある時の「危機介入」であり，2つめは非行少年グループへの「指導」であり，3つめは非行のそれほど進んでいないと思われる段階での本人への「継続補導」であるとしています。危機介入というのは，被害として危機に瀕している状況ばかりでなく，生活上の問題や対人関係その他様々な問題で，精神的に窮地に陥って混乱している場合などにも適切に介入していくことをいうもの(長谷川, 1990)で，そうした状況にすばやく対処できるような体制づくりが求められています。集団への指導は，保護者や教員などからの相談がきっかけとなって始められることが多く，地域を管轄する警察署の実情をもとに効果的な対応法を探ります。介入の方法は様々で，少年への個別指導，グループ全体に対するグループカウンセリング，地域の街頭補導を通して少年と接触をはかる等の多くのバリエーションがあります。特にグループへの介入を組織的に行うことが有効であり，問題性の大きいものは解体をめざし，少年どうしの相互作用を視野に入れて働きかけをすることが可能となります。非行があまり進んでいない段階での継続補導は，保護者等の相談や捜査の過程でその必要性が認識されて実施されます。治療動機のない少年に対して警察のもつ権威を用いてかかわりを求めていくもので，初めの段階では，少年は拒否的なことが多いので半ば強制的に関与するのですが，その後の対応しだいでは少年の潜在的な治療動機を引き出すことに成功している例も多くあるのです。

③ 相談活動の実際

図 2-5 に示したとおり警察白書 (警察庁, 2009) によると，平成 21 年度中で全国の警察で受理した少年相談の件数は，7万件を超えています。少年自身からの相談件数は全体の23.2％であり，「交友問題」についての相談が最も多く，つづいて「犯罪被害」「学校問題」「健康問題」となっています。特に少年自身からの「犯罪被害」相談の比率が 2001 年と比較して 7 ％上昇していることが注目されます。保護者からの相談やその他からの相談（学校や関係機関や周辺の大人）では，少年の「非行問題」についての相談が最も多く，次いで「家庭問題」「学校問題」となっており，また「健康問題」など多岐にわたっています。

現代では，警察の少年相談に対する社会的要請はより一層高まっていることがうかがえます。少年相談の機能も強化しており，相談担当者には，少年非行問題を扱った経験の豊富な職員や臨床心理学やソーシャルワークを学んだ専門

職員を配置し，体制の充実をはかっています。

4 少年相談の今後

　非行への相談活動が順調に展開していくためには，その少年の状況から，少年自身や周囲へ及ぶ「危険度」を的確にアセスメントしていく必要性があります。暴力的行動や自殺等自傷行動の予測と心理的評価，非行性の深さについての認定などが必要で，相談員の専門性と柔軟性が問われるところです。薬物乱用や家庭内暴力など複雑な問題を抱えるケースについては，他の領域の専門家からの助言を得たり，教育，医療保健，福祉，刑事司法などの関係機関が同時に協力して関与する必要性も生じており，今後は組織的に問題解決に当たるためのネットワークづくりがより一層必要になっています。

注）奈々子の質問方法が正しいかどうかは，44ページで確認してください（柿美）。

3 国際捜査心理学会

　イギリスの心理学者ディビット・カンター（David Canter）が命名した「捜査心理学」とは，犯罪捜査におけるこれまでの主観的なアプローチに対して，より科学的で，より系統的なアプローチを応用しようとする学問です。国際捜査心理学会とは，各国の大学，研究機関，警察機関からの参加者が，捜査心理学に関する様々な研究を発表する場といえます。国際捜査心理学会は，隔年開催であり，第6回大会は2001年1月8日から10日までの3日間開催されました。ここでは，筆者も出席した第6回大会に焦点を当てて述べることにします。

　第6回大会では，日本の警察庁科学警察研究所における研究についてシンポジウムが設けられ，他に北海道警，福島県警，熊本県警の科学捜査研究所における研究や犯人像推定の試みなどが発表され，日本にとっては，特に記念すべき大会となりました。大会参加国は，イギリス，日本，アメリカ，カナダ，ドイツ，フランス，イタリア，ポーランド，ノルウェー，スウェーデン，南アフリカ，オーストラリアであり，参加者名簿によれば，124名中36名が警察関係者でした。発表会場はリバプール大学心理学部のシアターであり，同所にて合計10テーマの多岐にわたるシンポジウムが行われました。

　次に，各シンポジウムの内容を紹介します。

1. 「暴力犯罪の分類」では，数量化理論Ⅲ類を用いて連続強姦犯の行動を類型化し，それらの行動から数量化理論Ⅱ類を用いて犯罪歴の有無を予測するという，熊本県警科捜研の研究が発表されました。他に，最小空間分析（SSA）を用いた殺人現場の性質，軍隊内部で発生した暴力犯罪を表現性と道具性に類型化したイギリスの研究，南アフリカにおける連続殺人犯13名による73件の犯行に関する分析結果が発表されました。
2. 「プロファイリングに関する国際的な事例研究」では，イタリア国家警察における暴力犯罪分析システムの研究，地理および行動指標による連続殺人捜査の優先順位に関するイギリスの研究が発表されました。
3. 「捜査情報に対する評価」では，犯罪捜査支援部（NCF）によるSCANという供述分析法に関する評価，犯罪捜査分析やプロファイリングにおけるポリグラフ検査（GKT）の活用に関するドイツの研究，目撃者や被害者に対する事情聴取法に関するカナダの研究，証言の信憑性に影響を及ぼす法廷における尋問法に関するイギリスの研究が発表されました。

4. 「社会病理の社会心理学」では，実際に起きたデモなどの群集心理に関するイギリスの研究が発表されました。
5. 「捜査の意思決定システム」では，連続犯罪の時空間分析，殺人捜査の追跡システム（HITS）に関するアメリカの研究，Power Plot Professional という分析ソフトを用いた連続放火の地理的プロファイリングに関する福島県警科捜研の研究，対応分析を用いた脅迫文を遺留した連続窃盗の犯罪行動分析に関する北海道警科捜研の研究が発表されました。
6. 「犯罪者プロファイリングの神話」では，霊能者による捜査支援の検討，プロファイリングにおける主要な助言，バーナム効果，連続殺人犯類型（秩序型・無秩序型）の検証に関するイギリスの研究，捜査員の思考スタイルに関するオーストラリアの研究が発表されました。
7. 「日本の科学警察研究所における研究」は，犯罪手口の選択確率による窃盗被疑者の検索システムに関するシミュレーション研究，GIS（地理情報システム）を利用した捜査員向けのデータ統合ソフトウェア（C-PAT）の開発経緯と諸機能，年少者対象の連続強姦犯57名の心理および地理分析，連続放火犯363名の特徴と現場選択の地理的要因に関する研究が発表されました。
8. 「犯罪の社会的過程」では，危機事態における被疑者と交渉人の相互作用，共同強姦における被疑者の意思決定・行動・命令，ギャング・侵入盗犯・酒酔い騒擾者のネットワークに関するイギリスの研究，詐欺と持凶器強盗の犯罪組織の構造分析に関するノルウェーの研究が発表されました。
9. 「捜査心理学における行動システム研究」では，家庭内で発生した殺人，テロリストによる人質立てこもり事件，侵入盗における目的物の選択に関するイギリスの研究，学校内で発生した暴力事件に関するアメリカの研究が発表されました。
10. 「犯罪行為」では，激情型殺人と境界性人格に関する南アフリカの研究，著名人対象のストーキング事件における効果的な処置に関するドイツの研究，性的殺人のナラティブ分析に関するイギリスの研究が発表されました。

現在，カンターはハダーズフィールド大学に移り，国際捜査心理学研究センター（IRCIP: International Research Center for Investigative Psychology）に籍を置いている。2010年に第9回大会が開催されており，捜査心理学会のホームページで詳細を確認できる。

(岩見)

第3章　鑑別と矯正の現場

1節　少年鑑別所

奈々子　：犯罪捜査における犯罪心理学の活用について，よくわかりました。ところで先生，最初に，犯罪に挑む人たちには，捜査の人たち，裁判の人たち，矯正の人たちがいるとお聞きしましたが……。
柿美教授：そうですね。ではこの章では矯正施設とそこで活用される犯罪心理学についてお話ししていきましょう。
奈々子　：矯正施設……，つまり，刑務所や少年院といった所。
たかや　：へえ，さすが法学部。詳しいじゃん。
奈々子　：まあね。ちなみにたかやはさ，少年鑑別所と少年院の違い，知ってる？
たかや　：えっ，違うの，少年鑑別所と少年院って！　考えたこともなかった。
柿美教授：ほほう，奈々子君の一歩リードかな。じゃ，次ページの図を見てもらえば，おおよそこれらの施設の違いがわかると思うのだけれど。
たかや　：なるほど，それぞれがきちんと法律で定められているんですね。
柿美教授：そうですよ。それぞれの施設について簡単にいうと，少年鑑別所は調査機関であり，少年院は教育機関となります。そして，それぞれの組織に犯罪心理学の専門家がたくさんいて，活躍しているんです。どんなことをやっているのか，勉強していきましょう。
二　人　：はい，よろしくお願いします。

1　少年鑑別所とは

　少年鑑別所とはいったい何をするところだと思いますか。ややもすると，非行少年（以下，少年という）を収容して罰を与えるところ，そうでなくても教育をするところであると思われていることが多いような気がします。しかし，少年処遇の基本法規である少年法第1条（目的）において，「この法律は，少

第3章　鑑別と矯正の現場　55

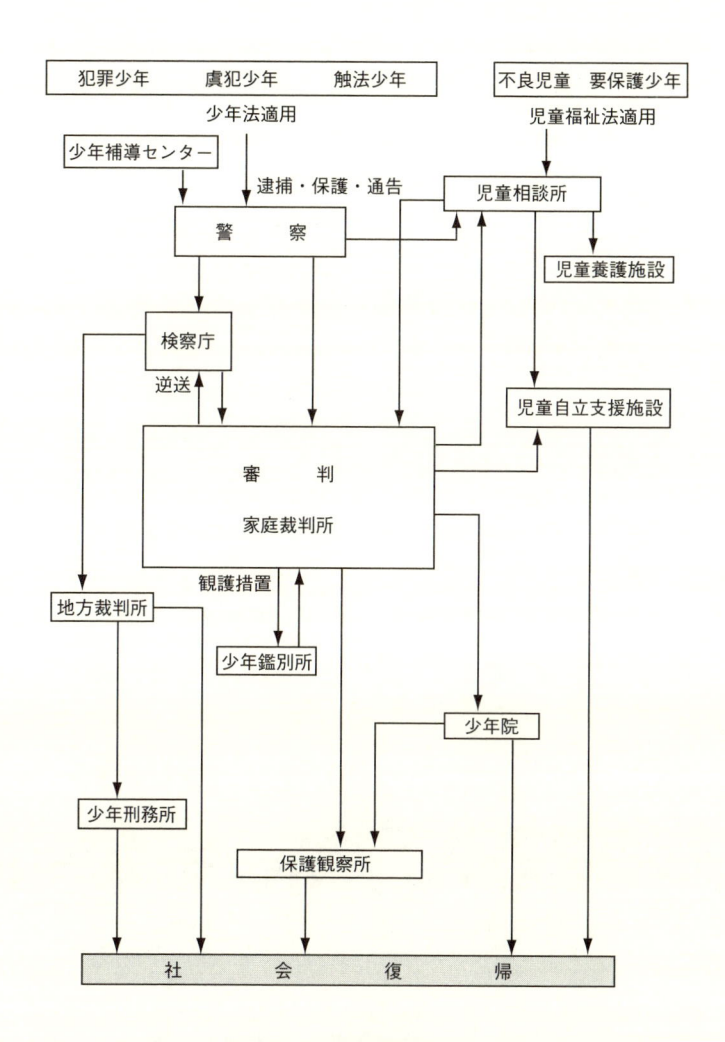

```
┌─────────────────────────────┐      ┌──────────────────┐
│ 犯罪少年    虞犯少年   触法少年 │      │ 不良児童  要保護少年 │
└─────────────────────────────┘      └──────────────────┘
            │ 少年法適用                    │ 児童福祉法適用
┌──────────┐                               ↓
│少年補導  │   逮捕・保護・通告        ┌──────────┐
│センター  │─────────────→            │ 児童相談所│←──┐
└──────────┘                          └──────────┘   │
            ↓                              │          │
       ┌────────┐                          ↓          │
       │ 警　察 │─────────────→      ┌──────────────┐│
       └────────┘                    │ 児童養護施設 ││
            │                        └──────────────┘│
            ↓                                         │
       ┌────────┐                                     │
       │ 検察庁 │                       ┌──────────────┐
       └────────┘                       │児童自立支援施設│
         │ 逆送                         └──────────────┘
         ↓  ↑                                  ↑
    ┌─────────────────────────┐
    │      審　　判           │─────────────→
    │     家庭裁判所          │
    └─────────────────────────┘
         │   観護措置 ↑
         ↓           │
    ┌──────────┐ ┌──────────┐
    │地方裁判所│ │少年鑑別所│         ┌────────┐
    └──────────┘ └──────────┘         │ 少年院 │
         ↓                              └────────┘
    ┌──────────┐    ┌──────────────┐
    │少年刑務所│    │ 保護観察所   │
    └──────────┘    └──────────────┘
         ↓              ↓
    ┌────────────────────────────────────────┐
    │          社　会　復　帰                │
    └────────────────────────────────────────┘
```

図 3-1　少年処遇の流れ

年の健全な育成を期し，非行のある少年に対して性格の矯正及び環境の調整に関する保護処分を行うとともに，少年及び少年の福祉を害する成人の刑事事件について特別の措置を講ずることを目的とする」と規定されていることからもわかるように，わが国には少年を「罰する」という発想はまったくありませんし，こと少年鑑別所に限っては教育も行いません。

実際の少年鑑別所は，あとで述べる一般相談の例を別にして，純粋な調査機関です。そもそも鑑別という言葉は，classification の訳語であり，分類と訳されることもあります。坪内 (1995) によれば，「鑑別・分類は，あるものを他のものから分けると言う意味であり，非行犯罪に陥るものは数々いるが，彼らは誰一人をとっても同じ人間はありえず，その個人性を記述説明しようとする作業である」としています。すなわち，この作業を実証的かつ科学的に行おうとするのが少年鑑別所であり，そこでは多くの心理学を中心とした社会科学・行動科学の専門家たちが働いています。

2 少年鑑別所の法的位置づけ

少年鑑別所に少年を収容するためには，一定期間身柄を拘束する以上，厳しい法律上の要件が求められます。まず，少年を収容する根拠は，少年法第17条において，「家庭裁判所は審判を行うために必要がある時は，決定をもって，次にあげる観護の措置をとることができる。
 1. 家庭裁判所調査官の観護に付すること
 2. 少年鑑別所に送致すること」
と規定されています。つまり，家庭裁判所の決定がなければむやみに少年を収容することはできないのです。

次に少年鑑別所の法的な根拠は，少年院法第16条において，「少年鑑別所は，少年法第17条2項の規程により送致されたものを収容するとともに，家庭裁判所の行う少年に対する調査及び審判並びに保護処分及び懲役又は禁固の言い渡しを受けた16歳未満の少年に対する刑の執行に資するため，医学，心理学，教育学，社会学その他の専門的知識に基づいて，少年の資質の鑑別を行う施設とする」と規定されています。

また，少年鑑別所は，少年院法第17条において，「国立とし，法務大臣がこれを管理する」と規定されており，法務省の出先機関の一つであることがわかります。少年鑑別所は，原則として各都道府県に設置されている家庭裁判所に対応して，地方自治体単位で1庁が設置されており，例外的に東京都や北海道のように複数庁が設置されているところもあります。

3　少年鑑別所に収容する少年

　収容対象となる少年は，少年法第3条において「審判に付すべき少年」として次のように規定されています。
「次に掲げる少年は，これを家庭裁判所の審判に付する。
1　罪を犯した少年
2　十四歳に満たないで刑罰法令に触れる行為をした少年
3　次に掲げる事由があって，その性格又は環境に照らして，将来，罪を犯し，又は刑罰法令に触れる虞のある少年
　　イ　保護者の正当な監督に服しない性癖のあること
　　ロ　正当な理由がなく家庭に寄りつかないこと
　　ハ　犯罪性のある人若しくは不道徳な人と交際し，又はいかがわしい場所に出入りすること
　　ニ　自己又は他人の徳性を害する行為をする性癖のあること」
　もちろん，こうした少年のすべてが少年鑑別所に収容されるわけではなく，「住所が不定である」「非行や証拠を隠滅するおそれがある」「逃走するおそれがある」「心身鑑別をする必要がある」等の理由がある場合に，家庭裁判所の観護措置決定により収容されます。

4　少年鑑別所の機能

　少年鑑別所の機能は，収容鑑別，在宅鑑別，依頼鑑別，一般相談に大別されます。以下にその概要を見ていきましょう。

(1) 収容鑑別

　収容鑑別は，少年鑑別所の中心的な機能です。少年を通常4週間程度（最長8週間）収容して調査を行い，その結果を鑑別結果通知書として家庭裁判所へ送付することを目的としています。法的には少年鑑別所処遇規則第2条において，「少年鑑別所は，少年を明るく静かな環境に置いて少年が安んじて審判を受けられるようにし，そのありのままの姿をとらえて資質の鑑別を行わなければならない」と規定され，その機能として少年の身柄の確保と資質鑑別が求められています。

　資質鑑別は，同第17条において「少年の素質・経歴・環境及び人格並びにそれらの相互の関係を明らかにして最良の方針を立てる目的をもって，行わなければならない」ものであり，鑑別に当たっては同18条で，「医学，精神医学，心理学，教育学，社会学等の知識及び技術に基づいて，調査と判定を行わなければならない」と規定されています。こうして得た結果を鑑別結果通知書としてまとめるわけですが，鑑別結果通知書は，その少年の精神状況の分析，少年鑑別所内での行動観察結果，非行にいたるプロセスの分析，処遇指針からなっています。

　さて，少年鑑別所には，法務技官及び法務教官が勤務しています。前者は，考査というセクションに勤務しており，様々な心理テストや心理面接をくり返す中で，その少年の問題性の解明に努めています。後者は，観護というセクションに勤務しており，様々な行動科学の知識を活用しながら面接等をくり返すとともに，課題作文やはり絵，集団討議等を実施しつつ，当該少年の行動を24時間綿密に観察することによって，問題性の解明に努めています。両者ともに，国家公務員試験に合格し，法務省に入省した者がその職務に当たります。[注1] 図3-2に収容鑑別の標準的な流れを示します（法務省，2001）。

(2) 在宅鑑別

　在宅鑑別とは，家庭裁判所に事件係属中の少年を少年鑑別所に収容しないで鑑別することであり，おもに少年を少年鑑別所に通わせて実施するものです。鑑別の方法は，収容鑑別に準じていますが，少年を収容しないので，行動観察は実施せず，おもに法務技官が心理学的な分析を行います。

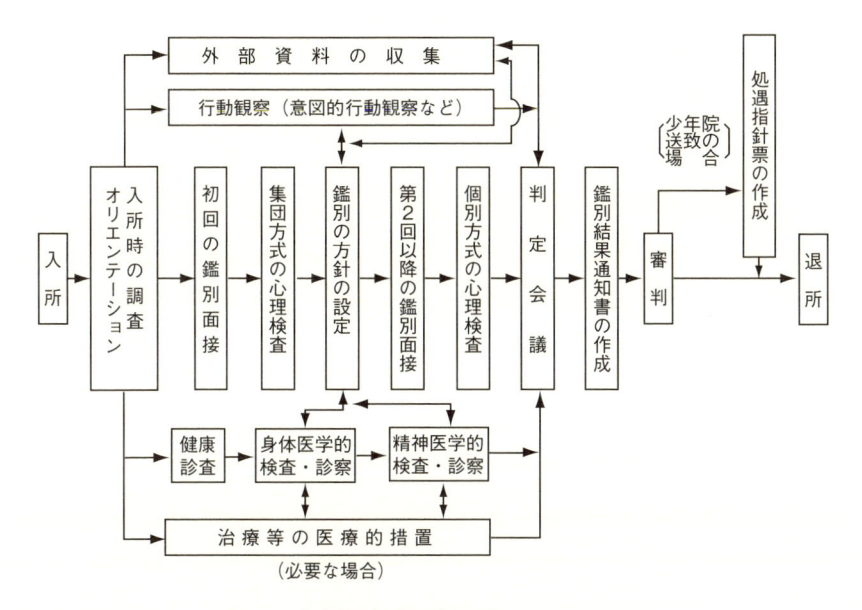

図3-2 収容鑑別の標準的な流れ（法務省，2001）

(3) 依頼鑑別

　依頼鑑別とは，少年鑑別所の関係機関である少年院，地方更生保護委員会，保護観察所，検察庁等の要請に基づき鑑別を実施することです。依頼鑑別の中で最も多いのは少年院からの依頼によるもので，少年院収容少年の教育効果の測定や新たな処遇指針策定に供するためなどを目的として実施しています。

(4) 一般相談

　一般相談とは，少年院法第16条の二において，

　「少年鑑別所は，家庭裁判所，少年院の長，地方更生保護委員会及び保護観察所の長以外の者から少年の資質の鑑別を求められた時は，前条（収容鑑別のこと）の業務に支障をきたさない範囲において，これに応ずることができる」と規定されています。

　この機能はあまり知られていませんが，一般の心理相談センターとしての機能を少年鑑別所はもっています。収容鑑別で蓄積したノウハウを用いて，非行だけにかかわらず，不登校，家出，家庭内暴力，知能・性格の問題，しつけ問題などについての様々な相談に応じています。相談料は原則として無料ですが，

心理検査を実施した際には検査用紙等についての実費を負担してもらう場合もあります。各少年鑑別所には，一般相談の窓口があり，随時受け付けています。詳細は各少年鑑別所までお問い合わせください。

注1：国家公務員試験制度については近年変化が認められます。毎年の試験の実施要領については人事院にお問い合わせください。

5　少年鑑別所で用いられる心理テスト

　少年鑑別所では様々な心理検査が用いられています。ここにその一端を示すことにしましょう。
　まず，集団方式の検査では，
（知能検査）新田中 3B 式知能検査
（性格検査）法務省式人格目録（MJPI），法務省式文章完成法（MJSCT）
　　　　　　法務省式態度検査（MJAT）
が用いられます。
　次に個別方式の心理検査では，必要に応じて，
（知能検査）ウェクスラー知能検査，田中ビネー式知能検査，鈴木ビネー知能検査，コース立方体組合せテスト　等
（性格検査）ミネソタ式多面人格目録（MMPI），矢田部ギルフォード性格検査（YG），ロールシャッハテスト，絵画統覚検査（TAT），絵画欲求不満テスト（PF-STUDY），バウムテスト，内田クレペリン精神検査，法務省式運転態度検査　等
（適性検査）CRT 運転適性検査　等
（その他）ベンダー・ゲシュタルト・テスト，箱庭療法，東大式エゴグラム（TEG）等
が用いられます。
　これだけの種類の心理検査を使いこなせるようになるには，膨大な時間がかかりますが，法務省では体系的な研修システムと各職場でのスーパーバイズによる OJT（On The Job Training）が活発に行われており，入省後実務を踏まえながら，着実に身につけるシステムが整っています。こうしたテスト結果と面接結果，行動観察の結果を集約して鑑別結果通知書は作られていくのです。

2節 少年院

1 少年院の現況

　第1節で，少年鑑別所は非行のある少年の心身を鑑別し，非行の原因がどこにあるか，立直りにはどんな手立てが必要かについて科学的に査定する診断機関であると説明しました。他方，少年院は家庭裁判所の決定で収容された非行少年たちに教育（現場では「処遇」という言葉を用いる）を施す施設です。少年院は教育機関であり，診断機関の少年鑑別所とは基本的に性格が異なります。しかし，少年院に収容される少年のほとんどはその前に家庭裁判所の決定により少年鑑別所に収容され，収容期間中に審判（成人でいう裁判）が行われ，少年院送致という決定を受けています。また，少年鑑別所の診断結果と処遇指針が少年院教育に活用されたり，少年院の依頼に応じて少年鑑別所の鑑別担当者が少年院に赴いて必要な少年の鑑別を実施したり（これを「再鑑別」という）と，両機関は緊密な関係をもち連携をはかっています。

　少年院は少年鑑別所同様，法務省が管理する国の施設で，現在，全国に52庁（うち1庁は分院）設置されています。年間の収容者数は平成22年が約3千6百人です。平成8年から少年院に収容される少年の人員は増え続けました。これは，傷害・暴行，強盗，恐喝などの粗暴な非行と集団による非行の増加などが背景にあると考えられます。しかし，平成12年をピークにその後は減少傾向にあります。ちなみに，平成22年の少年鑑別所収容人員は約1万3千6百人ですので，そのうち約26%の少年が少年院送致になりました。

　少年による凶悪重大な犯罪が社会的な耳目を集めている昨今，少年院に対し，そこでどんな教育が行われているか，少年たちはどのように更生の道を歩むのかという強い社会的関心が寄せられています。こうした情勢に加えて，2000年，2007年，2008年に相次いで少年法等が改正され，最近少年院の現場では新たな対応を迫られてきました。そこで，少年矯正の現場で診断と処遇に携わってきた者として，少年院を理解していただくため少年院の制度や仕組みを中心に概説します。心理学的な立場からの少年院等に収容される非行少年たちの特徴や，彼らをどう理解しどうかかわるかという実践的な内容については第7章2

節と 3 節で述べます。

2　保護処分としての少年院送致

　まず，少年法等の法令で少年院がどのように位置づけられているかということですが，少年法第 24 条では，下記のとおり保護処分の一つとして少年院送致が規定されています。

　「家庭裁判所は，(中略) 審判を開始した事件につき，決定をもって，次に掲げる保護処分をしなければならない。1. 保護観察所の保護観察に付すること。2. 児童自立支援施設又は児童養護施設に送致すること。3. 少年院に送致すること。」

　保護処分とは少年の健全育成という理念のもとに，少年を更生させ，非行を抑制するために性格の矯正や環境の調整を行う法的な措置です。第 1 の保護観察はいわゆる社会内処遇といわれるもので，専門家である保護観察官と民間の篤志家である保護司が少年に社会生活を送らせながら指導を行う制度です。第 2 は児童福祉法によって設けられた児童自立支援施設 (旧称は「教護院」) などの施設で生活させることです。第 3 が少年院送致です。

3　少年院の矯正教育

　少年院法の第 1 条は，少年院の目的を矯正教育を授けることにあると規定しています。

　「少年院は，家庭裁判所から保護処分として送致された者及び少年法第 56 条第 3 項の規定により少年院において刑の執行を受ける者 (以下「少年院収容受刑者」という) を収容し，これに矯正教育を授ける施設とする」

　さらに，同法第 4 条では矯正教育に言及しています。

　「少年院の矯正教育は，在院者を社会生活に適応させるため，その自覚に訴え紀律ある生活のもとに，左に掲げる教科並びに職業の補導，適当な訓練及び医療を授けるものとする」

　少年院は少年が再非行に陥らないよう，紀律ある環境の中で教育や訓練を行

い，社会適応力を高めるための施設です。

　ところで，前記少年院法第1条で，少年院は少年院において刑の執行を受ける者「少年院収容受刑者」にも矯正教育を授ける旨が規定されています。少年院と受刑者は相容れないものと疑問をもつかもしれませんが，これは改正少年法によって生じた新たな事態です。改正少年法により，従来の刑事処分可能年齢（いわゆる逆送が可能な年齢）が16歳から14歳に引き下げられました。このため，14歳，15歳の少年であっても凶悪重大な犯罪を犯した者は懲役又は禁錮の実刑を受ける可能性が出てきました。ただし，16歳未満の受刑者は心身が発達途上にあるため，16歳に達するまでの間刑務所ではなく少年院で矯正教育を授けることができると改正少年法は定めたのです。また，2007年の少年法改正により，少年院送致可能年齢がそれまでの「14歳以上」から，「おおむね12歳以上」へと引き下げられました。

4　少年院分類処遇制度

　一口に少年院といっても，種類，教育期間（収容期間），教育の内容と方法は多様です。少年院法第2条は年齢，心身の状況及び犯罪傾向などの基準から，少年院を「初等少年院」「中等少年院」「特別少年院」「医療少年院」の4種類としていますが，関係法令により，表3-1のように，これら4種類の少年院は「処遇区分」に，「処遇区分」はさらに「処遇課程」に分けられています。この全体を「少年院分類処遇制度」と称しています。

　処遇区分には短期処遇と長期処遇があり，前者は早期に改善更生が期待できる少年を収容し，運用上収容期間を6か月以内とする一般短期処遇と4か月以内とする特修短期処遇の2つが設置されています。長期処遇は短期処遇になじまず，改善更生のためには年単位の収容期間を確保する必要があると判断された少年を対象としています。次に，処遇課程とは教育カリキュラムのことです。少年院送致の決定となった少年は個々に，能力，性格，価値観，心身の発達程度，非行に直結した資質や環境の問題，非行の進み具合などが異なるわけですから当然，立直りに必要な期間（短期か長期か）ばかりではなく，立直りに必要な教育内容（どんな働きかけを行うか）も異なってくるわけです。少年院分

表 3-1　少年院分類処遇制度

少年院の種別	処遇区分		処遇課程	各処遇課程の対象者
初等少年院 心身に著しい故障のないおおむね12歳以上おおむね16歳未満の者	短期処遇	一般短期処遇	短期教科教育課程 短期生活訓練課程	**短期教科教育課程** 義務教育課程の履修を必要とする者又は高等学校教育を必要とし、それを受ける意欲が認められる者 **短期生活訓練課程** 社会生活に適応するための能力を向上させ、生活設計を具体化させるための指導を必要とする者 **教科教育課程** 義務教育課程の履修、高等学校教育の受講を必要とする者 **職業指導課程** 職業上の進路に応じた意識、知識、技能等を高めるための職業指導を必要とする者 **生活訓練課程** 資質の偏りが著しく反社会的な行動傾向が顕著で治療的な指導と心身の訓練を特に必要とする者、非行の重大性等により問題性がきわめて複雑・深刻で特別の処遇を必要とする者。日本人とは異なる処遇を必要とする外国人 **職業能力開発課程** 職業訓練の履修を必要とする者、職業上の意識、知識、技能等を高める職業指導を必要とする者 **特殊教育課程** 知的障害者及び知的障害者に準じた処遇を必要とする者、情緒の未成熟等により非社会的な形での社会的不適応が著しく、専門的な治療教育を必要とする者 **医療措置課程** 身体に疾患や障害がある者 精神障害やその疑い等がある者
		特修短期処遇	（処遇課程は設けられていない）	
	長期処遇		生活訓練課程 職業能力開発課程 教科教育課程 特殊教育課程	
中等少年院 心身に著しい故障のないおおむね16歳以上20歳未満の者	短期処遇	一般短期処遇	短期教科教育課程 短期生活訓練課程	
		特修短期処遇	（処遇課程は設けられていない）	
	長期処遇		生活訓練課程 職業能力開発課程 教科教育課程 特殊教育課程	
特別少年院 心身に著しい故障はないが、犯罪傾向の進んだ、おおむね16歳以上23歳未満の者	長期処遇		生活訓練課程 職業能力開発課程 特殊教育課程	
医療少年院 心身に著しい故障のあるおおむね12歳以上26歳未満の者	長期処遇		特殊教育課程 医療措置課程	

類処遇制度の意義はまさにそこにあります。このように少年院に収容される少年は個々の必要に応じて，どの種別の，どの処遇区分の，どの処遇課程の少年院かが決定されるのです。

5 少年院の教育活動

このように見てくると，少年院の処遇（教育）の基本は個々の少年の必要に即して行うこと（「処遇の個別化」），個々の少年に適切な処遇を選択すること（「処遇の適正選択」）にあるといえます。

少年院では入院した少年について，少年鑑別所が策定した処遇指針などを踏まえ，非行に結びついた資質や環境の問題は何か，立ち直りのためにはどんな働きかけが必要かを，一人ひとりについて吟味し，「個別的処遇計画」という教育計画を策定します。計画には少年院在院中に達成すべき目標，実施される教育内容と方法などが，教育のステップ（これを「教育過程」とよぶ）ごとにきめこまかに記載されており，処遇は計画に基づいて展開されます。もっとも，あくまで計画ですから，少年の改善の進み具合等から当初の計画が見直され，より効果的な処遇を行うために目標や教育内容などが修正・変更されることもあります。また少年院には，学校教育と同じように「成績評価」と「進級」という制度があります。処遇の節目節目で成績評価を行い，一定の水準に達していると判断されると進級が認められ，進級ごとに社会復帰が近づくという仕組みです。これは少年に対して，少年院での生活に見通しや意欲をもたせるうえでも重要な制度です。

さて，実際に少年院ではどのような，そしてどのように処遇が行われているのでしょうか。前述したように処遇の個別化と処遇の適正選択という原則がありますので，教育内容は少年の数ほどに千差万別です。しかし概括すると，自己洞察と非行の反省，規範意識の高揚，基本的生活態度の習得，望ましい対人関係の学習，生活設計の確立などに関するものです。また最近，人の生や命への現実感覚が乏しい少年が増えてきたという認識から，「生命尊重教育」をより重視するようになりました。また被害者の権利への社会的関心の高まりと連動し，被害者の痛みを感じ取り被害者への責任を果たさせるため，「しょく罪

指導」にも力を入れています。

　教育方法も，たとえば面接・カウンセリング，作文・日記指導，読書指導，役割活動，集会活動，集団討議，ロールレタリング，内観法，心理劇，社会的スキル訓練，視聴覚教育，職業補導，院外委嘱教育（少年院外部の事業所や特別養護老人ホーム等での体験学習的な訓練）等々多種多様です。どの教育方法を，またどの教育方法の組み合わせを，さらにどの時期に採用するかが個々の少年の必要に応じ，個別的処遇計画に基づいて決められるのです。

　少年院は少年たちが立ち直りに向けて努力するために，紀律あるそして更生的な雰囲気のある環境を維持しなければなりません。これなくしては教育活動は成立しないといってもいいでしょう。そのため集団生活を乱す少年に対しては，個別に反省をうながす措置もとります。

6　少年院の組織と職員

　少年院の組織は直接少年にかかわる部署と，それを監督したり支えたりする部署に大きく分けることができます。前者は，「教務」「分類保護」「医務課」から構成されます。教務は日々そして24時間体制で少年の処遇にあたり，分類保護は効果的な処遇のために調査や教育計画の策定を行ったり，少年の社会復帰に向けた調整を行ったりする職員の組織です。医務課は医師が少年の心と体の診断や治療を行います。また職員は法務教官とよばれる人たちで，専門的な知識や技術が必要とされます。法務教官は心理学，社会学，教育学，社会福祉，法律などを専攻した人，教員免許取得者ならびに職業訓練の指導員免許取得者などで占められています。本書第7章2節および3節で触れますが，少年を理解し適切な指導を行うためには個々の職員の力量はもちろんのこと，こうした職員間の連携が必要不可欠なのです。

3節　刑務所

たかや　　：なるほど，少年鑑別所と少年院とは異なる施設なのですね。そして，この2つの施設では，様々な心理テストによる調査や，カウンセリング，心理劇といった心理学に基づいた様々な方法による教育が行われているわけですね。
奈々子　　：勉強になったね。
たかや　　：うん。ところで先生，さっき見た図（55ページ）には，確か「少年刑務所」というものもありましたが……。
柿美教授　：良いところに気づいたね。そう，もう一つ少年刑務所という施設がある。
奈々子　　：さっきの図でいくと，少年鑑別所や少年院は家庭裁判所と結びついていたけど，少年刑務所は地方裁判所と結びついていた。
たかや　　：ということは，大人が刑を受けた時と同じ刑務所みたいなところになるのかな。
柿美教授　：少年刑務所とは，主として16歳以上20歳未満の少年で，懲役または禁錮の言い渡しを受けた者を収容するところなんだよ。
奈々子　　：少年のための刑務所ということですね。
たかや　　：じゃ，今度は刑務所について先生からお話をお聞きしなきゃ。
柿美教授　：勉強熱心でよろしい。

1　刑務所の位置づけ

　刑務所はいわゆる刑事施設とよばれる施設の一つに位置づけられています。刑事施設とは，拘置所，少年刑務所，刑務所等を総称するよび方です。この中で拘置所とは，主として，刑事被告人を収容するところです。一方，少年刑務所や刑務所とは，主として，裁判で懲役刑等が確定した犯罪者を収容し，一定の作業をさせるとともに改善指導や教科指導をして社会復帰に備えさせるところです。1節の少年鑑別所，2節の少年院の対象がほとんど少年であるのに対し，行刑施設の対象はほとんどが成人であるという点で大きく異なります。

　刑事施設は，すべて法務大臣の監督下にある法務省の出先機関です。平成23年4月現在で，全国に本所とよばれる大きな施設が77箇所，支所とよばれる小さな施設が111箇所あり，本所のうち少年刑務所が7箇所，刑務所が62箇所，拘置所が8箇所あります。

2　刑罰の意味

　刑罰とはいったい何でしょうか。植松 (1981) は，刑法上の刑罰のもつ意味について，「応報刑論」と「教育刑論」に集約されると述べています。前者は，「悪いことをした者には，悪い報いがあるべきだ」とする考え方を基調とし，後者は「刑はもっぱら犯罪人を教育し，改善するために科するものである」とするものです。さて，わが国の刑務所とはいったい何を目的としているのでしょうか。

　そもそも刑務所とは，一般的に「犯罪者を収容して罰を与えるところ」と認識されていることが多いように思います。つまり「応報刑論」的なとらえ方をされていることが大多数です。たしかにそういった側面がないとはいえません。しかし，著名な心理学者のアイゼンク (Eysenck, 1964) は，その著書『犯罪とパーソナリティ』の中で，「犯罪者を罰すればその人は二度と悪いことをしなくなるだろう，罰を重くすることは犯罪の抑止につながるだろう」という仮説に反論をしています。たとえば，「死刑を廃止する，再提案するといった動きと，殺人件数にはあまり関係のないこと」や「罰は逆に望ましくない行為を以前よ

り強めて，その行為を常同的にすることもある」とも述べています。

　ひるがえって，わが国では刑務所に収容された犯罪者（以後，受刑者とよぶ）を処遇することの基本原則を，刑事施設及び受刑者の処遇等に関する法律の第14条において「受刑者の処遇は，その者の資質及び環境に応じ，その自覚に訴え，改善更生の意欲の喚起及び社会生活に適応する能力の育成を図ることを旨として行うものとする」と規定しており，少なくとも刑務所では「応報刑論」的な考え方には基づかず，最終的には社会適応を目的とする「教育刑論」に基づいた処遇が行われています。

3　刑務所の処遇の基本

　刑務所の刑開始時から釈放までの処遇の流れを図3-3に示します（法務省，2011）。

　刑務所の処遇の中核となるのは，「矯正処遇」として行われる「作業」，「改善指導」，「教科指導」です。従来，刑務所は，明治41年に定められた「監獄法」という歴史のある法律で運営されていましたが，時代の要請に応えるため平成19年に「刑事収容施設及び被収容者等の処遇に関する法律」（以後，新法という）が施行され全面改正がなされました。この新法によって，受刑者は，作業，改善指導，教科教育を受けることが義務づけられました。

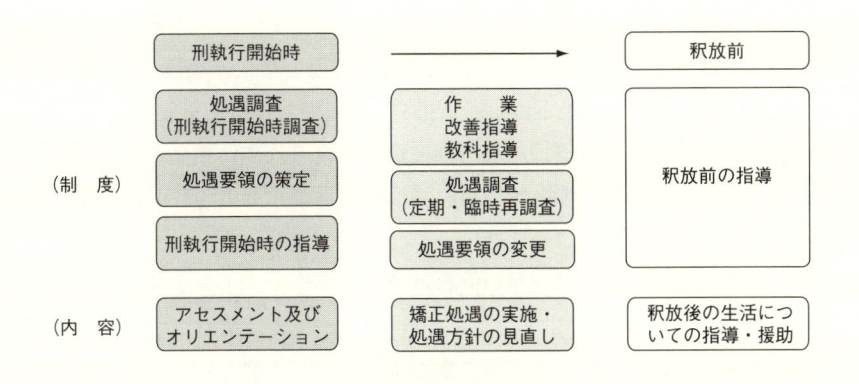

	刑執行開始時	→	釈放前
（制度）	処遇調査 （刑執行開始時調査）	作　業 改善指導 教科指導	釈放前の指導
	処遇要領の策定	処遇調査 （定期・臨時再調査）	
	刑執行開始時の指導	処遇要領の変更	
（内容）	アセスメント及び オリエンテーション	矯正処遇の実施・ 処遇方針の見直し	釈放後の生活に ついての指導・援助

図3-3　刑務所処遇の流れ（法務省，2011）

こうした矯正処遇について新法は，個々の受刑者の資質や環境に鑑み，適切な内容と方法で実施されなければならないと規定しており，いわゆる「個別処遇の原則」が導入されました。従来，少年院では「処遇の個別化」として個々の少年の問題性に即した矯正教育を実施してきましたが，その理念や方法を刑務所の処遇にも積極的に取り入れました。
　この個別処遇を実施するために，各受刑者の資質や環境の調査を行うことを「処遇調査」と呼んでいます。処遇調査には，心理学や社会学の専門的な知見や技術が用いられます。ここで活躍しているのが，第1部第3章鑑別と矯正の現場（p.58）で述べた法務技官です。法務技官の多くは，少年鑑別所勤務と刑務所勤務を経験し，幅広い年齢層の犯罪者の心理分析に当たっています。
　処遇調査は，受刑者の処遇調査に関する訓令第4条において，「必要に応じ，医学，心理学，教育学，社会学その他の専門的知識及び技術を活用し，面接，診察，検査，行動観察その他の方法により行うものとする。」と規定されており，p.56で述べた少年鑑別所の法的根拠である少年院法第16条と内容が似ています。つまり，少年鑑別所で行う鑑別の方法論の枠組みと処遇調査は非常に類似しています。
　刑務所では受刑者の刑執行時に処遇調査を実施し，「処遇指標」を決定します。この処遇指標とは，矯正処遇の種類・内容，受刑者の属性及び犯罪傾向の進度から構成されています。
　矯正処遇の種類・内容には上述した，作業，改善指導，教科指導の3種類があります。それぞれ，作業には，①一般作業，②職業訓練の二種類が，改善指導には，一般改善指導のほかに，特別改善指導として，①薬物依存離脱指導，②暴力団離脱指導，③性犯罪再犯防止指導，④被害者の視点を取り入れた教育，⑤交通安全指導，⑥就労支援指導の六種類が準備されています。また，教科指導としては，補習教育指導と特別教科指導の二種類が準備されています。処遇調査の結果に基づき，当該受刑者に必要な教育が適宜実施されます。
　また，受刑者の属性及び犯罪傾向の進度については，当該受刑者が，①拘留受刑者か否か，②少年院への収容を必要とする16歳未満の少年か否か，③精神上の疾患又は障害を有するため医療を主として行う刑事施設等に収容する必要があると認められる者か否か，④身体上の疾患又は障害を有するため医療を

主として行う刑事施設等に収容する必要があると認められる者か否か，⑤女子か否か，日本人と異なる処遇を必要とする外国人か否か，⑥禁固受刑者か否か，⑦少年院への収容を必要としない少年か否か，⑧執行刑期が10年以上である者か否か，⑨可塑性に期待した矯正処遇を重点的に行うことが相当と認められる26歳未満の成人か否か，⑩犯罪傾向が進んでいない者か否か，⑪犯罪傾向が進んでいる者か否かという基準に照らしてアセスメントが行われます。

さらにこうした処遇調査の結果に基づき，受刑者一人一人の矯正処遇の目標や基本的な実施内容等が「処遇要領」という個人向けの教育メニューとして定められます。

また，新法が施行されて，大きく変化したのが，制限の緩和と優遇措置とよばれるものです。もちろん受刑者は刑務所内でお互いに安全に安心して生活するため，様々な生活や行動に対する規制を受けますが，全受刑者に一律な規制をかけると，中には自発的・自律的な更生意欲を失ってしまう者が出てくることが予測されます。そこで新法において刑務所では，第1種から第4種までの4種類の規制区分（1から4に向けて規制が厳しくなる）を設定し，受刑者に対し，内発的動機づけ・外発的動機づけの双方が適切になされるよう規制に緩急をつけています。こうした規制区分は，定期的あるいは随時見直されます。

また，受刑者は必要に応じて刑務所からの外出・外泊が認められる場合があります。これは，釈放後の社会生活を送るうえで，住居や就労先の確保あるいは家族関係の修復・維持のために刑務所外での活動の必要がある際に，刑務所の職員が同行しないで行われるものです。

4　実際の処遇

(1) 作業

作業は，受刑者の労働意欲を喚起し，職業上の知識・技能を身につけさせることを目的として行われています。その種類は，生産作業という社会から仕事を受注して行うものとして，木工・印刷・洋裁・金属加工等が，自営作業という施設の管理運営に必要な作業として，炊事・清掃・介助・設備修繕等があります。また，電気通信設備・内装・溶接・ホームヘルパーなど時代の要請に応

じた資格取得を目指す職業訓練も実施されるなど，受刑者個人の必要性と適性に合わせ，また釈放後の社会生活に有効な作業種目の指定がなされています。

こうした作業の大半は刑務所内で行われますが，場合によって刑務所外の構外作業場や民間の事務所に受刑者を通勤させて行う場合もあります。

なお，刑務所では，受刑者の釈放後の就労支援にも力を入れており，就労支援スタッフを配置したり公共職業安定所と連携して，職業相談・職業紹介などを実施することによって，スムーズな社会復帰の援助をしています。

(2) 矯正指導

改善指導及び教科指導のほか，刑執行時及び釈放時の指導を合わせてこの4つを「矯正指導」とよんでいます。

① 刑執行時の指導

刑務所に入所した直後に，矯正指導を受けるためのオリエンテーション的な指導を原則2週間行います。

② 改善指導

受刑者に犯罪を起こしたことの責任の重さを自覚させるとともに，健康な心身を養わせて来たるべき社会復帰に備えて必要な知識や態度を習得させるために行います。

③ 教科指導

受刑者の中には基礎学力が劣るものが多いことから，学校教育の内容に準じた指導を行います。場合によっては，高等学校卒業認定試験を実施し，高校卒業資格を付与するなどして，社会復帰を容易にする手助けをしています。

④ 釈放前指導

社会復帰を目前に控えた受刑者に対して，原則2週間の期間，社会生活上の注意や必要な指導を面接や講話などの方法で行います。必要に応じて，社会見学なども実施して，スムーズな社会復帰の手助けをしています。

5　刑務所の今後

平成13年に発生したいわゆる名古屋刑務所事件（刑務官が受刑者に対する虐待行為を行った事案）以降，刑務所内の改革が急激に加速し，「国民に理解

され，支えられる」矯正を目指すことが何度となく確認される中，本節3で述べた監獄法の全面改正に至りました。従来の刑務所は概ね閉塞的で，あまり社会と接点をもってきませんでしたが，新法以降は刑事施設視察委員会が各所に設置され，法務大臣が任命する外部の委員が刑務所内を随時視察し，その運営に関して所長に意見を述べる機会が設けられる等開かれた刑務所となっています。そもそも今昔問わず人権意識の高い職員が勤務していることに変わりはありませんが，受刑者の不服申立制度を従来より一層充実させるなどして，今後さらに国民の理解を得られる施設運営がなされることが期待されます。

4 心理テストの様々

　心理テストというと読者のみなさんはどのようなものを思い起こしますか。今や空前の心理学ブームで，大学には多くの心理学科が誕生しているし，大型書店のほとんどに心理コーナーがあるといった具合です。それだけ現代社会が複雑化して心の問題がクローズアップされている証でしょう。あるいは，現代人が何ごとにもマニュアルを求め，ついには心の問題まで既成のマニュアルで解決しようとしているという証なのでしょうか。

　いずれにしても，こうした書籍の多くには，自己診断テストや他者評定テストのようなものが含まれています。それぞれが得点化でき，一定のスケールのうえで評定できる仕組みになっています。それが恋愛に関してであったり，仕事にかかわることであったりと内容は様々ですが，その結果を生き方を模索するうえで何らかの参考にしてほしいというねらいでつくられているようです。

　さて，心理テストには，こうした広義の心理テストと狭義の心理テストがあります。広義の心理テストは上述したような，専門家対象ではなく，一般の読者にも受け入れられやすい具体的な指標を用いたものです。この場合，その結果を受け入れるか否かは読者側の判断ですので，そのテストに学術的な裏づけがあるかないかは問題となりません。テスト結果を受け入れ，あるいは反面教師として次の生き方が模索できればそれだけで効果は十分認められます。

　他方，狭義の心理テストについては，おもに職務として他者を査定するツールとして用いられるもので，当然厳密な学術的根拠が求められるし，その結果についても単に対象者が受け入れる，受け入れないの判断ではなく，社会的な判断が求められるので，重要かつ細心の注意を払ったものでなければなりません。間違った結果は，対象者の人生を大きく狂わせてしまう危険性をはらんでいるので，どういったテストを用いるか，どのように解釈するかについて，専門的なトレーニングを積んだ者が当たらなければなりません。

　したがって，狭義の心理テストについては，まずは学術的な裏づけのあるテストの開発およびそれを使いこなせる専門家の養成という2つが不可欠な要件となります。前者については，歴史のあるテストについても，常にその査定できる対象の確認作業や査定方法のあり方について各種学会で研究・発表が行われていますし，後者については，大学・大学院という高等教育機関の中で，その基礎理論から学ばせ，社会の要請にこたえうる専門家を育成しています。

心理学全般にいえることですが，心理学は社会からの求められ方によって，その基礎理論の応用の仕方が変わります。産業心理学，犯罪心理学，マスコミ心理学など，基礎理論をいかに応用して，ニーズに合わせるかが応用心理学の使命であるといっても言いすぎではありません。そのほとんどの分野で狭義の心理テストが用いられています。

　狭義の心理テストは，その査定する対象から分類すると，知能テスト，性格テスト，発達テストなどに分類され，検査内容から分類すると，投影法，質問紙法，作業検査法などに分類され，検査方法から分類すると，集団式テスト，個別式テストに分類されます。詳しくは第3章1節5「少年鑑別所で用いられる心理テスト」を参照してください。

　さて，心理テストを使用するうえで気をつけなければならない点は，テスト結果だけですべてがわかるというものではないということです。テスト結果にある程度の普遍性は求められますが，一方，その結果はその時の対象者の気分やテスト環境などに左右されるし，ましてや回答に恣意を加えることも可能です。そこで，心理テストを解釈するうえで知っておかなければならない重要なポイントは，「社会的望ましさ（Social　Desirability）」の関与です。何も心理テストだけのことではなく，人は常に「他者からよくみられたい」という気持ちが働くので，それをいかに排除するかが心理テストの実施，解釈の基本的な命題となります。知能検査や適性検査などは，与えられた課題をどこまで達成できたかという量的な指標を用いることが多いので，多い少ないという是非がはっきりしており，あまり操作をしようとする人はいません。また，性格検査の中でもロールシャッハテストなど投影法というあいまいな刺激を呈示して，各個人の様々な反応を解釈段階で査定する方法を用いる場合も，操作はあまりできません。他方，最も多用される集団式の性格テストの場合，質問が具体的でありわかりやすいというメリットがある一方，だからこそ対象者はそれにいかに答えるかによって，解釈もわかってしまう場合が多く，多分に回答の操作が可能です。もちろんそれを排除すべく，テストの開発段階からライ尺度（俗にウソつき尺度ともいう）をあわせて開発してはいますが，それですべてが排除されるわけではありません。したがって，心理テストを解釈する際は，社会的望ましさの関与を考えながら，面接等から得られた被験者の臨床像とかけ離れないようにして解釈することが求められます。つまり心理テスト結果の一人歩きをさせないことが，専門家には常に求められています。

（出口）

第4章　現代の犯罪と非行

1節　犯罪の最前線

奈々子　　：昨日ね，友だちとインターネットでいろんなところをのぞいていたら，凶悪事件現場の写真が出てきて，ホントびっくりした。
たかや　　：見たことあるよ。写真だけでもびっくりするのに，実際にその現場に遭遇したらどうなるだろう，って考えちゃう。
柿美教授　：実は，そんな凶悪事件現場を観察している心理職の人たちがいるんですよ。
たかや　　：あっ，都道府県の警察にある科学捜査研究所の人たちですね。
柿美教授　：そのとおり。彼らは，「犯罪者プロファイリング」や「ポリグラフ検査」のため，生の現場を観察しているんです。
奈々子　　：仕事とはいえ，やっぱり凶悪事件の現場って，怖い感じがしますね。
柿美教授　：以前，科捜研の知り合いに，奈々子さんと同じような感想を漏らしたことがあります。するとその人は，「現場よりもむしろ犯罪という行為にいたってしまう人間のその時の心のありさまに怖さを感じる」と言っていました。
たかや　　：そのせりふ，今度の小説にいただいていいですか？
奈々子　　：使いこなせるの？
柿美教授　：あはは，奈々子さんは手厳しいね。
たかや　　：柿美先生のお話は，いろんな刺激を僕に与えて下さいます。
柿美教授　：それは何より。じゃ次は，凶悪犯罪についてお話ししよう。
奈々子　　：凶悪犯罪というと，やっぱり殺人事件とか，ですか。
たかや　　：映画やテレビの犯罪心理学というと，やっぱり殺人事件ですよね。名探偵が，巧妙なトリックを明らかにしていくプロセスが見せ場なんです。
柿美教授　：たしかに，人間の本質を突いた良い小説や映画もありますが，私個人としては，やはり「事実は小説よりも奇なり」ですね。実際の事件は，犯罪心理学にたくさんの示唆を与えてくれます。犯罪心理学は，一つひとつの事件に対し真摯に向かい合って，謙虚に事実だけを描いていく学問ですから。
たかや　　：今のせりふも，頂戴していいですか？
奈々子　　：たかやったら！

第4章 現代の犯罪と非行　77

　昨今のテレビ・ニュースにおいて，凶暴で残忍な犯罪が毎日のように絶え間なく報道されています。身近なところで凶悪犯罪が起こるかもしれないと危惧する人々もたいへん多いのではないでしょうか。この節では，現代の犯罪の最前線がどうなっており，心理学がどのような分析を行っているのか説明していきます。

　まず，犯罪史の観点から見ていきましょう。日本の古代，中世，近世の犯罪事情について，「日本霊異記」「今昔物語」「御仕置類例集」といった資料から検討した小田 (1973, 1974) によれば，次のような特徴が見いだされています。まず，これら3時代の共通性として，①犯罪件数は，少ない順から破壊犯，性犯罪，暴力犯，財産犯の順番であり，財産犯の中では窃盗が最も多いこと，②奈良時代の事情を示している「日本霊異記」から，現在の刑法犯のおもな形態が出現しており，それらは罪として認識されていること，③女性犯罪の比率は全資料を通じて5%以上10%以下の範囲に入ること，があげられています。また，古代の犯罪では，寺院や僧侶が被害となる犯罪や家族間の葛藤による犯罪が目立ち，中世の犯罪では，集団的な強盗の横行が目立つとしています。近世になると，恐喝，贋造，業務上過失といった罪種が登場し，今日的な犯罪と精神病理の諸形態がほぼ出そろっていると指摘しています。

　ひるがえって，現代の犯罪事情については，『法学セミナー，539巻』という雑誌の特集「現代犯罪事情」から，おおよそを知ることができます。まず，

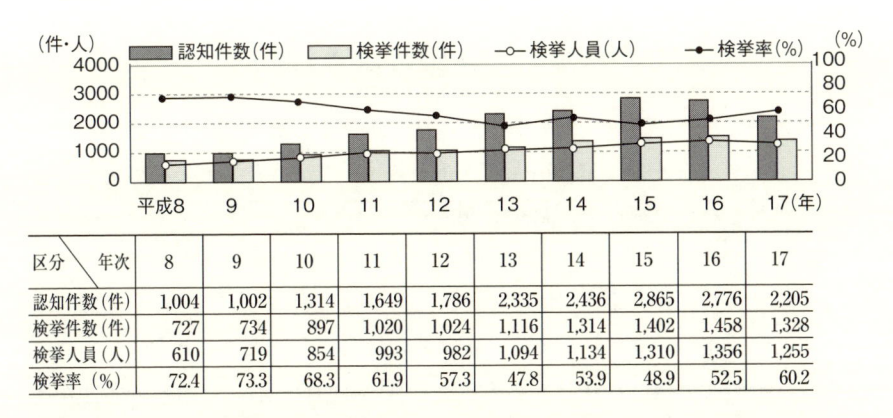

区分 \ 年次	8	9	10	11	12	13	14	15	16	17
認知件数（件）	1,004	1,002	1,314	1,649	1,786	2,335	2,436	2,865	2,776	2,205
検挙件数（件）	727	734	897	1,020	1,024	1,116	1,314	1,402	1,458	1,328
検挙人員（人）	610	719	854	993	982	1,094	1,134	1,310	1,356	1,255
検挙率（％）	72.4	73.3	68.3	61.9	57.3	47.8	53.9	48.9	52.5	60.2

図4-1　侵入強盗の認知・検挙状況の推移＜平成8～17年＞（平成23年警察白書より）

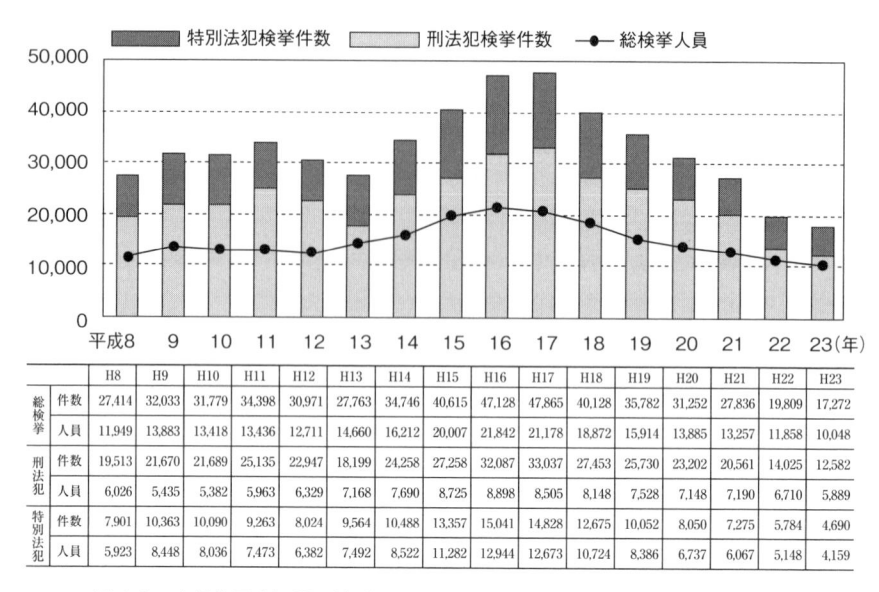

		H8	H9	H10	H11	H12	H13	H14	H15	H16	H17	H18	H19	H20	H21	H22	H23
総検挙	件数	27,414	32,033	31,779	34,398	30,971	27,763	34,746	40,615	47,128	47,865	40,128	35,782	31,252	27,836	19,809	17,272
	人員	11,949	13,883	13,418	13,436	12,711	14,660	16,212	20,007	21,842	21,178	18,872	15,914	13,885	13,257	11,858	10,048
刑法犯	件数	19,513	21,670	21,689	25,135	22,947	18,199	24,258	27,258	32,087	33,037	27,453	25,730	23,202	20,561	14,025	12,582
	人員	6,026	5,435	5,382	5,963	6,329	7,168	7,690	8,725	8,898	8,505	8,148	7,528	7,148	7,190	6,710	5,889
特別法犯	件数	7,901	10,363	10,090	9,263	8,024	9,564	10,488	13,357	15,041	14,828	12,675	10,052	8,050	7,275	5,784	4,690
	人員	5,923	8,448	8,036	7,473	6,382	7,492	8,522	11,282	12,944	12,673	10,724	8,386	6,737	6,067	5,148	4,159

図4-2　来日外国人犯罪の検挙状況の推移＜平成8～23年＞（警察庁，2012）

統計的な犯罪動向（小林，1999）についてですが，戦後50年間の長期的な動向は他の先進国と比べきわめて低犯罪率を維持してきていること，ただ過去10年間の短期的な動向では，強盗や来日外国人の犯罪が増加し懸念されていることが述べられています。これは図4-1や図4-2において裏づけることができます。

1　おもな現代の犯罪——犯罪史による比較

このような現代犯罪の傾向の中で，注目を浴びるのはやはり殺人事件ではないでしょうか。そこで，早稲田大学守山ゼミ（1999）が紹介する最近の著名な事件から，おもなものを以下に記してみます。

① 連続幼女誘拐殺人事件：埼玉・東京において1988年から1989年の間，幼女4人が誘拐，殺害された事件。新聞社に対し「今田勇子」と女性名を名乗る犯行声明文を送ったり，これまでにない猟奇的な犯行は，日本の犯罪がアメリカ的特徴を有してきたことを十分予感させた。

② 地下鉄サリン事件：東京都の営団地下鉄の車内にて，1995年3月に猛毒ガス「サリン」がまかれ，10名以上の死者を出した事件。宗教法人「オウム真理教」（現団体名：アレフ）が組織的に関与したと警視庁が断定。日本の安全神話を大きく揺るがした事件である。
③ 連続児童殺傷事件：神戸市須磨区にて，1997年5月，切断された頭部が校門前に置かれた事件
④ 和歌山カレー毒物混入事件：1998年，和歌山市園部にて開催された夏祭り会場にて出されたカレーに毒物「ヒ素」が混入され，死亡者を出した事件

　これら事件は，すべて日本中を驚かせたものばかりです。なかでも，マスメディアが想定した犯人像「30歳から40歳のがっちりした体型の男性」とは大きくかけ離れた14歳の少年による③の連続児童殺傷事件は，世間をおおいに驚かせたと同時に，以後，学校批判やサブカルチャー批判，少年犯罪を取り囲む様々な問題が盛んに論じられ，社会的な影響が大きいものでした。
　事件は，3日前に行方不明になっていた小学校6年の男子Aの頭部が，地元中学の校門の前に遺留されたことに端を発します。被害者の口に「酒鬼薔薇聖斗」の署名と挑戦文が書かれた紙が挟まれて，その文面には「さあゲームの始まりです／愚鈍な警察諸君／ボクを止めてみたまえ／ボクは殺しが愉快でたまらない／人の死が見たくて見たくてしょうがない／汚い野菜共には死の制裁を／積年の大怨に流血の裁きを／SHOOLL　KILLER／学校殺死の酒鬼薔薇」(好奇心ブックス7号，1997)と記されていました。同じ年の3月に2件の通り魔殺人事件が発生しており，これらの事件も同一人物により行われたこと，神戸新聞社に第2の挑戦状が送られてきたことなどから，埼玉・東京における連続幼女誘拐殺人事件以来の衝撃を社会に与えました。
　さて，これら現代の犯罪は，かつて発生した同種の事件と比べ，同じ点は何か，違う点は何かを知ることにより，その特質を鮮明にすることができるものと考えられます。たとえば，酒鬼薔薇事件の28年前に高校生が同級生の首を切り落とすという事件（同級生殺害事件，1969年）がありました（当時，マスメディアに出現した自称犯罪の専門家たちが，この事件をきちんと把握してコメントを述べていたかどうか疑問です）。また，埼玉・東京における連続幼女誘

拐殺人事件についても，被害者の年齢層に違いはありますが，小平事件（1946年）や大久保清事件（1971年）という同種の犯罪がありますし，また①の事件と犯行声明文の実行者は別人であるとの見方もあります。また，毒物事件に関しては1948年青酸化合物で12人が殺害された帝銀事件があります。このように，犯罪史的観点から現代の犯罪を眺めると，異常性の高い犯罪が全体として増えたとは単純に述べられず，過去の事件との比較によりその形態や特質の部分的に特化した異常性が浮かび上がってくると考えられます。では，これまでの犯罪心理学において，殺人はどのように検討されてきたのでしょうか。

2　犯罪心理学による殺人事件の分析

犯罪者プロファイリング構築のきっかけともなった「快楽殺人（異常性愛に基づく連続的な殺人）」の検討については，第2章1節においてその分類が述べられているとおりです（より詳しく知りたい方は，『快楽殺人の心理』レスラー他著，講談社を参照してください）。ただ，先の例のようにアメリカと違い日本における殺人事件においては，快楽殺人的な事件は稀であるといえます(桐生，2000)。

日本における殺人事件の検討は，まず山岡 (1962, 1963a, 1963b, 1964) によって行われています。山岡は，1955年1月から1959年12月までの間，東京地検に登録された殺人事件203件の確定裁判記録を資料とし分析していますが，おもな結果は，①アルコールの影響は女性より男性のほうが多いこと，②被害者と加害者の対人関係は家族およびそれに近い関係（47.19％），友人・知人関係（34.43％），一時的会合者（15.57％）に分類されたこと，③動機は，愛情の喪失，嫉妬（20.74％），喧嘩口論（21.20％），家庭の平和・人間関係の破壊者である被害者への反撃（10.60％）など，でした。

山岡以降，大量の資料を用いて殺人の調査・分析を行ったのは，田村 (1983a, 1983b) です。1981年に，東京都にて発生した殺人事件（傷害致死や嬰児殺などを含む）183件を分析し，人間関係の濃厚さと被害者の有責性によって殺人事件の類型化を試みています。それぞれの類型は，親族型(18.0％)，性問題型(28.4％)，けんか型（24.6％），その他型（30.0％）と命名され，各特徴が述べられ

ています。次に、薩美と無着 (1997) は、日本の凶悪殺人事件の特性について詳細な分析を試みています。資料は、1973年から1992年の20年間に日本全国で設けられた捜査本部事件（重要犯罪などが発生した際、捜査を統一し強力にするため捜査本部を設ける事件）、2,467件でした。この研究では、従来どおり被害者と被疑者の属性や、双方の人間関係などを分析していますが、殺害方法についても分析を試みています。たとえば、10代、20代の被疑者では、3～4割が刃物などによる殺害であるのに対し、30代以上になると絞殺が最も高くなること、被疑者が面識のある者を殺害する場合は頸部圧迫による方法が多いのに対し、面識のない者を殺害する場合、刃物などによる方法が多いこと、などが明らかになっています。

■**玉ノ井バラバラ事件**（1932年）
　東京浅草の下水溝から30歳前後の男のバラバラ死体が発見された。犯行を行ったのは3人の兄弟であり、被害者の素行に困っての犯行で、犯行の発覚をおそれ遺体をバラバラにした。

■**無秩序型殺人**（『快楽殺人の心理』より引用）
　ある男性が仕事を終えて帰宅したところ妻が死んでいるのを発見した。被害者は頭を4回撃たれ、それから家にあったナイフで内臓をえぐり出されていた。乳房に傷があり、生殖器も切り裂かれていた。口には動物の糞が詰め込まれていた。

　この2つの事例は死体をバラバラにするという結果は同じであっても、目的が明らかに違います。前者は殺した後、処理に困りバラバラにするのであり、後者はバラバラにするために殺すのです。渡邉と田村 (1999b) は、捜査本部事件の中でも戦後から増加している「バラバラ殺人（他殺体の発見時に、その身体に何らかの切断行為が加えられていた）事件」を、犯人像推定の観点から分析しています。たとえば、被害者が10代以下の場合には性的な問題が主たる動機であったこと、被害者が20代以上の女性の場合には7割以上が親族・愛人による事件であること、被害者が20代以上の男性である場合、9割が知人による犯行であること、などが明らかにされています。

3 現代犯罪のもう一つの特質——劇場型犯罪

■小松川女子高校生事件

　1958年8月　新聞社に若い男が女子高校生を捨てたという電話をしてきた。電話のとおりに死体は発見され、その後新聞社には反響を楽しむような電話がくり返された。犯人は18歳の男であった。

　この事件は、犯人が犯行を自慢しているかのようにマスメディアで取り上げられましたが、犯人のおもな目的は捜査の攪乱と、犯人自身の出自に起因する社会への根深い怒りの表出であったといわれています。
　現代の犯罪における特徴的な側面として、マスメディアとの関係があります。すなわち、現代は高度な情報社会であることから、そのことが反映された犯罪が多く出現しています。なかでも特筆されるのが、劇場型犯罪（theater crime）です。小田 (2000) によればこれは、「犯罪、または犯行の予告がマスメディアに報じられることが犯行の手段及び／または目的の不可欠の一部分をなしている犯罪」であり、広義には、犯行がマスメディアで報道されることで加害者は情緒的・思想的な満足を得るものとなります。1983年、大手菓子メーカーの江崎グリコ社の社長が誘拐された事件から始まったグリコ・森永事件が、日本の劇場型犯罪の代表的な事件であると指摘しています。この事件では、「かい人二十一面相」を名乗る犯人が、企業やマスコミに挑戦状、脅迫状を送りながら、スーパーなどに青酸入りお菓子を置くなどし、現金を要求したものでした。本来なら、警察などに知られないよう秘密裏に行われていたこの手の犯罪が、この事件以降、公表・報道させることを恐喝や脅迫の手段とするようになってきました。前に紹介した、埼玉・東京で発生した連続幼女誘拐殺人事件や神戸で発生した連続児童殺傷事件も、この劇場型犯罪と考えられます。しかし、重要なのは、神戸の事件もグリコの事件も、マスメディアで報道されることがおもな目的ではなく、捜査の攪乱や犯行の促進をねらったものであるということです。

4 社会通念から乖離した動機と情報化社会との関連

　凶悪化しているといわれる現代の犯罪も，古くからの犯罪形態と照らし合わせれば同一のものがあることを先に述べました。しかし，かつての殺人はコリン・ウイルソン (1972) が述べるように，その動機形成において加害者以外の他者も，当時の社会情勢や常識をおさえればその理由とプロセスがほぼ理解できるもの，たとえば悪魔的思考であったり，ドストエフスキー的思考であったり，小松川女子高校生事件のように社会への根深い怒りが形を変えたりしているものでした。これに対し，現代の殺人は犯罪者プロファイリングを作ったレスラー（Ressler, R.K.）も述べるように，主観的ファンタジーや曖昧な社会的価値観からも乖離した自己中心的な理由づけに基づいて行われることが多く，他者がその動機を理解することは難しくなってきています。

　それに加え，マスメディアとの関連が現代の犯罪を特徴づけています。たとえば，先に紹介したグリコ・森永事件はマスメディアとの関連がなければ成立しえない事件でありました。加害者が，現在のマスメディアの機能を逆手に取り犯罪成立のために積極的に利用することは，今後も増えるかもしれません。また，模倣犯の出現にもマスメディアは結果的に影響を与えており，その意味からマスメディアが現代的な犯罪を助長しているという皮肉な効果も指摘できます。たとえば，自動販売機のジュースに毒物を混入させ知らずに飲んだ人が重体になった事件が報道されると，日本全国で類似事件が発生します。また，いわゆるサラリーマン金融に強盗のためガソリンをまいて火を放ち従業員を死にいたらしめた事件報道後，ガソリンなど油類を使用する同種強盗事件がやはり全国で多発します。凶悪事件の事件報道におけるマスメディアのあり方，特にワイドショー感覚の事件の取り上げ方や，そのマスメディアにのぞき見趣味で詳細な事件報道を暗黙に望む視聴者のあり方は，今後おおいに検討されるべき問題と思われます。

2節　窃盗と強盗

奈々子　：この前ね，友だちがベランダに干していた下着を盗まれたんだって。
たかや　：下着だけ？　ほかには何も？
奈々子　：ううん，下着だけらしい。きっと変態だよ，犯人は！
柿美教授：最近は，うちの大学の女子学生の被害が多いらしいね。
たかや　：奈々子もさあ，気をつけたほうがいいよ。
奈々子　：へえー，心配してくれてんだ。
たかや　：いや，盗まれたらさ，買わなきゃなんないし，お金かかるもん。最近，お金がないって言ってはさ，昼ごはん，僕におごらせてるから……。
奈々子　：私の心配より，自分の財布の心配ってわけ？
たかや　：て，いうか，その，基本的には，奈々子が心配だよ。でも，ほら……
奈々子　：けちんぼ！　どう思います，先生。このたかやの態度。
たかや　：そんなことより先生，窃盗や強盗って，どんなタイプの人が犯人なんでしょうか？
柿美教授：うん，窃盗なんかは職業的に行っている人がいますね。さっきの下着どろぼうなどは，不特定多数の下着だけを盗む人もいれば，特定の女性だけの下着をストーカー的に盗む人もいます。強盗も，計画的に行う者もいれば思いつきのように行う者もいます。
たかや　：いろんな人がいるということですね。
柿美教授：そうですよ，お二人とも仲がいいのはわかりますが，こんなところでもめてる場合ではない。いろんな人がいるんですから，注意しないと。
奈々子　：注意ですか……？
柿美教授：そうです。女性が一人で暮らしていることが他人にわからないような工夫を，していたほうがいい。たかや君，君のスニーカーを1足，彼女に貸してあげなさい。それを，奈々子さんはベランダの隅にでも置いておくんだ。
奈々子　：先生それじゃ，友だちに，たかやとつき合ってると勘違いされます。
たかや　：僕は別にかまわないけど。

　昔から，他人の物を盗むという行為は非常にありふれた犯罪です。特にここ数年，犯罪発生率がさらに増加していますが，その理由は窃盗を中心とした財産犯の激増によるものです。財産犯は，最も多い犯罪と思いますが，犯罪心理学の研究対象としては，殺人やレイプなどに比べると，研究が多いとはいえません。しかし，ここ数年の犯罪者プロファイリングの研究(田村, 2000)においては，必ずしもそうではありません。特に，統計学を応用した犯罪者プロファイリン

グ研究の総本山であるイギリスのリバプール大学の捜査心理学センターでは，凶悪犯罪と同じくらい研究が積極的に取り組まれています (Canter & Alison, 2000)。この節では窃盗・強盗という財産犯について日本とイギリスの犯人像の違いなどを交えてお話ししたいと思います。

1 窃盗犯の形態と行動

　窃盗と一口に言っても多種多様な形態があります。警察の分類 (警察庁, 2001) として，まず大きく建物中に入る侵入盗と屋外で盗みをする非侵入盗，また車・オートバイや自転車を盗む乗り物盗に3分類されます。侵入盗は，民家，事務所,学校,病院などその対象とする家屋によってさらに細分類されます。同様に，非侵入盗も，車上狙い，自動販売機荒し，万引き，ひったくりなど様々な発生形態に応じて細分類されます。最近，増加傾向にあるのが自動車盗，ひったくり，自転車盗や部品盗とされています (警察庁, 2002)。また，侵入盗に関しては，ピッキングとよばれる新しい侵入方法を耳にされた方も多いと思います。メリーとハーセント (Merry & Harsent, 2000) は，数多い侵入盗の中でも，民家を対象とする窃盗犯の行動には，犯人の被害者に対するメッセージが含まれていると考え，民家に対する侵入窃盗は強盗やレイプと同様に一種の対人犯罪であるとしています。筆者はこれまでに民家を対象とした窃盗犯の犯人像研究 (高村, 2000) を続けてきました。ここでは，民家を対象とした窃盗犯の分類方法について紹介したいと思います。

2 窃盗犯の犯人像

　まず，メリーとハーセント (2000) によると，民家を対象とする侵入盗は，①犯人の被害者に対する攻撃性の表出[注1]と②犯人の侵入窃盗犯としての熟達度という2つの尺度から解釈されるという仮説を立て，犯行内容に応じて，窃盗犯を4つの犯人像に分類し，それぞれの犯罪行動が意味するテーマを論じています（表4-1参照）。まず，Intruders（乱入者）は，被害者に対する攻撃性が高いが熟練度の低い犯人像です。このタイプは，モノを盗むことよりも他人の

表 4-1　民家を対象とする侵入窃盗犯の犯人像分類（Merry & Harsent, 2000 より要約）

分類名	被害者に対する攻撃性	熟練度	犯行が意味するテーマ	被害者の役割
Intruders 乱入者	高い	低い	・計画性がなく，壁をよじ登るなど衝動的犯行に及ぶ ・盗みよりも，他人の家を荒らすことに興味がある ・不必要に室内物を破壊したり，トイレを使用したりする ・指紋等の証拠を残しやすい ・敵意や攻撃性の表出	招かれざる客に襲われた深刻な家主
Pilferers コソ泥	低い	低い	・盗癖によって，入りやすい場所を察知する ・現金・小物が目的である ・浅い物色で室内は荒らさない ・被害者には関心がない ・好奇心と興奮	盗みやすい家の単なる所有者
Raiders 急襲者	低い	高い	・急襲して，金目のモノをごっそり盗む ・置時計・古物・貴金属などを多量に盗む ・盗みと関係のない行動はとらない ・被害者に敵意はないが，結果的に家という聖域を汚す ・高度な現場の支配力	目的物の単なる保管者
Invaders 侵略者	高い	高い	・被害者への攻撃とモノの窃取という2つの目的がある ・室内を荒らし散乱させ，家の様相を変える ・宝石など個人的に思い入れのあるモノを盗む ・極端な暴力性から被害者が築いた家庭を汚す ・顕著な敵意，復讐心	侵略者に追放された惨めな領主

家に入って荒らしたいという欲求が強く，家の中のモノを不用意に壊したり，トイレを使用したりするとされています。そのため，被害者には犯人の意図がわからず，正体不明の人間にストーキングされているのではないかという不安を与える反面，捜査的には指紋などの証拠を残しやすいという特徴をもっています。次に，Pilferers（コソ泥）とよばれる犯人像は，被害者に対する攻撃性も熟練度も低い犯人像です。このタイプの犯行は，被害者に対するダメージは最も少ないとされていて，現場をあまり荒らすことなく，現金や小物など持ち

運びに便利なモノを盗み，それほど深い物色はしないとされています。また，Raiders（急襲者）は，被害者に対する攻撃性は低いが熟練度は高い犯人像です。被害者に対して特別な感情はもっておらず，とにかく時計類や古物，貴金属など多数の金目のモノを盗むが，盗みに無関係な行動はとらないとされています。最後に，Invaders（侵略者）は被害者に対する攻撃性も熟練度も高い犯人像です。この犯人像は，文字どおり侵略者であるので，被害者を精神的に傷つけることと，自分が欲しいモノを盗むという両方の特徴を兼ね備えています。その結果，室内を荒らすという行為で住人の尊厳を踏みにじると同時に，宝石など被害者のお気に入りの品物まで盗むので，被害者は最も大きなダメージを受けると考えられます。

　さて，プロファイリングの研究では，レイプ犯などに欧米と日本では犯人像に違いが認められることがあります（田口・猪口，1998）（注2）。民家対象の窃盗犯の犯人像に関しても同様であって，たとえばメリーとハーセント（2000）の指摘するIntruders（乱入者）やInvaders（侵略者）は日本ではあまり見られず，どちらかというと，ただ，自分の盗みやすい家から，自分が欲しいモノを自分の窃盗経験に見合った方法で盗むという，窃盗行為中心の犯人が多いのではないかと思います。日本における民家対象の窃盗犯をメリーとハーセント（2000）の分類に強いてあてはめると，Pilferers（コソ泥）やRaiders（急襲者）に類似したタイプが多いのではないかというのが，今まで警察で数多くの窃盗事件を経験し，窃盗研究を続けてきた結果からの印象です。ただ，ストーカー的要素の強い窃盗犯や，ストーキング行為の一つとして侵入盗を行う場合，被害者にとって思い入れの深い日記や写真のほか，個人的な貴重品を盗んだり，時には室内を乱雑に乱したり，建物内部や周辺に落書きを残すなどIntruders（乱入者）やInvaders（侵略者）に近い犯罪現場と遭遇することもあります。最後に民家を対象とする窃盗犯に関する日本の研究（高村，1996，1997；高村・徳山，1998，1999）について述べてみます。民家を対象とする泥棒を大きく，現金泥棒と下着泥棒に分類し，その犯人像の違いを比較した場合，現金泥棒は，盗みの対象が誰でも欲する「現金」であるために，犯人の年齢層や無職・学生・有職者などの社会属性によってそれぞれの犯行目的や行動半径が異なってきます。たとえば，テレビ・ゲームやゲーム代金欲しさに親しい友だちの家に入る少年から，ギャ

ンブル代欲しさに自分の住む地域を中心に犯行を重ねる者，また，何府県にもわたり広域に犯行を重ねる職業的な泥棒まで，犯人の年齢層や窃盗犯としての経験の差によって検討する必要があります。一方，下着泥棒のほうは20歳代と30歳代の割合が多く，現金泥棒より有職者が多く，犯罪歴をもつ者は少ないなどの特徴があります。また，現金泥棒は共犯とともに行動する者もいるのですが，下着泥棒はその性質上，研究対象としたデータ^(注3)においては，共犯をもつ者は1名もいないなど，現金泥棒よりは比較的類似した犯人像が認められました。また，下着泥棒は全体的に被害者と関係があるケースは少なく，多くは興味の対象が被害者より下着そのものへと向いている可能性が高いといえます。しかし，特定の人間をねらって下着を盗むストーカータイプの犯人も存在し，一部にはレイプのような凶悪犯罪に悪化するケースもありますので，被害にあったら警察に届けを出すよう心がけたほうがいいでしょう。

注1：メリーとハーセント（2000）においては，犯人の被害者に対する対人行動の顕在性と潜在性という形で表現されているが，ここでは，被害者側が犯行内容によってダメージを受けると考えられる犯人の攻撃性の高低と表現した。
注2：田口と猪口（1998）によると，日本のレイプ犯は欧米のレイプ犯に比べ，被害者に対する過剰な暴力や過度にサディスティックな行為はあまり認められなかった。
注3：高村（1996）では68名の下着泥棒，高村と徳山（1999）ではさらに30名を追加して検証したが，いずれの犯人にも共犯は存在しなかった。

3　強盗犯の形態と行動

　窃盗と同様に強盗も近年増加しています。特に平成13年の増加率は強盗が26.5％（警察庁, 2002）に及び，長引く不況を反映してか銀行や郵便局などの金融機関をねらった強盗が前年よりほぼ倍増しています。外国人だけの強盗，また，日本人が不法残留の外国人を雇った強盗などが新しい犯罪傾向とも思われます。強盗は盗むという行為だけでなく，暴行または脅迫という暴力的要素が加わるのでさらに地域住民の不安が高くなる犯罪です。

4　強盗犯の犯人像

　イギリスのアリソンら（Alison et al., 2000）は強盗犯の犯人像を，犯行の計画性の

高低，犯行時の行動形態における衝動性の高低から分析して，Robin's Men（プロフェッショナル型）(注4)，Bandits（おいはぎ型），Cowboys（しろうと型）の3タイプに分類しています（表4-2参照）。まず，Robin's Men（プロフェッショナル型）は経験を積んだ犯罪者で，多くが窃盗から強盗に進化した者で構成されます。計画性が高く，入念な準備をするので複数犯で役割分担を決めていることもあり，被害者に動揺や不安を極力与えず巧みにコントロールして，仮に不測の事態に出会ってもクールに対応するなど文字どおりプロフェッショナルとされています。次のBandits（おいはぎ型）は一応の計画性はあるのですが，おいはぎの名のとおり，本来，不用意に暴力的で，さらに不測の事態に陥ると衝動的に暴れることがあるとされています。この型は時に銃を発射して

表4-2 凶器を持った強盗犯の犯人像分類（Alison et al., 2000 より要約）

分類名	計画性	犯行時の行動形態	犯行が意味するテーマ
Robin's Men プロフェッショナル型	高い	理性的	・事前計画が周到で，現場の下見や予備知識を有し，覆面をする ・犯行をコントロールして，被害者に金をバッグに詰めさせたりする ・不意の目撃者は床に伏せさせ，縛ることもある ・不必要な暴力は用いず，優しい言葉をかけ，時に謝罪することもある ・不測の事態には，状況に応じて冷静に対処する
Bandits 追いはぎ型	低い	不測の事態に遭うと衝動的	・一応の計画性はあり，変装は場当たり的に行う ・銃所持の急襲が多く，被害者の恐怖心をあおる ・被害者に対する過剰な強迫や暴力があり，発砲することもある ・暴力的だが，抵抗にあって失敗することが多い ・暴力と高揚感に酔いしれる傾向がある
Cowboys しろうと型	ない	最初から衝動的	・無秩序であり，変装はしない ・勢いにのって脅し，暴力を振るう ・被害者の抵抗にあうことが多いが，犯行を諦めない ・凶器を持っていると脅すが，実際は持ってないこともある ・見返りの少ない民家を狙うことが多い

被害者を傷つけることも認められています。Cowboys（しろうと型）はその日暮らしの者が，たとえば，ドラッグや酒の代金欲しさに場当たり的な犯行を行い，やたらに凶器を振り回して被害者に攻撃を加えるものとされています。しろうとの計画性のない，思いつきの犯行ですのでRobin's Men（プロフェッショナル型）とは正反対と考えられます。ただ，イギリスの強盗犯と日本の強盗犯を比較して，決定的に異なるのは凶器がけん銃などの銃器類かどうかということです。全体的に日本の強盗犯は銃を使うことが少なく，その暴力は，お金や品物を奪ったり通報を遅らせるための被害者のコントロールや，あるいは逃走時に追跡者を振り切ることがおもな目的となっています。しかし，先の民家対象の窃盗犯の分類とは異なり，凶器の種類や暴力のレベルの違いを除けば，このRobin's Men（プロフェッショナル型）とBandits（おいはぎ型）とCowboys（しろうと型）の3タイプの分類は，犯人の計画性と熟練度という観点から興味深く，日本の強盗犯にも適応可能でないかと考えられます。

注4：Robin's Menはロビンフッド伝説から派生した言葉で英国では，熟練した犯罪者をこのように表現する傾向があるとされている（Alison et al., 2000）。

5　日本の強盗犯

そこで，日本の強盗研究として金融機関強盗を対象にアリソンら（Alison et al., 2000）の分類について検討を加えます。横井（2000）は，愛知県で発生した金融機関を対象とする強盗犯28名と民家や商店を対象とする強盗犯の犯人像30名を比較して，金融機関強盗の犯人のほうが，①年齢層が高く，②住居を有する比率が高く，さらに③対象データには外国人の犯行は認められなかったという知見を示しています。さらに横井と山元（2001）は，先のアリソンら（2000）の研究をもとに，愛知県と九州地方で発生した50件の金融機関強盗の犯罪行動の分析を行いました。その結果，犯行の計画性と犯行現場のコントロールを示す8つの犯罪行動から，①計画性が高く，現場コントロールも高い，②計画性は高いが，現場コントロールは低い，③計画性が低く現場コントロールも低い，④計画性は低いが，現場コントロールは高いという4通りの犯人像を見いだしました（表4-3参照）。日本とイギリス間の強盗における，個々の詳しい犯罪行

動の一致度は別にして，①のグループは Robin's Men（プロフェッショナル型），②のグループは Bandits（おいはぎ型），③のグループは Cowboys（しろうと型）に類似していると考えられます。また，④のグループはどの型にも当てはまらない，どちらかというと運のよい強盗タイプと考えられるでしょう[注5]。アリソンら（2000）の分類は，犯行場所を金融機関に限定していないので，この当てはめは少し飛躍していますが，個人的には日本の強盗犯の中には Robin's Men（プロフェッショナル型）と Bandits（おいはぎ型）の中間に位置するような犯人像が存在する可能性があると思われ，現在，詳しい分析を続けています（高村ら，2002）。

最後に，金融機関に限った強盗の成功率，つまり金品取得の成功率，逃走の成功率をみましょう。分析の対象としたデータ（高村ら，2002）は平成に入ってから四国で発生し検挙された27件の金融機関強盗です。とにかく，お金を手にすることに成功した強盗犯は10件（37％）でした。統計処理上，お金を奪う奪わないに関係なく1日以上の逃走に成功した犯人を便宜的に逃走成功と設定した場合，7名で全体の26％でした。強盗は言うまでもなく凶悪犯罪で，逮捕されるとその多くは実刑判決を受けて刑務所に行くことが多いのです。この成功率からみても，けっして割に合う犯罪ではないのです。

注5：アリソンら（2000）は無計画で理性的に現場をコントロールするというこのカテゴリーの犯人像は存在しえないとしているが，さらに検討が必要であろう。

表4-3　金融機関強盗犯の犯人像分類（横井と山元，2001より要約）

分類名	犯罪行動の特徴
①高計画性 　高現場コントロール群	現場知識あり，移動手段を盗む，変装する，手袋着用 抑圧的言動あり，被害者の協力あり，人質をとる，目的達成
②高計画性 　低現場コントロール群	現場知識あり，移動手段を盗む，変装する，手袋着用 抑圧的言動なし，被害者の協力なし，人質をとらない，予定変更
③低計画性 　低現場コントロール群	現場知識なし，移動手段を盗まない，変装せず，素手 抑圧的言動なし，被害者の協力なし，人質をとらない，予定変更
④低計画性 　高現場コントロール群	現場知識なし，移動手段を盗まない，変装せず，素手 抑圧的言動あり，被害者の協力あり，人質をとる，目的達成

3節　性犯罪

柿美教授：次は，性犯罪のお話をしましょう。
たかや　：性犯罪っていうと，痴漢とかわいせつ行為とか，ですよね。
奈々子　：被害者のほとんどが女性だし，小さい女の子も襲われたりする。一番許せない犯罪ですよ。
柿美教授：たしかに。体力的に劣る女性に対し，みずからの性的な欲求を満足させる，身勝手でとても愚劣な，男性の犯罪だね。
たかや　：いつになく厳しいご意見ですね，先生。
柿美教授：実は先日，強制わいせつや強姦事件の被害者にカウンセリングを行っている先生とお会いして，いろんなお話をお聞きしたんですよ。そこでね，被害者の方々のたいへんな苦悩を知るうちに，犯罪心理学者として何ができるのか，何をなすべきか，あらためて考えていたところなんです。
たかや　：いわゆる心理療法といった，心のケア以外にですか？
柿美教授：もちろん。心のケアに関する研究とともに，これらの犯罪を未然に防ぐための研究や，可能な限り素早く真犯人を検挙するための研究や，罪を犯した者が二度と過ちをくり返さないようするための研究です。これらの研究は犯罪心理学者の責務だと私は考えていますよ。
奈々子　：性犯罪については，なんていうか，うまく表現できないんですけれど，社会的な女性蔑視の感覚が，深いところに横たわっているようにも思えるんですが……。
たかや　：女性差別……。
奈々子　：うん，男の人が勝手に思い描く女性像がすでに前提としてあって，相手のことも考えず，その描いたものを暗黙に信じて行動する，っていうか……。たとえば，痴漢する人の中には，このくらいならいいだろうとか，女の人も触られて悪い気はしていないだろう，とか考えている人がきっといると思うんです。
柿美教授：奈々子さんは，とてもたいせつなことを指摘してくれましたね。男性中心社会の誤った常識として，痴漢を行う人たちの理由づけになっているのかもしれません。
たかや　：性犯罪って，様々な問題を含んでいるんですね。

1　性犯罪とは

「魂の殺人」(板谷, 1998) ——これは性的な犯罪被害を受けた被害者が身体的被害

のみならず，耐えがたい精神的被害を被り，その苦しみは殺人にも匹敵することを表した言葉です。この精神的被害をトラウマ（心的外傷）といいます。トラウマやPTSDという言葉は今や日常語になった感がありますが，ベトナム戦争の帰還兵のPTSDがアメリカで社会問題となっていた1974年，性的暴行を受けた被害者にも同じような障害が起きていることが，バーゲスとホルムストロムによって明らかにされたのです（Burgess & Holmstrom, 1974）。彼女らはこれをレイプ・トラウマ症候群（Rape Trauma Syndrome）とよびました。

　日本でも最近になってようやく性犯罪被害の深刻さに目が向けられるようになってきたものの，それでも一般には精神的ダメージが大きい割にその被害が気づかれにくいのです。これは後に述べるレイプ神話にも関連しますが，性犯罪の被害者がトラウマを受けていないだろうと多くの人が誤った学習をしていることと，さらには被害直後の「解離」とよばれるASD（急性ストレス障害）の症状が理解されていないためと思われます。解離とは，感情の麻痺，心因性の健忘，離人感，現実感の喪失などが症状として表れるもので，周りからみると一見無表情なので，その深刻な被害が当初見過ごされることになるのです。また，被害時間が長かった場合などには，加害者に対して逆に好意的感情をもってしまう「ストックホルム症候群」が起きることもあります。

　ところで，2011年に警察が認知した強姦事件は1,185件，強制わいせつ事件は6,870件でした。これは警察に届け出がされ，事件として記録された件数ですが，警察に届けられない事件もあり，その数を暗数といいます。他の犯罪に比べて特に暗数が大きいのも性犯罪の特徴です。

　暗数がどのくらいあるのかについては，調査方法（たとえば面接による聞き取り調査なのか郵送法による調査なのか）や対象となる犯罪の定義の相違，被害者に対して調査すること自体が負担にならないような配慮の程度などの問題点があり，各調査を比較する難しさはありますが，最近のいくつかの調査（小西, 1996；Dussich & Shinohara, 2001；警察庁性犯罪捜査研究会, 2001）によると，強姦と強制わいせつの被害を受けて届け出がされない被害が，少なくとも認知件数の5倍はあると思われます。この数字は強姦と強制わいせつに限ったものですが，調査対象に年少者が含まれていないことや，調査に対してさえ自己の被害を表出できなかった被害者もいると思われるため，暗数はもっと大きい可能性があります。

2 なぜ性犯罪が起きるのか

　性犯罪は，加害者の性的欲求を満たすために行われる，という単純な図式では説明できません。湯川と泊 (1999) は，性犯罪にいたる因果モデルを設け，パス解析という統計的分析法により検証しています。それによると「性欲が強いこと」や「性体験があること」が「ポルノ情報への接触」をうながし，身近な友人や先輩との「誤った性的情報の交換」を介して，性犯罪を合理化する誤った信念や態度である「性犯罪神話を形成」し，性犯罪へと結びつく可能性が示されています。性犯罪神話とは，レイプだけでなく痴漢などのわいせつ行為を含む性犯罪を合理化する信念や態度として湯川と泊が定義したものですが，この神話の中で性犯罪に結びつくのは「女性は強引なセックスを望んでいる」「女性のほうが性欲が強い」という誤った認識です（ここでいう「神話」とは，一般には絶対的にそうだと考えられているのに，実は根拠のない誤った信念の意で使われています）。また，個人の特性として「非協調的な性格」つまり自己中心的な思考や対人的な不信感は，誤った性情報に接触しなくても女性の性行動や女性観をゆがめ，性犯罪に結びつく場合もあることを示唆しています。
　一方，女性に対して敵意や不信感をもつ者ほどレイプ神話を強く信じる傾向にあり (大渕ら，1985)，男性のコミュニケーション能力の不足による認識のずれやゆがんだ思い込みも性暴力との関係が指摘 (佐渡，1999) されています。
　さらに加害者のストレス (内山，2000) や飲酒など (山岡，1968；内山，2000) も促進要因として考えられることから，上記の要因に加えて，ストレスや飲酒などがきっかけとなって性犯罪が発生するものと考えられます。しかし，どのようにかかわっているのかについては今のところわかっていません。
　ところで，レイプ神話には「挑発的な服装がレイプを招く」というものがあります。内山 (2000) の調査によると，被害者を選定した理由（重複回答）の多くは「届け出ないと思った（37％）」「おとなしそう（37％）」「一人で歩いていた（27％）」という犯行の安全性や容易性を重視したもので，被害者が「好みのタイプ（12％）」だからとか，「挑発的な服装をしていた（5％）」ので犯行にいたったのは比較的少ないといえます。しかし，だからといって露出度の高い服を着て夜道を一人で歩いても，神話なんだから安全というわけではありませ

ん。

　「レイプは若い女性だけがねらわれる」というレイプ神話もあります。たしかに若い女性の被害は多いのですが，少女や高齢者，さらには男性の被害もあります。一方，知的障害者などの社会的弱者も被害にあっています。

　少女をねらう加害者には大きく分けて2種類あり，少女だけでなく高齢者も対象にする加害者と，少女だけを執拗に襲う加害者がいます。前者はおもに被害者の抵抗が弱く，扱いやすいという理由で被害者を選択しているのに対し，後者は少女に対する性的嗜好があるタイプ（小児性愛者）です。

　幼小児に対する性犯罪については科学警察研究所の環境研究室で広範な研究(たとえば，渡邉と田村，1998 a, b)が行われています。

3　加害者について

　警察統計(警察庁，2011)によると，加害者と被害者の関係で一番多いのが見知らぬ加害者からの被害で，レイプの場合（stranger rape）59％，強制わいせつでは77％に及びます。友人や知人からのレイプ被害も多く22％を占めています。特に最近デートレイプ（date rape or acquaintance rape）(Muehlenhard, 1988)とよばれる形態のレイプ事件が注目されていますが，テレクラや出会い系サイトで知り合った相手から被害を受け，殺害されてしまうケースもあります。また，親や親戚（3％）といった親密な関係にある相手からの被害（intimate rape）も報告されていますが，なかでも実の子や孫に手をかける加害者がいるのは実に悲しむべきことです。

　性犯罪者には犯行の対象や形態，犯行の動機や目的などによって多様な類型があり，それによって加害者の特徴も相違しています。ここではレイプと強制わいせつの加害者全般の職業と学歴についてだけ見てみます。性犯罪者の多くは無職または，労務者（43％）ですが，会社員も多く（25％），また，学歴をみると短大・大学入学以上の加害者も19％と少なくありません。しかし一方で，25％は中学生か中学卒業です(内山，2000)。このことは性犯罪神話を否定し是正する教育を，義務教育期間中にしなければならないことを示しています。

4 犯行の手口

　加害者が被害者に接近し抑圧する方法には3種類あります。一つめは，被害者を騙して接近する「欺まんによる接近法」です。「お母さんが病気」だとか「友だちが困っているから」などと嘘をついて犯行可能な場所まで巧みに誘い出し，その後で脅迫や暴力によって制圧し犯行を行います。接近法の2つめは「不意打ちによる襲撃」です。隠れて待ち伏せたり，寝静まるのを待って被害者に接近し，「子どもを殺すぞ」とか「今人を殺してきた」などの脅迫やナイフなどの凶器を使って，被害者の恐怖心をあおり制圧する方法です。3つめは被害者に対して圧倒的な暴力によって制圧する「電撃的襲撃」です。クロロホルムなどの薬品を使うこともありますし，夜道で一人歩きの女性をいきなり車に引き込んで拉致する犯行形態もあります。

　レイプ犯の接近手段や犯行の場所や時間といった犯行の手口には，高い一貫性があり (田口と猪口, 2000, 2001 ; Grubin et al., 2001)，それらは加害者のもつ個性が犯罪行動に映し出されたものといえます。

　レイプ事件の場合，特に加害者が少年であると，複数犯による犯行が多くなりますが，単独犯より激しい暴力が多く使われます (山岡, 1968)。複数犯の場合に暴力性が増す心理機制については第8章4節が参考になるでしょう。

5 性犯罪を減らすために

　性犯罪を減らすために心理学はどのように貢献できるでしょうか。まず，加害者となりうる人に対して，性犯罪神話が誤った迷信であることを学習させることが，学校教育や刑務所などの矯正施設において実践できる有効な方法と考えられます。また，性犯罪はリスクの大きい犯罪であることを認識させることも有効と考えられます。環境犯罪学での状況的犯罪予防論によると，犯罪の予防のためには犯行を躊躇させる状況を創り出すことも重要だからです。

　すぐ捕まると認識させるには，被害者から警察への通報率を上げ，次に検挙率を上げることです。性犯罪を行ったら必ず通報され，捕まるという図式を定着させればいいのです。通報率を上げることが，性犯罪被害を減らすことに繋

がることは，各国の通報率と被害率の関係を表した図4-3から見て取れるでしょう。

性犯罪者の多くが「通報しないだろう」という理由で被害者を選択し，さらに通報させないように，合意のうえでの行為にしようとしたり，仕返しを予期させるような言動を行います。

一方で，被害者が通報しなかった理由には「犯人の仕返しが怖かった」というもののほかにも，「警察で不愉快な質問をされると思った」「警察で信用してもらえない」「レイプの事実が他の人にわかってしまう」という二次的な被害を予想したものがあります (Dussich & Shinohara, 2001)。

これに対し，全国の警察では女性警察官を配置するなどして性犯罪を専門に捜査する体制作りと捜査員に対する教育を行い，警察での二次的被害と加害者からの再被害を防止するよう，被害者の支援に取り組んでいます。

さらに，犯人を検挙するための捜査心理学の分野での研究も行われていますが，性犯罪についてもプロファイリング研究が現在精力的に行われており，実務での応用もすでに始まっています。しかし，どんなに研究が進んでも，被害者の通報がないと，捜査も始まりませんし，連続犯行の場合には犯人に関する情報が少なくなりますので，なかなか犯人検挙に結びつきません。更なる被害を増やさないためにも，一人でも多くの方の通報が望まれます。

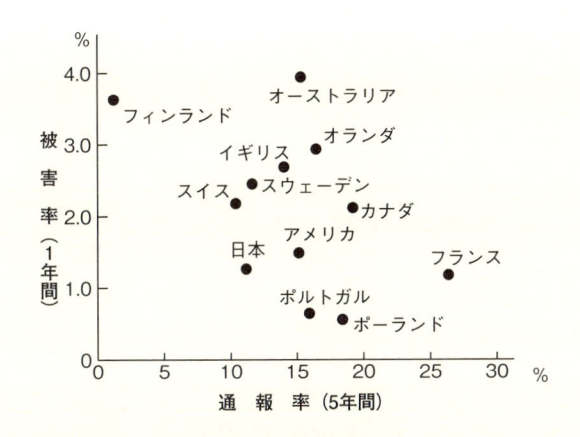

図4-3 各国における性的暴行の通報率と被害率（法務省，2001より作成）

6 性犯罪被害者を支援するために

　アメリカ司法省の犯罪被害者局（OVC）の資料によると，レイプ被害者の31％がレイプ関連のPTSDになり，13％が自殺を試みたそうです。日本でも深刻な被害を受けている性犯罪被害者を支援するための組織が各地に必要なのですが，専門の心理カウンセラーを配置した相談室はまだ少ないようです。精神科医らと協力しながら犯罪被害者の心のケアを行うカウンセラーや心理療法士は，これからの社会的要請がとても大きい仕事ではないかと思います。

4節　凶悪な少年非行
　　──いわゆる「いきなり型非行」について

奈々子　：最近の少年の非行って，ショッキングなものが多いわね。
たかや　：マスコミが，騒ぎすぎてるって感じもするけど……。
奈々子　：でも，1997年にあった神戸の「酒鬼薔薇事件」のような凶悪なものもあったし。
柿美教授：あの酒鬼薔薇事件は，たいへん特別で稀な事件です。ですから，あの事件をもって，最近の少年非行の傾向を論ずるのは，ちょっと無理がありますね。
奈々子　：先生，でもたとえば，いきなりキレちゃうような事件って，結構報道されていると思うんですけれど。
たかや　：たしかに，質的な変化はありそうだけれども，重要なのは，事件に対して報道が使ってる言葉をね，たとえば，いきなりキレるっていう言葉をね，きちんと検討してから，現象の本質をきちんと考えていくことだと思うよ。
柿美教授：私も，たかや君の意見に賛成だなあ。たとえば，いきなりキレる，といった表現は，90年代後半から頻繁に使用されるようなったかと思いますが，それ以前は，同様の非行現象を「プッツン」といった言葉でマスコミは表現していたと記憶しています。注意すべき点は，事件の報道量とそこで使用される言葉からのイメージにより，すべての事件がその言葉どおりだと暗黙に判断してはいけないということです。
奈々子　：ふーん。
たかや　：でも先生。あえて反論しますが，僕たち一般人は，マスメディアからの情報からしか，それらの事件を知ることができないじゃないですか。たとえば，

実際に「いきなり」非行に及んだ少年たちの実際というか，その正確な情報を知ることは難しいと思うんですけれど。
奈々子　：結局，TVや新聞の情報を信じるしかないよね。
柿美教授：だからこそ，私が君たちに，現場からの犯罪心理学について，いろいろお話ししているんですよ。
奈々子　：そうでしたよね。うん，なんか，柿美先生って頼りになる。
柿美教授：ほめても，テストの評価には手加減なしですよ。

1　「いきなり型非行」とは

　最近の少年非行の傾向をみると，少子化にもかかわらず件数が増加しているだけでなく，凶悪化，低年齢化および女性比の増加といった質的な変化がうかがえます。とりわけ「17歳の犯罪」としてクローズアップされたように，殺人や傷害致死など人の生命の尊さを踏みにじるような衝撃的事件が連続して発生し，世間の注目を集めています。これらの凶悪事件は実数として特に多いわけではないのですが，犯行の唐突さ，手口の残忍さ，および動機の不可解さなどから実態がつかめず，社会不安が生じているようです。これらは「いきなり型非行」とよばれ，家庭でも学校でもあまり目立たないふつうの生徒が突如として犯行に及ぶところに特徴があります。ふだんの表面的な社会適応とは裏腹に，攻撃的な欲動が突如として人格の統制からはずれ，即物的・短絡的に犯行に結びついてしまっていると考えられます。従来の非行少年のように家出，怠学，万引き，薬物乱用，傷害，恐喝，暴行など非行の前歴があり，それらが徐々にエスカレートし，その延長線上で様々な要因が重なって傷害致死や殺人にいたるといった非行パターンとは異なり，対極に位置しています。
　この意味で少年非行は二極化しているといえるでしょう。「いきなり型非行」に及ぶ少年は，いわゆる不良ではなく，むしろ学校集団を代表する「ふつうの生徒」であり，社会の辺縁部にある非行文化との接触はなく，どちらかというと社会の中心部に属しています。彼らは規範からはみ出しているわけではなく，逆に細かな規範にがんじがらめにされており，日頃の行動や表出は控えめで目立たないおとなしい生徒として集団の中に埋没していることが多いのです。彼らの一部は，事件前に不登校やひきこもり，あるいは家庭内暴力といった形で

事例化することもありますが，非行という形で世間の目に触れることはほとんどありません。ただし，100万人にも達するといわれる「社会的ひきこもり」の中には，将来的に特殊な非行や犯罪に結びつく可能性が懸念される予備軍がいることは念頭に置いておく必要があるでしょう。

このように「いきなり型非行」の背景には，高度情報化・管理化された現代社会のゆがみによる人間性の疎外があり，コミュニケーションの問題が横たわっていると考えられます。その典型例が，最近注目されている通り魔やストーカー事件です。相手かまわずナイフで切りつける通り魔は，被害者を人格や生活をもったひとりの人間として認知していませんし，姿を現さず一方的につきまとうストーカーは，自分自身が被害者に認知されることを拒んでいます。両者はコミュニケーションの相互性が欠落しているという意味で類似した病理構造をもっているのです。「いきなり型非行」にみられる唐突さ，残忍さ，不気味さ，不可解さなどはこの病理構造に起因していると考えられます。

2　「いきなり型非行」の分類

すでに「いきなり型非行」の背景にはコミュニケーションの障害という共通点があることを指摘したように，加害者・被害者関係という視点から整理するとわかりやすいでしょう。動物行動学者ローレンツによると，一般に攻撃性の強さは個体識別性の度合いに比例するといわれています。したがって，攻撃性の究極の表現型である殺人や傷害致死は，大きなエネルギーを必要とし，加害者・被害者相互の個体識別性の度合いは高いことが予測されます。ところが「いきなり型非行」ではコミュニケーションの障害が基底にあるため，相互の個体識別が不完全なまま加害者側の攻撃的欲動が暴発していると考えられます。相互の個体識別性の度合い，つまり，加害者・被害者関係から「いきなり型非行」を整理すると表4-4のようになり，3つのタイプに分けることができます。Ⅲ型がいわゆる通り魔で，「いきなり型非行」の中核群と考えられます。一般化すると，Ⅰ型，Ⅱ型，Ⅲ型の順に個体識別性が低下し，現実的葛藤が曖昧になるとともに，犯行の契機もより軽微なものになっていくと考えられます。

表 4-4　加害者・被害者関係から見た「いきなり型非行」の分類

	Ⅰ型	Ⅱ型	Ⅲ型
被害者	家族	知人	赤の他人
発生場所	家庭	近所・学校	街中・路上
現実的葛藤	＋	±	－
犯行の契機	＋	±	－

3　事例と解説

次に，3つの事例を通して「いきなり型非行」を具体的に説明していきます。

(1) 事例 S

17歳　男子　殺人未遂　（Ⅰ型）

＜事例＞

両親，Sの三人家族で，父親は過干渉，母親は過保護。幼少時よりアトピー性皮膚炎があり，病弱だった。性格は素直でおとなしく，手のかからない子どもだった。小学校，中学校での成績はよく，友だちは多かった。高校受験前，部活動と学習塾の両立に悩み，一時的に情緒不安定になったため受験を断念し，私立の進学校に推薦入学する。高校入学後は，成績にこだわり，試験前になると気が沈み勉強に集中できない状態になった。高校2年の中間試験直前に勉強がまったく手につかず，自分の将来を悲観し，一家心中をはかる。

＜解説＞

Sは非行歴のまったくない，目立たない物静かな優等生でした。事件は両親，級友，担任教師など周囲の者にとってまさに寝耳に水でした。親子関係は疎遠・険悪であったわけではなく，むしろ親和的で心理的距離は近く，共生関係にあったといえるでしょう。Sの性格は，神経質で視野が狭く，些細なことで容易に不安になることがあり，特に周囲の評価に対して過敏なところがありました。その一方，要求水準は高く，完璧主義的なところもあり，弱力性と強力性が並存しているところが特徴的でした。「試験前なのに勉強が全然手につかない。気が滅入る。居ても立ってもいられない。苦しくて辛い。勉強を自分からとれ

ば何もなくなる。将来は真っ暗。このままでは両親も世間に顔向けできなくなる。両親を道連れに死のう」と思いつめて一家心中を企てたのでした。Sの犯行は身勝手ではあるけれど，被害者（両親）に対する悪意はなく，むしろ愛他的な動機（自己の願望を他の人物に投影し，その人の願望を充足するのを助けることによって，自分も間接的な満足を得ようとする心理機制）に基づく拡大自殺であるということができます。

(2) 事例 T

　　17歳　男子　傷害致死　（Ⅱ型）

＜事例＞

　両親，姉，Tの4人家族。両親の養育態度は過保護。Tは幼稚園の時に交通事故で頭部を打撲する。以後，外傷性てんかんで外来通院していたが，しばしば全身けいれん発作を起こして倒れることがあった。不器用で動作は鈍く，小学校ではよくいじめられたという。中学2年の時には「友だちが自分の悪口を言っている」「テレビでも自分のことが報道されている」など被害妄想が出現した。このころ，不登校になるとともに，しばしば不機嫌になり家族への暴力が始まった。精神科クリニックに通院を始めると，いったん，被害妄想はおさまり，再び学校に通うようになった。定時制高校に進むが周囲となじめず，馬鹿にされていると感じていたため，いつか仕返ししてやろうとナイフを持ち歩くようになる。ある時，教室で些細なことをきっかけに口論となり，激昂してクラスメートをナイフで刺す。

＜解説＞

　Tは家庭では甘やかされて育ったのでプライドは高く負けず嫌いでしたが，不器用で動作が鈍く，小学校や中学校ではいじめられることが多かったようです。学校では自分の思いどおりにならず，周囲に対して漠然とした劣等感や被害感を抱いていました。てんかん発作をくり返していたため，粘着性と爆発性といった，いわゆるてんかん性の性格変化がみられました。些細なことにこだわったり，カッとしやすく，家庭内では時に暴力に及ぶことがありました。Tはクラスメート全般に対して漠然とした不満や敵意をもっていましたが，顔見知り程度の関係である被害者に対して特別な恨みを抱いていたわけではありません。犯行時，てんかん性の不機嫌状態が基底にあり，些細なことをきっかけ

に激昂し，八つ当たり的に犯行に及んだものと考えられます。

(3) 事例 U

19歳　男子　強盗未遂　（Ⅲ型）

＜事例＞

　両親，兄，U，弟の5人家族で，母方祖父母と同居していた。保育園の時，落ち着きなく，自分勝手で仲間から孤立していた。小学校5年の時，母親が交通事故に遭う。以後，寝たきりの母親を家族で看病していた。中学校卒業後，専門学校に入学するが1週間もたたないうちに，これといったきっかけもなく，自分に合わないとやめてしまう。その後，職を転々とするが長続きせず，しだいに自宅にひきこもるようになる。事件前，テレビゲームのほかには特にやることもなく，自宅で昼夜逆転の不規則な生活をしていた。不潔な身なりをしており，風呂にもあまり入らなかったという。このようなひきこもりの生活を送る中で空想にふけり，「働いてもどうせすぐ，くびになる。生きていくのが面倒くさい。かといって死ぬのも怖い。そうだ。人を殺して刑務所に行こう」と思いつく。「人を殺して刑務所に行く」という考えを反芻(はんすう)するうちに頭から離れなくなり，ある日の深夜，ハンマーを持って街中を徘徊し，偶然，目についたコンビニの店員にハンマーで襲いかかる。

＜解説＞

　Uは小さいころから一風変わった子どもで，周囲から孤立していました。共感性が乏しく，相互的な関係を築くことができないため，ひとり遊びをしたり，空想にふけることが多かったようです。思春期になるとホラー映画やオカルトに熱中するなど，ある種のものに対してこだわりが強く，奇妙な嗜好がありました。また，「自分はつまらない人間で生きていても仕方がない」と自己価値感情は非常に低く，事件前は「生きている実感がない」と現実感に乏しく，「何でもどうでもいい」と投げやりになっていたようでした。犯行は「刑務所に入って自分の社会的生命を絶つ」といった，いわば社会的自殺を志願したもので，金銭目的など功利的な動機はありません。これは，いわゆる「間接自殺」とよばれるものに相当しています。

　3事例をまとめると表4-5のようになります。

表 4-5　3 事例の比較

	事例 S	事例 T	事例 U
タイプ	Ⅰ型	Ⅱ型	Ⅲ型
犯行時の状態	不安・焦燥・抑うつ	不機嫌・興奮・激昂	自閉・強迫・離人感
犯行動機	拡大自殺	仕返し・八つ当たり	間接自殺

4　「いきなり型非行」の精神病理

　ここでは「いきなり型非行」の中核群であるⅢ型の精神病理について分析していこうと思います。まず，Ⅲ型の臨床的特徴は，次のようにまとめられます。
- 犯行は突発的で客観的にみれば，きっかけは些細なことにすぎない。
- 犯行動機は曖昧・希薄であり，本人自身もうまく説明できない。
- 犯行前に心理的葛藤が顕在化せず，犯行後も後悔の念や罪悪感が欠如しているかにみえる。
- 加害者と被害者の間の情緒的な交流が欠けている。
- しばしば意図性や計画性がうかがわれ，現実吟味力はある程度保たれている。
- 明らかな精神病症状はみられない。
- 日頃の生活態度から事件を予測することは困難である。

　以上のことから「いきなり型非行」の中核群であるⅢ型は統合失調症や躁うつ病のような狭義の精神障害には該当しません。

（1）個体要因

　犯行の要因は個体要因と環境要因の 2 つに大きく分けることができます。まず，個体要因である素質の偏りとはいったいどんなものであるかを説明していきたいと思います。

　人格類型についてはクレッチマー（Kretschmer, E.）が 1921 年に「体格と性格」という著書で，分裂気質，循環気質，てんかん気質という 3 つのタイプを提唱しました。この類型でいうとⅢ型は分裂気質に相当していると考えられます。

クレッチマーは分裂気質，分裂病質，分裂病の3つを順番に並べ，正常から異常にいたる精神病の連続モデルを考えたのです。彼は分裂気質の代表的なタイプとして上品で感覚の繊細な人，冷たく利己的な支配家，孤独な理想家，無味乾燥または鈍感な人をあげています。その標識は，敏感と鈍感の間にある精神感受比率，突飛さと頑固さとの間，感情と思考の二者択一的様式を示す跳躍的な精神的テンポであるといえます。

ミンコフスキー（Minkowski, E.）は，分裂病の本質は「現実との生きる接触の喪失」であるとし，さらに正常者の性格類型として分裂気質と循環気質を対比させ，それぞれについて分裂性と同調性という生命の二大原理を提唱しています。分裂性は，いったん定めた決心に固執して，まっしぐらに目的に向かって突進し，あとから新しい事態が発生してもそれは関知しないような認知・行動パターンに対応しており，同調性は，目的を追求する場合，環境との接触を常に保ち，現実の偶然にしたがって自分の行動を適宜修正していく認知・行動パターンに対応しています。このように分裂気質者は，しばしば外界からの刺激を遮断し，自分独自のリズムやパターンに固執することがあります。これに似た現象としては，精巧な自動ミサイルがあらかじめセットされたプログラムにしたがって寸分のくるいもなく標的に向かって行くといった例があげられます。他の例としては，アーノルド・シュワルツェネッガー主演の映画「ターミネーター」を思い出せば，もっとイメージが湧いてくるでしょう。この映画のストーリーは，サイボーグが未来からやってきて，与えられた指令をどんな状況にも屈することなく最後まで遂行しようとするものです。

分裂性を説明するにあたりミンコフスキーは次のような症例をあげています。

「私は，あることを決心した以上，どんなことがあってもそれを実行する。たとえ計画の途中に，お前は間違った道を進んでいると本能が告げてもやめない。そして結局自分を損なってしまう。しかし私はどうすることもできず，踏みとどまることができない。いったん決心すると最後まで変更することができない。私の家の者はみなこういうふうだ」

このような類型は，クレッチマーの分裂気質に相当し，病的なレベルであれば，操作的診断基準（DSM-Ⅳ）の分裂病質人格障害（または分裂病型人格障害）に該当することになります。ただし，ここで断っておかなければならないのは，分裂気質者が必ずしも他人に害悪を及ぼす社会的不適合者であるというわけではなく，しばしば独創的・創造的であり，芸術や学問など様々な分野で貢献しているということです。たとえば，天動説が世間の常識であった中世において地動説を主張し続け，宗教裁判にかけられても「それでも地球は回る」と自説を曲げなかったガリレオ・ガリレイや，若くして万有引力の法則を発見したにもかかわらず，何年間もそのことを公表しなかったアイザック・ニュートンは分裂気質者に該当すると思われるからです。

　ブロイラー（Bleuler, E.）は，1911年に分裂病の基本症状として自閉という概念に着目し，「内的生活の比較的または絶対的優位を伴う現実離脱」と定義しました。この自閉という概念はカナー（Kanner, L.）やアスペルガー（Asperger, H.）に引き継がれ，児童精神医学における「早期幼児自閉症」（1943年）や「幼児の自閉性精神病質」（1944年）という概念を生み出したのです。さらに1981年にはウィング（Wing, L.）がこれらいわゆる自閉症の中から言語発達の遅れが目立たず，知能も比較的保たれている一群を取り出して「アスペルガー症候群」と命名しました。このような歴史の流れをみてもわかるように，成人精神医学における分裂病質人格障害（または分裂病型人格障害）と児童精神医学におけるアスペルガー症候群は「自閉」という共通点をもっており，その特徴は表4-6のようにかなり類似しています。したがって横断面の臨床症状だけから分裂病質人格障害（または分裂病型人格障害）とアスペルガー症候群を見分け

表4-6　分裂病質人格障害とアスペルガー症候群の比較

	分裂病質人格障害	アスペルガー症候群
対人関係	社会的孤立 他人への無関心	相互的な関係性の障害 乏しい非言語的コミュニケーション
情緒面	冷淡さ，よそよそしさ	他人への共感性の欠如

るのはしばしば困難ですが，縦断面，つまり成長・発達の過程を観察すれば両者の違いがはっきりしてくることがあります。

(2) 環境要因

　次に環境要因ですが，第1に生育環境，特に母子のミスマッチングが人格形成に大きな影響を与えているようです。親の養育態度には，溺愛や過保護・過干渉から虐待や放任・無視まで様々なバリエーションがありますが，絶対的に正しいといった基準はありません。強いていえば，発達段階を踏まえ，子どもの素質に応じたバランスのよい一貫した中立的態度が望ましいようです。同じ親から生まれたきょうだいでも個々の刺激に対する反応や成長・発達の過程は異なるのです。特に哺乳やトイレットトレーニングなどの際，母親が加減を間違うと，子どもの受ける刺激は許容量を超えてしまうことがあります。ある閾値を超えると生態系のバランスが崩れ，下痢，嘔吐，発熱，チック，夜尿，吃り，爪噛み，湿疹などの症状となって現れることがあります。たとえば，思春期・青年期になって精神障害を発病した患者の幼少時を調べてみるとしばしば「自家中毒」の既往がみられたりします。くり返しになりますが，過剰なストレスは，消化器系，神経系，呼吸・循環器系など，その子どものもっている脆弱な器官を介して症状となって現れるのです。極端な虐待や無視でなくても，母親が良かれと思ってやったことが，子どもにとって過酷であったり，物足りなかったりすることがあります。ミスマッチングとは，このような母子の相性の悪さを意味しているのです。母子それぞれがともに正常範囲にあったとしてもミスマッチングが生じる可能性があるのです。これは成人精神医学の診断名では適応障害にあたるでしょう。つまり，原因が単に個体側あるいは環境側の一方にあるのではなく個体と環境の組み合わせがよくないのです。

　第2に発達段階に応じた等身大の実体験の不足があげられます。昨今，「空き地」や「放課後」といった空間的・時間的ゆとりがなくなってきています。人口増加と都市化により「空き地」は影を潜め，他方では塾通いや習い事で「放課後」はつぶされてしまっています。たとえば，鬼ごっこ，かくれんぼ，おしくらまんじゅうなど，子どもたちの肌と肌が触れ合うような場面を見かけることは少なくなっています。携帯電話やEメールなど文明の利器を介したコミュニケーションが増加する反面，実際に顔をつき合わせた集団の相互作用の中

で主体性をもって試行錯誤をくり返し，成功しても失敗しても自分自身で結果を引き受けるという生の体験を味わう機会が減っていると考えられます。核家族化や少子化の問題はあるにせよ，育ち盛りの子どもが一人きりで自室に閉じこもり何時間もテレビゲームやパソコンにはまっている状態はけっして健康的であるとはいえません。仮想現実（virtual reality）に浸りすぎると寝食を忘れ，現実から遊離して，しまいには自分自身の身体さえわからなくなってしまうでしょう。

(3) 発達段階

さらに発達段階といった面からみるとクレッチマーのいう思春期・青年期危機という概念が重要です。思春期・青年期は，生物学的レベルでは性機能の成熟と発現の過程において内分泌機能が動揺する時期であり，心理・社会的レベルでは自己同一性を確立し，社会的役割を獲得していく時期に相当しています。思春期・青年期は心身の転換期であり，すべての生理的困難が拡大するとともに，心理的平衡においても著しく危機に瀕するのです。思春期は昆虫のサナギの時期にたとえられます。思春期から青年期にかけて，あたかもサナギからチョウに羽化するように劇的な変化を遂げるのです。サナギの状態はまさに自閉的であり，外界からの刺激を遮断し，内的なプログラムに沿って形態生成が進行していくのです。このように誰にとっても思春期はミンコフスキーのいう「分裂性」が最も肥大・先鋭化する時期であると考えられます。

5 まとめ

「いきなり型非行」の中核群であるⅢ型は，以下のように要約できます。

分裂気質または自閉症スペクトラム（相互交流やコミュニケーション，想像力の発達を欠き，狭く固い反復的な活動や興味のパターンを有するもの）に相当する個体が，生育環境，特に母子のミスマッチングにより不全感を抱いたまま，等身大の実体験の不足と相まって歪んだ人格発展を遂げた結果として表れます。つまり，自尊の感情が育たず，社会や他人に対して漠然とした憎悪や敵意を募らせて厭世的・虚無的な価値観を構築し，表面的な社会適応とは裏腹に水面下で進行していた歪みが頂点に達して，思春期・青年期危機における性的

欲動に突き上げられ，あたかもあらかじめセットされた時限爆弾が爆発するように，肥大・先鋭化した分裂性が突然作動し，攻撃・破壊行動という形で顕在化したものなのです。なお，誤解を避けるために少し説明をつけ加えると，個体要因としての「分裂気質または自閉症スペクトラム」が犯罪に直結するわけではありません。むしろ適切な環境条件が与えられれば，犯罪や病気を予防できるだけではなく，社会的に価値のある業績をも生み出す可能性を秘めているのです。

topics 5 ストーカー犯罪

　特定の人間への執拗なつきまといや嫌がらせ行為，すなわちストーカー犯罪については，米英を中心に有名人をねらった行為が早くから深刻な社会問題となっていました。特にアメリカでは，1989年，女優レベッカシェファーが熱狂的なファンに殺害された事件を契機に1990年，カリフォルニア州でストーキング防止法が制定され，それ以降，多くの州で法整備が進められました。一方，国内でもリンデン・グロス著『ストーカー：ゆがんだ愛の形』(Gross, 1995) の邦訳出版以降，こうした海外の実状とともにストーカー問題がメディアで頻繁に取り上げられるようになりました。人気歌舞伎役者に対する女性ストーカーの話は，まだ記憶に新しいと思われます。さらには，埼玉県桶川市での女子大生刺殺事件など一般の若い女性被害の凶悪事件が相次いで発生すると，こうした行為の法規制を求める声が高まり，2000年5月の国会で「ストーカー行為等の規制等に関する法律」が成立しました。この法律では，特定の者への恋愛感情やそれが満たされなかったことに対する怨恨の感情などに起因するつきまといやストーカー行為が規制対象となっています。警察庁のまとめでは，2000年11月にこの法律が施行されてから翌年12月までの間，同規制法違反での摘発件数は153件に上り，同法違反行為を含むストーカー事案全体では，被害者の約9割が女性，そのうち約4割が20代，行為者については約9割が男性，そのうち半数以上が20～30代となっています。行為形態別では，つきまとい，面会・交際の要求，無言電話が多く，いずれも全体の4割程度を占め，ストーカーと対象者との関係については，過去に恋愛関係にあったものが全体の7割近くを占めるなど顔見知りの若い男女を中心にした事件の実態がこの統計から明らかにされています。

　国内外でストーカー行為が社会問題化するとストーカーの心理や行動を扱った研究が見られるようになりました。FBIのライトら (Wright et al., 1995) は，ストーカーを見知らぬ者を対象とするストーカー（Non-domestic stalker），元交際相手・配偶者など既知の者を対象とするストーカー（Domestic stalker），おもにマスメディアに登場する人物に妄想的に恋愛感情を抱くエロトマニアストーカー（Erotomania stalker）に分類し，各タイプの特徴について論じています。このうちエロトマニアは，異性の相手から自分のみが愛されているとする一方的な恋愛妄想で，ストーカーの精神病理の中核をなすものとされています。ま

た，こうしたケースでは，恋愛妄想が被害妄想や怒りへと変容し，しばしば殺害など攻撃的な行動へ移行するともいわれています。影山 (2001) は，このようなエロトマニアを古典的タイプと位置づける一方，新たに「現代型ストーカー」の概念を提示しています。このタイプは，恋愛や対人関係の経験に乏しい孤独な青年が相手に執拗につきまとうことで自己の空虚感を埋めようとするのが特徴で，現代の若者の行動様式を反映した新たなタイプとして今後も増加が予想されるとしています。筆者も捜査支援研究の一環としてストーカーの類型化とその類型別犯行特徴について検討を行っています (長澤, 2000)。分析には，1989年から1997年までの間に国内で発生したストーキング事件で，被疑者がすでに検挙され，事件の詳細について調査可能であった19道府県の35事例を使用しました。事例は，ストーカー規制法のように動機を恋愛絡みに限定しないで，特定の者やその周辺の者への2回以上の継続的で，違法な嫌がらせ行為のあったものを対象に全国科捜研心理担当者と共同で収集しました。ストーカーの類型化のため各事例の加害者属性をもとに数量化Ⅲ類で分析したところ，ストーカーの4タイプが抽出されました。各タイプと犯行特徴との関連を検討したところ，孤立型においてストーキングの対象が一人から複数に拡大し，その行為が長期間にわたる事例が多く，中には拉致監禁，殺害にいたる悪質な事例もみられました。つまり，このタイプは，知的なレベルで他者に劣らないが，社会的に未熟で自己中心的であるため，特定人物への恋愛感情や関心を抱けば，自己の欲求を実現させるために時としてその行為をエスカレートさせていくと解釈され，現代型と共通する危険なタイプと考えられます。ストーカー犯罪は，犯行動機・形態，加害者特性が複雑，多様であることから，この問題の理解には，警察や矯正など各実務場面に対応できるよう精神医学，心理学，社会心理学，社会学など多面的なアプローチによる研究が求められるでしょう。

(長澤)

ストーカーの分類 (長澤, 2000)

タイプ名	特徴
孤立型	「短大・大学卒」「異性との交際経験なし」「内向的性格」「20歳代」「交友範囲狭い」「プライド高い」
社交型	「外向的性格」「交友範囲広い」「中学・高校卒」「プライド高くない」「30歳代〜」「異性との交際経験あり」
社会的地位安定型	「既婚」「子供あり」「社会経済的地位高い」「同居者あり」「犯歴なし」「有職」
社会的地位不安定型	「独居」「社会経済的地位低い」「無職」「犯歴あり」「独身」「子供なし」

第2部
犯罪心理学の方法と理論

　犯罪は社会のルールに基本的に反する行為であるため古来より研究されてきました。しかし，実証的に研究され始めたのはたかだか130年ほど前です。この2部では，第5章で犯罪研究の歴史を概観し，そのうえで犯罪心理学の位置づけをします。また，犯罪は法を犯す行為ですから法律との関係の考察は欠かせません。第6章では，犯罪心理学における犯罪へのアプローチ方法として，臨床心理学，社会心理学，認知心理学，環境心理学などが記述されます。臨床心理学は犯罪者の治療，予防に役立てるためにおもに矯正施設や非行の治療機関（保護観察所，児童相談所など）の仕事に応用されてきました。社会心理学は，特に理論を考えるうえで重要であり，犯罪の理論を考える人に応用されてきました。認知心理学や環境心理学は，捜査や防犯に役立てられるためにおもに警察関係の仕事に応用されてきました。ここでは，犯罪心理学において比較的精力的に研究されてきた臨床心理学と社会心理学を中心に取り上げます。第7章では仕事の現場でいかに心理学や臨床心理学が応用されているのかを見ていきます。第8章では，犯罪の理論を構築するうえで必要である社会心理学が詳述されます。犯罪心理学に理論は発展してこなかったという批判に応える一つの回答です。

第5章　犯罪とは何か

1節　犯罪研究の歴史

奈々子　：犯罪って昔からあるけれど，研究も昔からあったんですか？
柿美教授：もちろん昔からどうすれば犯罪は少なくなるかは考えられていたが，重要なのはその犯罪者がどのような人かを考えることです。
奈々子　：どういうことですか？
柿美教授：昔は犯罪者はふつうの人とは違うと考えられていた。だから隔離されたり時には軽い罪でも処刑されたりしたのです。
奈々子　：怖いなあ。現在ではそれを刑務所とかが行っているのですね。フーコーとかいう人が言っていた。
柿美教授：そうだね。でも今は犯罪者を理解しようといろいろな方法が採られている。そのことによって犯罪を未然に防いだり，捜査に役立ったり，犯罪者や被害者の立ち直りに役立ったりするわけだ。
奈々子　：ふうん。なんだかおもしろそうですね。でも難しそう。いろんなこと勉強しなくてはいけないみたいで。
たかや　：最近心理学に本腰入れてるんだけど，やればやるほどわからなくなって……。
柿美教授：それがわかってくれば大きな進歩です。犯罪研究にはいろんな分野がある。それを概観し，犯罪心理学がどのように位置づけられるか知ってもらえるといいんだが。そうだホワイトボードに図示しましょう。このように犯罪心理学と関連する学問領域はたくさんある。それは犯罪研究にそれらの領域がいかにかかわってきたのかとも関連するのです。精神医学，法学，社会学は伝統的に犯罪心理学とかかわってきたし，犯罪者の性格や治療を考えるうえで性格心理学や臨床心理学は関係するよね。また社会心理学は人と人とのかかわりや集団からの影響を考えるうえで欠かすことができない。また最近では認知心理学の興隆とともに捜査や予防などにその知見を応用する人たちが出てきました。また，記憶などの知見も目撃証言に応用されています。
奈々子　：いろいろ勉強しなくてはいけないことばかりですね。たいへん。

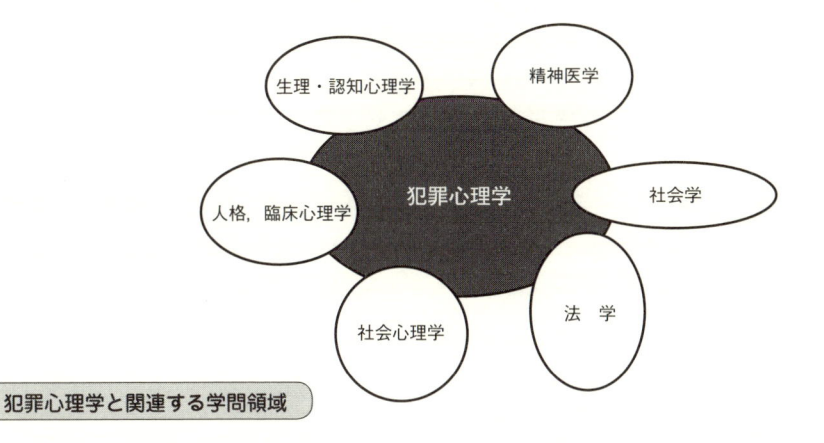

犯罪心理学と関連する学問領域

（図：中央に「犯罪心理学」、周囲に「生理・認知心理学」「精神医学」「社会学」「法学」「社会心理学」「人格，臨床心理学」）

　シャーロックホームズは，相棒のワトソンに会って間もなく自分の職業を問われて次のように言ってます。「ぼくは犯罪史の知識を活用して，うまい解決方法を見いだしてやるわけです。犯罪事件などというものは，きわめて類似性の高いものですから，千の犯罪に精通しておれば，千一番目の犯罪を解明できるはずですし，解明できないほうがおかしいというものです」。このように世間では犯罪研究イコール犯人の特定と思われがちです。もちろんそのことも重要な要素ですが，犯罪研究は犯人探しのためだけにあるのではありません。犯罪研究の目的は，様々な犯罪行為の原因を解明し，少しでも再犯の防止に役立つようにすることです。このことを最初に断っておきたいと思います。

1　犯罪とは何か

　犯罪とは簡単にいえば，有責，違法な行為です。有責とは，違法な行為であっても，行為者が精神障害者，薬物中毒者，飲酒による酩酊者，刑事上の未成年者（14歳未満）の場合には責任を有しないということです。精神鑑定は行為者が精神障害者であるか，薬物中毒者であるか，酩酊者であるのかなどを判定するものです。精神医学の重要なテーマです。一方，違法とは「刑罰法規に定められた構成要件に該当する違法」な行為のことです。たとえば，セクハラは強制わいせつ，強姦など刑法に該当する場合は犯罪ですが，それに該当しない場合は，民法の「不法行為」に該当します。ただし，倫理的には許すことの

できない行為ですが，それを犯罪とよべるかどうかは疑義のあるところです。このような厳密な区別を刑法学や犯罪学では実践でも研究でも行っています。

また，犯罪と非行の違いですが，大きくは刑法と少年法の適応年齢の違いで区別します。少年法は14歳以上20歳未満を適応年齢とします。ですから，20歳以上の犯罪行動を犯罪，それ以外を非行とします。ちなみに児童福祉法の適法年齢は18歳未満ですので，14歳未満の犯罪行為は児童福祉法で取り扱われることとなります。

2　犯罪研究の歴史

犯罪は社会を映す鏡であるといわれます。これは，犯罪の原因が社会にもある，犯罪の取り扱い方がその時代の社会を反映している，犯罪を通してその社会が裏側から見えてくるなどの理由によります。犯罪は古くから，その時代，その社会の中で考察されてきました。人類の歴史以来犯罪についての思弁的な考察はあったのですが，ここでは，科学的な犯罪研究の歴史を学問領域に沿って述べていきます。

犯罪研究は大きく5つに分かれます。まず，犯罪をその行為主体の生物学的要因に帰する犯罪生物学，犯罪者の精神医学的要因に着目する犯罪精神医学，社会的要因を考える犯罪社会学，法律を含めた包括的な要因を分析する犯罪学，心理面に注目する犯罪心理学です。

(1) 犯罪生物学

イタリアの法医学者であるロンブローゾ (Lombroso, C.) は1876年に『犯罪人』を出版しました。彼は実際の犯罪人の解剖学的調査や身体測定などを通して，「生来性犯罪説」を唱えました。その基本的仮説は，1.犯罪者は生まれつき罪を犯すように運命づけられている。2.犯罪者は身体的および精神的特徴をもっており，一般人との識別が可能である。3.犯罪者は野蛮人の「先祖返り」した者，あるいは退化した者である。そして，生来性犯罪者の身体的特徴として次のようなものがあることを指摘しています。①小さな脳，②厚い頭蓋骨，③大きな顎，④狭い額，⑤大きな耳，⑥異常な歯並び，⑦鷲鼻，⑧長い腕。そして，精神的特徴としては，①道徳感覚の欠如，②残忍性，③衝動性，④怠惰，⑤低

い知能　⑥感覚の鈍麻，などです。現在では，このような考え方は当然受け入れがたく，また死後測定されたロンブローゾ自身の脳が1308グラムと平均以下であったことを考えると滑稽ですらあるのですが，当時はかなりセンセーショナルであったようです。しかし，身体的特徴や精神的特徴は単純であるがゆえに簡単に結びつけやすいという危険性があります。ロンブローゾの考え方はその後犯罪人類学といわれるようになるのですが，生物学的要因を重視し，決定論的であるので犯罪生物学の系譜に含まれると考えられます。

　その後1960年代になって，ブームを巻き起こしたのが性染色体の異常クラインフェルター症候群です。これは女性の性染色体が通常XX染色体であり，男性はXY染色体なのですがXXYと正常な男性よりX染色体が多いという先天的な染色体の異常です。このような染色体の持ち主は，窃盗，粗暴犯が多いといわれました。同様にXYY染色体も犯罪との親和性が指摘された時期もありましたが，現在では否定されています。最近になって，性ホルモンや脳微細障害と犯罪との関連性が指摘されています（福島，2000）。そのすべてを否定する意図はありませんが，むしろ生物学的マイナス因を生得的にもっていても犯罪にいたらないケースが多いことに留意すべきでしょう。

(2) 犯罪精神医学

　検察庁の統計（2002年3月16日の朝日新聞）によりますと，2000年までの5年間で心神喪失などにより不起訴になったのは3,157人，起訴されたが裁判で無罪あるいは刑を減軽されたのは383人だったそうです。うち殺人の702人についてみると，過去10年にさかのぼって重大犯罪の前科・前歴がある人が6%であったそうです。このように犯罪者の精神障害の有無，治療の見通しを判断するのは精神医学の領域です。人類の歴史上，犯罪者はすべて精神障害であるとされていた不幸な時代もありましたが，現在では同じ犯罪行為でも精神障害の有無が罪を問うことの可否を決めるのです。被告人の犯行当時の責任能力という問題をめぐって，司法に関する精神医学は発展してきました。そこで必要となるのが精神鑑定です。精神医学では伝統的に精神障害の分類を次のように考えてきました（中田，1971）。

1. 精神病
(a) 身体の病変のあきらかな精神病

中毒精神病（アルコール中毒，麻薬中毒など），器質精神病（脳外傷など），てんかん
(b) 身体的病変があると仮定できる精神病
精神分裂病（統合失調症），躁鬱病
2. 精神的資質の偏り
知能異常，精神病質，性欲異常，心因反応

　精神鑑定は，たとえば犯行当時に精神分裂病の状態と犯罪がどのように関係があったのかを分析します。精神病質はシュナイダー（Schneider, K.）が「その人格の異常性にみずから悩むか，またはその異常性のために社会が悩む異常人格」とし，それを10の類型に分けています。①発揚型，②抑鬱型，③自己不確実型……⑦爆発型，⑧情性欠如型，⑨意志欠如型，⑩無気力型などです。最近ではこの精神病質という概念から発展して，反社会的人格障害という概念やヘアー（Hare, R. D.）の精神病質チェックリストによって，概念がより現実に沿った形で分析されつつあります。また，精神障害の一つである解離性同一性障害と犯罪との分析も進みつつあります。

(3) 犯罪社会学

　先にも述べましたが，犯罪は社会を映す鏡であるといわれます。ですから当然その時代の社会は犯罪にも影響を与えています。しかし，過去には思弁的に社会と犯罪との関係が研究されていたのですが，実証的に研究されるようになったのはデュルケーム（Durkheim, E.）からです。彼ほど社会学的方法にこだわった人はいないと思うのですが，たとえば「アノミー論」では原始社会から近代社会への転換期には伝統的な社会規範のシステムが崩壊して社会の連帯が弱まるとともにアノミー（無規制状態）が生じ，自殺や犯罪などの現象が生じるとしました。犯罪社会学にとって1920年代からのシカゴ学派は現代にまで見逃せない影響力をもっています。シカゴ学派は有名な禁酒法下でアルカポネなどのギャングが華やかなりしころ，犯罪を都市環境や社会問題を含めた生態学的視点から調査し，分析しました。

　犯罪社会学は社会と犯罪との関係を論じるものですから，結論としても正しく，その後様々な人々によって論が唱えられました。以下代表的なものを述べ

ておきます。①サザーランド（Sutherland, E. H.）の主張は「分化的接触理論」とよばれます。これは，まず犯罪は学習される，その学習は小集団の中のコミュニケーションをもとになされ，態度なども学習する。その学習の中でも特に反規範的態度の学習が最も重要であるとされます。いわば「朱に交われば赤くなる」という考えです。②「ラベリング理論」は1960年代半ばにベッカー（Becker, H. P.）によって主張されました。ラベリング理論の主張は，法的にまた社会的に犯罪を取り締まること自体かえって逸脱行動を生み出すという考え方です。犯罪者・非行者にレイベリング（レッテルを貼る）することによって，自己評価が低下したり，否定的自我同一性が生じ，より逸脱行動が増すという考え方です。③同じ時期に提唱されたマッツア（Matza, D.）の「漂流（ドリフト）理論」もその後の研究に大きな影響を与えました。この漂流理論はおもに非行少年に適応できる理論で，非行少年は合法的価値体系と非合法的価値体系との間を漂流していると考えます。非行はこの価値観の漂流した状態で非行にいたることから様々な自己の行動を正当化します。これを中和の技術といい，たとえば自己責任の否定（自分は悪くない），被害者の否定（むかつくから殴った）などです。④「社会的コントロール理論」はハーシ（Hirschi, T.）の「社会的絆理論」などが有名です。これは社会との絆がコントロール力になっており，この絆が弱まると社会からのコントロール力が弱まり，非行にいたりやすくなるという理論です。

(4) 犯罪学

古くは精神医学者の吉益 (1951) などが，犯罪に関する学問を総称して「犯罪学」とよんでいましたが，最近では刑事学などの法学の領域も含めて犯罪に関する学問を総称して「犯罪学」とよんでいるようです。この中で最近の特徴ある２つをあげます。①「環境犯罪学」はその源流が社会学のシカゴ学派にあるといわれ，1980年代になって注目されました。特に犯罪の原因は環境にもあると考えています。この考えは有害環境の除去など犯罪の予防に結びつくものです。②被害者にも犯罪の原因がある，被害者の有責性から始まった「被害者学」は最近では被害者やその家族（遺族）の救済も含めて発展しています。

(5) 犯罪心理学

犯罪心理学は犯罪者を心理学的に理解し，犯罪の心理を解明することです。

前者は犯罪者の処遇のため，後者は犯罪の予防のためと考えられています。

　古くは，知能や性格と犯罪との関係が精神分析学の影響のもとに研究されました。そこでは，犯罪の原因を追及することにのみ力が注がれ，低い知能の人，偏った性格の人が犯罪を犯すと考えられました。しかし現在ではその研究が成功しているとはいえません。それは犯罪の原因が行為者の知能や性格だけにあるのではないことを示しています。もしあるとしてもそれは犯罪心理学の対象ではなく，精神医学のカテゴリーに属する問題なのです。すなわち，犯罪心理学は特別な心理をもった特異な人の特異な心理を研究するものではないのです。

　犯罪心理学とは，ベースを心理学におくが，犯罪者の心理に影響を及ぼすすべての要因を考慮に入れるものです。その目的は，犯罪者の心理を解明し犯罪の予防に貢献するとともに，犯罪者の処遇にも貢献するものであるのです。さらには犯罪者の心理を解明することによりそれを取り巻く社会のよりいっそうの健全化をはかるものであるのです。

　具体的にいうならば，犯罪者の心理的な解明は，それを犯罪者に戻すことによって生きたものとなるのです。深く考えずに行動してきた少年に過去を自覚させること，確信はしているが偏った価値観や考えに支配されている犯罪者に更生を迫ること。これらが犯罪心理学の目的です。心理学の理論を検証するために犯罪心理学があるのではなく，犯罪者の理解のために心理学の理論を駆使するのです。そういう意味での応用です。犯罪心理学の過去もそうであり，未来もそうあるべきであると考えます。

2節　法律と犯罪

奈々子　：私が法律を学ぼうと思ったのは，何が正しくて何が間違っているのかを，基準に沿って考えたかったからなんです。ですから，犯罪心理学の考え方を聞くと，非常に曖昧で，答えがないような気がするんです。
柿美教授：たしかにそういう点では心理学は曖昧ですね。法律には六法全書というものがあるから……。でも，やり方や答えを自分で作り出すというのもおもしろいもんですよ。
奈々子　：そうかな。でも法律に照らし合わせて判決ですぱっと切るなんてかっこいい

たかや　　：そんなにすぱっと切れるもんじゃないよ。
柿美教授：そうですね，「何が正しいのか」を人の一生において決めるのは難しいもんです。法律だって判例はあっても，裁判官はいろいろ悩んだりして判決を出すのです。人が人を裁くのだから悩んで当然ですがね。犯罪や非行の場合も，罪は法律に出ているけれど，やったのは人間だからそれこそ原因は千差万別だから，そこから判決だけではなくて，その後どうすれば立ち直ることができるのかを考えるところに心理学の出番があるのですよ。
たかや　　：最近，そういう千差万別とかに関心があって小説を書いてるんです。ところで先生，裁判所の中には裁判官と調査官がいますよね。この人たちはまったく別々に仕事をしてるんですか？
柿美教授：いや，協力して仕事をしている。おそらく法律と心理学が共同で仕事をしている唯一の場所でしょう。でも最近は調査官の中にも最初から法律専攻の人たちが増えています。そういう人たちは職場に入ってから心理学などを勉強するわけです。逆に心理学専攻の人は職場に入ると実務上法律を勉強しなくてはならなくなります。心理学専攻者は法律のように先に答えみたいなものがあって，次にプロセスを考えていく発想方法に戸惑うことが多いようですよ。
奈々子　　：この大学のように法律と心理学の両方を学べるのは，苦しいかもしれないけどいいことなのかもしれないわね。いま私，学習心理学の単位落としそうなのよ。……まったく，なんで心理学なのにネズミが出てくるのよ。

　法律と犯罪との関係をみていきましょう。
　「犯罪」を厳密に定義することは，意外と難しいものです。一般に犯罪という言葉は，誰にとってもかなり明確なイメージをもった言葉です。このイメージは，「好ましくない」「社会にとって有害な」といった，共通イメージとしてとらえることができますが，こうしたイメージをもつ行為の中から「犯罪」とされるものを画するもの，それが「法律」なのです。
　道徳的，倫理的に問題視されるような行為のすべてが犯罪ではありません。では何が犯罪であり，何が犯罪とされないのか……。それを画するのが法律なのです。法律も道徳や倫理，慣習等も社会の秩序を維持するための社会規範であるという点においては同じです。ところが「法律」には，最終的に国家権力による強制力が行使され，違反に対する物理的な制裁が予定されている点が大きく異なります。

1 犯罪と刑事法

　法律の中でも犯罪に最もかかわりのあるのが「刑事法」です。刑事法学の領域では，犯罪という言葉の定義はいたってシンプルで，「刑罰を科せられる行為」すなわち，「法律が刑罰を科することを定めた行為」が犯罪です。
　ところで，「刑罰」は，先に述べた国家による物理的制裁の中でも最も厳しいもので，個人（犯人）の生命，自由，財産を強制的に奪うものです。したがって，国家の刑罰権が適切に行使されるためには，あらかじめきちんとしたルールが必要です。このルールを定めているのが「刑事法」なのです。
　今，何の断りもなく「刑事法」といっていますが，刑事法という名前の法律はありません。刑事法は，大きく分けると，①犯罪と刑罰の内容について定める実体法たる「刑法」（実体法とは，法律関係の内容を定める法をいい，民法などもこの分類に入ります），②犯罪行為が行われたときに，実際に犯人を逮捕して犯罪事実を確認し刑を執行するための一連の手続を定める「刑事訴訟法」（手続法），さらに③刑を執行する過程を定めた犯罪者の処遇に関する「刑事収容施設及び被収容者等処遇法」や「更生保護法」などがあります。また，「刑事法学」と称する学問としては，広くはこれらに犯罪現象とその原因等について科学的に研究する「犯罪学」，また犯罪学の研究成果を前提として犯罪対策等を研究する「刑事政策学」をも併せてとらえることができます。
　ここでは狭義の刑事法学，特に刑法・刑事訴訟法を中心に見ていきます。

2　刑　法

　最初に犯罪と刑罰に関して定める刑法について見てみましょう。
　ところで，六法の中には「刑法」という名前の法律がありますが，犯罪と刑罰について定める法律はこの刑法典に限られるものではなく，各種の「特別刑法」と総称している法律があります（軽犯罪法，暴力行為等処罰に関する法律など）。しかし，刑法典の第1編「総則」の規定は，原則として特別刑法にも適用されるとされており（刑法8条），本稿も刑法典に基づいて説明していきます。

(1) 罪刑法定主義

 刑法の大原則として，罪刑法定主義（法律なければ刑罰なし）をあげておかねばなりません。これは，どんな行為が犯罪となり，これにどんな刑罰が科せられるかについては，あらかじめ国会の定める法律によって定められていなければならないという原則で，国家の刑罰権の恣意的行使から国民の人権を保障することを目的とするものです。憲法にも 31 条で法定手続の保障を，39 条で刑罰法規の不遡及の原則等の規定があり，罪刑法定主義を確認しています。

(2) 犯罪の成立要件

 刑法は犯罪と刑罰についてどのように定めており，またそれをどのように適用していくのでしょうか。

 まずは実際の条文を見てみましょう。たとえば，殺人罪を規定する刑法 199 条は，「人を殺した者は，死刑又は無期若しくは 5 年以上の懲役に処する」と書かれています。この条文は何を意味しているのでしょうか。

 一つは，人を殺すという行為が犯罪であること，そしてもう一つ，殺人を犯すと「死刑又は無期若しくは 5 年以上の懲役」刑が科されるという処罰を定めています。このように，刑法では，基本的に「○○した者は，△△に処する」という形で，犯罪とこれに対する刑罰が規定されています。

 次にこれらの刑罰規定を事件等にどのように適用していくのかを見ていきます。先ほど，犯罪とは刑罰を科される行為であると述べましたが，刑法において犯罪は「構成要件に該当し，違法かつ有責である行為」と説明されます。すなわち，ある行為が犯罪になるかどうかは，まず構成要件に該当するか否か，次に違法性の有無（違法性阻却事由が存在するかどうか），最後に有責性の有無という順に，3 つの要件（犯罪成立要件）を検討し，これをみたしたときに初めて犯罪となるのです。ここで，＜ A が B をナイフで刺して殺害した＞という事例をもとに，A が殺人罪となるかどうかを，順に検討してみましょう。

 まず，構成要件というのは，違法で有責な行為を個々の刑罰法規において犯罪として規定した行為類型のことです。事例の「A が B をナイフで刺して殺した」という行為は，刑法 199 条の殺人罪の構成要件に該当します。

 構成要件に該当する行為は違法と推定されますが，例外的に違法でない場合があります。たとえば，事例で B がいきなり出刃包丁で切りつけてきたので，

AがやむをえずテーブルのうえにあったA果物ナイフでBを刺し殺してしまったというような場合です。この場合はAに正当防衛（刑法36条）が成立することにより，Aの行為は違法ではなく，したがって殺人罪には当たらないことになります。このように，構成要件に該当する行為は基本的には違法な行為ですが，特別にそれを正当化する事情が存在する場合（違法性阻却事由とか正当化事由という）には違法性が否定されます。

さらに，犯罪が成立するためには有責性も必要です。刑法の基本原則の一つに「責任主義」というのがあります。これは，行為者を処罰するには，行為が非難可能であることを必要とするものです。たとえばAが精神障害者であった場合など，行為当時のAの責任能力が否定されるときは，たとえ「Bを刺して殺した」行為が殺人罪の構成要件に該当し，かつ違法であるとしても，Aにその行為に対する非難を加えることはできません。また，行為者に故意（わざと），または少なくとも過失（うっかりして）がない限り，責任を問うことはできないのです。

(3) 刑法上の犯罪の分類

ところで，刑法典には，どのような犯罪類型が規定されているのでしょうか。ここで，刑法上の犯罪の分類について概略を見ておきましょう。

一般に，犯罪の分類は，保護法益を基準に行われます。まず，法益の主体をもとに，「国家的法益」「社会的法益」「個人的法益」の3つに大きく分けられますが，その中心となるのは「個人的法益」であり，さらに法益の内容をもとに①生命・身体（殺人，傷害等），②自由・私生活の平穏（逮捕・監禁，住居侵入等），③名誉・信用（名誉毀損，業務妨害等），④財産（窃盗，詐欺，強盗等）などに大別できます。同様に社会的法益については，①公共の安全（放火，往来妨害，騒乱等），②各種偽造（通貨偽造，有価証券偽造，文書偽造等），③風俗秩序（公然わいせつ，賭博等）などに，国家的法益については，①国家の存立（内乱，外患），②国家の作用（公務執行妨害，犯人蔵匿，証拠隠滅，賄賂（贈収賄），職権濫用等），③国交などに分けられます。刑法各論の教科書もだいたいこのような分類に従って書かれているようです。なお，このような犯罪の分類は，官庁等が「犯罪統計書」などとして公表している統計資料における犯罪の分類と必ずしも一致しないことに注意してください。

3　刑事訴訟法

　犯罪が起こったとき，どのようにして刑事司法機関がその事実を確認し，刑罰を確定するのか，すなわち刑法に定められた犯罪行為を行った者に対して刑罰を科するための手続については，刑事訴訟法に定められています。なお，刑法と同様，刑事訴訟法についても，「刑事訴訟法典」だけが刑事手続に関する法律ではありません。憲法や少年法等，刑事手続に関する各種の規定があることをつけ加えておきます。

　では，刑事手続の概要を見ていきましょう。

　刑事手続は，①警察・検察による捜査，②公訴の提起，③裁判所による公判手続（ⅰ第一審の公判・裁判，ⅱ上訴），④刑の執行，と進みます。

(1) 捜　査

　捜査は犯罪が発生したと思われるときに開始され，公訴を提起し有罪判決を獲得するための準備として捜査機関－警察（司法警察職員）と検察（検察官・検察事務官）－が行うものです。

　一般的な捜査の流れとしては，①捜査の端緒（被害者の届出，目撃者の通報，犯人の自首等）により警察の捜査開始，②警察が被疑者を特定，証拠収集（被疑者を裁判官の逮捕状の発付を受け逮捕・取調べ，捜索・差押えによる証拠収集・保全），③警察官は逮捕時から48時間以内に，書類・証拠物とともに被疑者の身柄を検察官に送る，④検察官は必要に応じて補充捜査を行ったうえで公訴を提起するかどうか判断を行う，というものです。

(2) 公訴の提起

　警察から事件の送致を受け，受理した検察官は，裁判所に起訴状を提出して審判を請求するかどうかの判断を行います。訴追権限（公訴権）は検察官に独占されていて，たとえば犯罪の嫌疑があっても，それが軽微であるとか，犯人が初犯で反省しているとかいった事情を勘案して訴追の必要なしと判断する（不起訴にする）こともできるのです（起訴猶予処分）。

(3) 公判手続

　公訴提起によって，事件は裁判所に係属することになります。公判手続とは，公訴提起から裁判が確定し事件が裁判所の手を離れるまでの手続全体をいいま

す（公判期日に公判廷において行われる手続のみを指す場合もあります）。
　公判手続の流れを簡単に示すと次のとおりです。
① 冒頭手続：人定質問（被告人の氏名・年齢等の確認），検察官による起訴状の朗読，黙秘権告知，罪状認否（被告人・弁護人の意見陳述）
② 証拠調べ手続：冒頭陳述（検察官，被告人・弁護人），証拠調べ請求・証拠決定・証拠調べの実施（証拠書類の取調べ，証拠物の取調べ，証人尋問，鑑定・通訳・翻訳など），自白の取調請求・取調べ，被告人質問
③ 弁論手続：検察官による論告・求刑，弁護人の最終弁論，被告人の最終陳述
④ 結審：①から③の手続が終了すると「結審」となり，判決が言い渡される
　こうして，第一審裁判所による有罪・無罪の判決が言い渡された場合，これに不満をもつ被告人あるいは検察官は，上級の裁判所に対して判決の審査をしてもらうことができます。これを「控訴」といい，さらに控訴審の判決に不服のある場合には最高裁判所に対して「上告」の申立てができます。

(4) 裁判員裁判制度

　なお，平成21年から裁判員制度が始まりました。裁判員制度とは，国民が公判手続に参加し，被告人が有罪かどうか，有罪の場合どのような刑にするかを裁判官と一緒に決めるという制度です。裁判員裁判の対象となるのは，たとえば，人を殺した場合（殺人），子供に食事を与えず，放置し死亡させた場合（保護責任者遺棄致死）等，一定の重大な犯罪に限られます。また，刑事裁判の控訴審・上告審や民事事件，少年審判等は対象にはなりません。
　裁判員裁判の合議体は，原則として，裁判官3人，裁判員6人で構成されます。公判では，証拠書類の取調べ，証人や被告人に対する質問が行われ，その後事実を認定し，被告人が有罪か無罪か，有罪の場合はその量刑を，裁判官と一緒に評議し，評決します。意見の全員一致が得られなかったとき，評決は，多数決により行われます（裁判員法）。

4　おわりに

　犯罪心理学は心理学のアプローチをもって，犯罪研究を行うものですが，その成果が現実の社会の中で生かされていくためには，実際に犯罪を統制する各

種法律の規定内容やその運用状況・刑事司法システムに対する理解が必要ではないかと思います。立法動向などにも目を向けておくべきでしょう。

「犯罪」を題材とする学問には種々の領域があり，それらが独自のアプローチで研究を進めてきてはいます。しかし，それらがそれぞれの研究領域の中だけの「知」にとどまり，他の学問分野や社会に対する働きかけを行わないとするなら，果たしてそれは有意義な犯罪研究とよべるのでしょうか。21世紀は「知識」が最も価値あるものとされる時代だと考えられます。おのおのの学問領域の生み出した「知」が隣接する他の学問領域にも提供され，共有の「知」となり，それがさらに新たな「知」を生み出していく，そんなダイナミズムが求められるような気がします。他の学問領域の知も幅広く取り込んだ学際的な研究活動が，犯罪研究の未来像ではないかと思います。

topics ⑥ 犯罪関連学会

　1994年11月12日（土）と13日（日）の両日，慶応義塾大学にて，犯罪関係4学会合同大会が開催されました。この合同大会の事務局長であった故田村雅幸氏（科学警察研究所）が書かれた当時の文章を見ますと，700名程の参加者がおり，マスコミ関係も10社を超えたということで，非常に多くの人たちの興味を集めた学会だったようです。筆者は，田舎型放火（桐生，1995）について口頭発表しましたが，なるほど大会会場にはいつも以上の熱気がありました。個人的にも分野の異なる著名な先生の書斎を訪れる機会に恵まれるなど，有意義な大会であったと記憶しています。

　2011年8月5日（金）～8月9日（火）の5日間，神戸国際会議場および神戸学院大学ポートアイランドキャンパスにて，「国際犯罪学会第16回世界大会」が開催されました。参加者は，総数1,467名であり，そのうち海外からは317名（42の国・地域を含む）が参加しました。シンポジウム・部会数164，ポスター92，学術ツアー6という内容でした。筆者は実行委員会の常任委員として参加，発表を行いましたが，日本初の世界大会ということもあり，内外の著名な研究者が一堂に会し，盛大な大会となりました。

　この世界大会の受け皿として，日本犯罪関連学会連合会が設立されました。参加した学会は，警察政策学会，日本犯罪心理学会，日本犯罪学会，日本社会病理学会，日本犯罪社会学会，日本被害者学会，日本司法福祉学会の7学会です。

　さて，これらの学会大会にて集まった犯罪関連の学会の中で，日本犯罪学会，日本犯罪心理学会，日本犯罪社会学会，日本被害者学会は，犯罪心理学の現場を知るうえで重要な学会ということができます。そこで，これら4学会について簡単に紹介いたします。

1. 日本犯罪学会

　日本犯罪学会の目的は，「犯罪現象の科学的研究を促進し，これによって犯罪の防止に寄与することを目的とし，関係諸科学の研究者および実務家との協力を推進し，あわせて国際的連携を行うものとする」（学会規約より）としています。学会事務局は，加藤久雄法律事務所内に置かれ，会員になるには現会員の推薦をもって申し込むこととなります。機関誌は「犯罪学雑誌」であり，精神鑑定の事例などの論文が掲載されています。

2. 日本犯罪心理学会

日本犯罪心理学会の目的は，「日本における犯罪心理学の発展及び研究者間の学術的提携を図ることを目的とする」（会則より）とし，学会事務局は国際文献印刷所内に置かれています。会員数は現在約1,220名，機関誌は「犯罪心理学研究」です。なお，本書の執筆者のほとんどが入会しており，それぞれが研究を学会大会にて報告しています。

3. 日本犯罪社会学会

日本犯罪社会学会における研究分野は，犯罪や非行問題に関する様々な領域，犯罪社会学や刑事学の基礎理論などです（ホームページの学会案内より）。学会事務局は東大阪にあるTTSセンターに置かれ，会員になるには現会員の紹介が必要となります。機関誌は「犯罪社会学研究」であり，これまでの掲載論文のタイトルなどを公式のホームページ http://hansha.daishodai.ac.jp/organ_1/index.html で知ることができます。

4. 日本被害者学会

日本被害者学会の目的は，「本会は，わが国における被害および被害者に関する学際的かつ総合的研究の水準を高め，同研究における研究者の相互協力を図ることを目的とする」（学会規約より）としています。学会事務局は，慶應義塾大学研究室内に置かれ，会員になるには現会員の推薦をもって申し込むこととなります。機関誌は「被害者学研究」であり，おもに法的見地からの論文が掲載されています。

以上の4学会では重複する学会員も多いのですが，概して日本犯罪学会は精神医学や法医学の領域，日本犯罪心理学会は心理学の領域，日本犯罪社会学会は社会学の領域，日本被害者学会は法学の領域の研究がそれぞれ多いようです。

5. その他

上記学会以外に，犯罪心理学者が参加，研究発表を行っている学会を紹介します。犯罪者プロファイリングやポリグラフ検査の研究は「日本法科学技術学会」で，ポリグラフ検査の研究は「日本生理心理学会」で，筆跡鑑定や地域防犯などの研究は「日本応用心理学会」で，犯罪や非行全般に関しては「日本心理学会」で，それぞれ報告されています。

(桐生)

第6章 犯罪心理学へのアプローチ

第1節 臨床心理学的アプローチ

奈々子　　：犯罪心理学にはいろいろなアプローチ方法があることはわかってきたけど，なんだかまたまた混乱してきました。

柿美教授：それは，君が混乱しているだけでなく，犯罪心理学も混乱してたんですよ。でも最近は整理されつつありますが。

奈々子　　：どういうふうにですか？

柿美教授：現場で働く人たちによって分けられます。おおざっぱですがね。まず警察関係では捜査に役立つことが主目的なので，心理学を駆使してプロファイリングをしたり犯罪者の類型化をしています。また予防に役立つために犯罪者を分析したりもします。捜査のためのポリグラフや筆跡鑑定も重要な仕事となりますね。裁判所や矯正関係では，予防というより広い意味での治療が主目的なので臨床心理学が中心となるのです。

奈々子　　：臨床心理学っていうのは，私のイメージとしては精神障害のある人を扱ったり，平成13年に大阪の小学校で起こったような児童殺害事件などを扱うイメージがあるのですけど……。

柿美教授：さっきも言いましたが，性格心理学や臨床心理学はその人の異常性を暴き出すためだけのものではありません。その人の今後を考えるためには，どのような性格であるのか，どのような処遇（取り扱い）をすべきかを理解する必要があるのです。だから治療機関でもある裁判所や矯正関係，そして児童相談所などでもよく研究されているんです。

奈々子　　：大学の研究は？

柿美教授：大学の研究者は，現場出身者がほとんどです。いわば大学でやっていることは現場に必要な知識の基礎研究ですね。現場を知らなくては「この世界」はわからない。私も少年鑑別所にいたのです，もちろん職員としてですがね。

奈々子　　：「この世界」だなんてアンダーグランドみたいでかっこいい！　でもなんで辞めたんですか。くびになったとか。

柿美教授：ははは，「柿美教授の謎」なんて本が書けそうかね，たかや君。

たかや　　：書く！　書きます！！

1 臨床心理学的アプローチの視点

　犯罪には多種多様な要因が関連していますので，それへのアプローチの方法も多様です。ただし，アプローチの方法は違っても，犯罪や犯罪者を理解し，個人または社会をそれぞれが望む方向に変えていこうという目的は共通です。

　臨床心理学的なアプローチでは，まず，個人の内面的世界に焦点を当てるところからスタートします。個人の特性を十分に理解することに努め，個人と個人を取り巻く家庭，学校，職場，友人関係といった環境との関係を，さらにはより広く政治や経済といった大きな社会的要因との関係を理解しようと努めます。人は対人関係を中心とした周りの様々な環境との関係の中で存在するものですから，それらの作業は順番にではなく，同時進行的，相互重複的に行われます。もちろん，そうしたプロセスの中では，常に，なぜその人は犯罪を犯したのか，どうすれば再び犯罪を犯さないですむのかということが意識されていないといけません。

　臨床心理学は，知能検査や心理検査を用いて査定をしたり，心理療法を行ったりするものととらえられがちですが，それらは臨床心理学の方法であって，臨床心理学そのものではありません。臨床とは，文字どおり病の床に臨むことです。まずは，クライアントである犯罪者や非行少年に寄り添い，彼らの体験を「追体験」し，「共感」し，彼らが本来望んでいた方向へ新たな一歩を踏み出すことを手助けしていくという姿勢が大事です。パーソナリティ理論をはじめとする種々の理論や治療技法に関する知識・技術はもちろん必要ですが，それを生かすのも殺すのもクライアントに対する姿勢です。理論や技法への関心ばかりが先立ち，犯罪者本人不在の臨床となることは厳に戒められるべきです。

2 犯罪・非行の理解の方法

　彼らの内的世界を知る前提として，信頼関係を築くことが必要です。彼らの多くは多かれ少なかれ対人不信感をもっていますし，特に権威には反感をもちやすいので，「受容」することが非常に重要となります。

　主観的事実と客観的事実とは違います。犯罪事実は，厳密な捜査や調査によ

って認定されたものですが、それでさえ、主観的事実とかなり違うことがあります。その違いの方向性と程度は、その人の特性ないし病理性を示します。臨床心理学的アプローチでは、多くの主観的事実と客観的事実とを突き合わせながら徐々に内面の奥深くを探っていきます。内的世界をも含む真実は、専門家の勘によってではなく、「事実」の積み重ねによって明らかにされるのです。

内的世界へのアプローチの具体的方法には、面接や行動観察のほかに知能検査、心理検査があります。検査はいずれも理論的・統計的裏づけのある科学的な道具です。ただし、測定できる対象や特性は限定されます。また、Aというサインが必ずaという事実を表すというほどの厳密な客観性まではないのが一般的ですし、測定しているものはいずれも実体がなく、かつ状況との関係で変化していくものです。そのため、実際の場面ではいくつかの検査を組み合わせて実施し、その結果を突き合わせたうえで、さらに種々の「事実」との統合をはかるという作業を通じて客観性や妥当性を担保することになります。

3　臨床心理学から見た発達の問題

犯罪者の理解のためには、人間および社会に関するすべての学問領域の知識を動員する必要がありますが、特に少年非行を考える際には発達の視点が重要となります。発達には、身体的発達、精神的発達、社会的発達等の諸側面がありますが、犯罪・非行臨床においては、規範性ないしは道徳性の発達が中心的問題となります。道徳性の発達の過程は、コールバーグ(Kohlberg, L.)らにより、周りから示された「良い－悪い」という外的基準に基づき他律的に行動する段階から、自分の内に形成された「善悪」「倫理」の基準により自律的に行動する段階へといたることが明らかにされていますが、犯罪・非行臨床の視点からみると、規範性の発達は人格発達とほぼパラレルな関係にあり、高度な道徳律の核の部分には、親など自分にとってたいせつな対象との強いきずながあるといえます。

そして、その人の「たいせつな人や場」が、図6-1のように対人関係や社会生活の拡大とともにより抽象的なものに発達していくのです。身近な誰かを愛せない人は他人も社会も尊重できないのです。したがって、治療的教育的働き

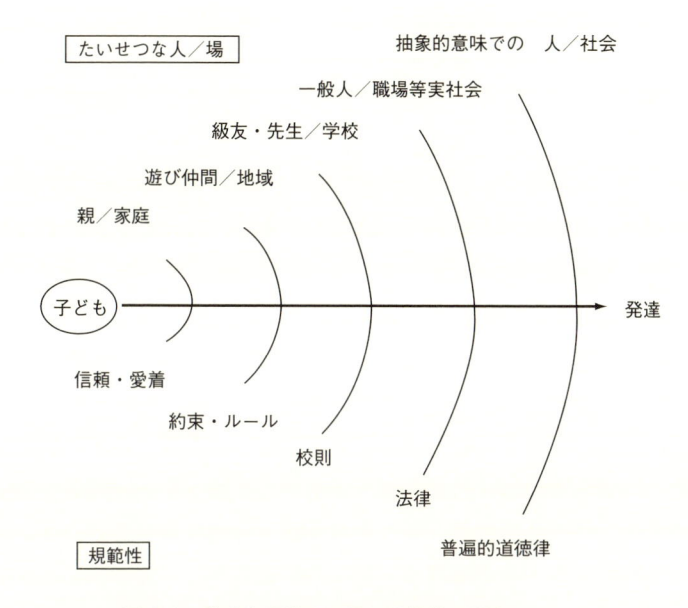

図 6-1 臨床心理学から見た規範性の発達

上半分は，各発達段階における最も重要な対人関係や生活空間を示し，下半分は，各段階で意識され獲得されるべき規範性，すなわち行動を統制するものを示します。発達はより前の段階での健全な経験をもとに進みます。

かけをする場合には，発達が阻害されている段階にまでさかのぼっていき，そこに焦点を当てた働きかけから行うことが必要となります。

4　内向きの逸脱と外向きの逸脱

臨床心理学は，個々の事例の積み重ねに基づく学問領域であるため，犯罪現象全体をクリアに説明するのには向いていないところがあります。しかし，あえて臨床的アプローチにより犯罪・非行の全体を見ると，内向きの逸脱と外向きの逸脱の2方向が見えてきます。別の言い方をすれば，精神病理としての犯罪・非行と文化としての犯罪・非行ということになります。

人は，現実的ないし観念的世界において，周りとの関係性を意識することで自分の存在性を確認しつつ生きています。したがって，関係性を断たれること

は最大のダメージとなります。自分という存在を規定するものがなくなり，自分の存在を確認できなくなるからです。それが人生の最早期に起きると重篤な精神障害が生じやすくなり，関係性があっても否定的，迫害的関係しか経験できなかったとか，非常に不安定で一貫しない関係しか経験できなかったとかの場合には，パーソナリティ障害が生じたり，神経症的な症状が出たりしやすくなると考えられます。と同時に，自分というものの存在を維持するための手段や自分の窮状を訴える手段として，犯罪・非行が選択されやすくもなります。その関係は図6-2のようになります。

　自分の存在性を脅かされた時にとる手段の一つが主観の世界で自分を生かすことです。被虐待児の多くはこの機制を用いているとされますが，内向きの逸脱へといたる第一歩ともなります。たとえば，ある殺人犯は，かなり小さい時から自分の考えや感情が親に受け止めてもらえないという感覚をもっていました。そして，表面的に周りと調子を合わせて生活する一方で，自分だけの加虐的なファンタジーの世界を作り上げ，人から見えないところで火遊び，動物虐待などをし，それでは飽きたりなくなり殺人にいたりました。連続幼女殺人事

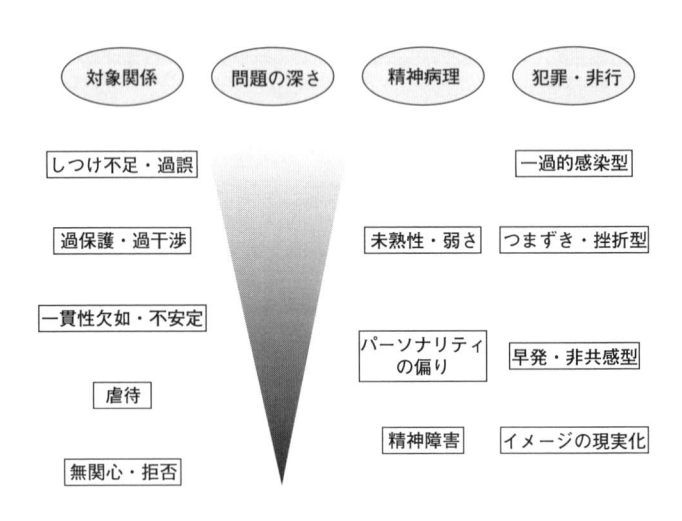

図6-2　精神病理と犯罪・非行

　図は，対象関係上の問題と精神病理（内向きの逸脱）および犯罪・非行（外向きの逸脱）との関係を示したものです。下段ほど問題が深く，理解または共感の難しい事件は，両方向の逸脱が混交したところに生じがちです。

件の宮崎勤のビデオに埋もれた部屋は，まさしく彼のファンタジーの世界そのものであり，ファンタジーの世界と現実世界の混交したところに事件が生じたといえます。その瞬間に内向きの逸脱が外向きに転換したのです。

　ひとたび自分だけの世界が形成されれば，現実世界との壁はどんどん厚くなっていきます。それは「穴掘り」と似ています。掘れば掘るほど，日の光は射さなくなり，また，自力では穴から出られなくなります。このプロセスは比較的短期間でも完了します。良い成績を上げることでしかその存在が認められなかった予備校生が，成績が低下してから自分という存在を維持できなくなり，精神的退行と視野狭窄の中で親への恨みを増幅させるとともに自分自身を規定している親も自分自身も消したいと思うにいたった事例，性に関する葛藤から性的なファンタジーに向かった事例などがそうです。

　一方，外向きの逸脱は，自分をアピールしたい，仲間に認めてもらいたい，なにがしかの物が欲しいなどの外へ向かう欲求を背景に生じるものです。彼らは，そうした欲求の充足手段として犯罪・非行を学習しているか，または，それが許容される文化の中に身を置いているといえます。その行為は違法性を意識したうえで，社会的な関係の中でなされます。ただし，ほとんどの場合で，自分のあり方をめぐる内向きの逸脱が同時に認められます。

　一般的に，単独での犯罪・非行の場合には内向きの逸脱が優位で，集団の場合，もしくは不良集団に加入している場合には外向きの逸脱が優位です。

5　犯罪・非行からの回復へのアプローチ

　犯罪・非行臨床では，犯罪や犯罪者の理解とともに彼らの更生を手助けすることが重要な仕事となります。そして，その具体的な方法として各種の心理治療技法があります。

　よく使われる治療技法は，集団および個別のカウンセリング，家族療法，グループワーク，ソーシャル・スキル・トレーニング（SST），認知行動療法，交流分析，役割交換書簡法，心理劇，内観法，コラージュ療法，箱庭療法，芸術療法，作業療法などです。これらの技法は，それぞれパーソナリティ心理学，学習心理学，精神分析学等々の知見に基づいた理論的背景をもっています。そ

の実践に当たっては理論を十分に理解していることが必要です。また，それぞれの技法の特徴と適用の範囲について理解したうえで，的確なパーソナリティ診断に基づいて対象者に最も適した技法を選択していくことが必要です。

　犯罪・非行臨床で心理治療的働きかけを行う際に自覚しておくべきことをいくつかあげておきます。1つめは，治療者は，治療者であるとともに一般社会を代表する存在であるということです。不信感や不満の固まりである彼らを相手にして，世間一般を代表するためには，治療者自身が確固たる存在として安定している必要があります。2つめに，彼らはみずから望んでそこにいるわけではないということがあります。彼らは，ややもすると「あなた＝治す人，私＝治される人」という態度になりがちです。ラポートを築く，治療意欲を高めるといった治療の初期段階でのアプローチに十分な時間と手間をかけるとともに，治療を開始するにあたって「治療契約」をしっかりと結ぶことが必要です。3つめは，相手の境遇に過剰に同情しないことです。彼らはみな気の毒な生い立ちをもっていますが，それのみを犯罪・非行の原因と考えていては，そこからの回復は容易ではありません。生育環境がどうであれ，やった行為の責任はとらないといけないこと，これから先の人生の進路を決めるのは自分自身であることは，はっきりと示さないといけません。

　犯罪者と向き合うには，臨床的訓練とともに人間としての鍛錬も積む必要があるといえます。

2節　社会心理学的アプローチ

奈々子　：臨床心理学って一人の人を徹底的に理解する方法なんですね。とてもたいせつなことだけど，不幸な生い立ちとか聞くと悲しくならないですか？
柿美教授：言いようのない，行き場のない怒りを感じたことはある。
たかや　：最近，社会心理学にも興味あるんですよ。日常生活がなんでも社会心理学と関係あるような気がして。
柿美教授：おや，いいことに気づきましたね。社会心理学は一人ひとりの人間の理解というよりも，人と人の関係の一般法則を見つけようとしているんです。「帰属」って聞いたことありますか？

奈々子　：憲法 14 条で否定されたやつでしょ。
たかや　：それは「貴族」だろ。行動の原因とかでしょ？
柿美教授：そう。その行動の原因を考える時の方法などを「帰属」といい，偏りや法則を見いだそうとしているんです。
たかや　：突然ですけど，柿美先生はなぜ柿美なんですか。
柿美教授：この本の編者の笠井の「か」，桐生の「き」，水田の「み」の合成ですよ。
奈々子　：ふうん。単純な発想なのね。ところで話が中途半端になりましたけど……どうも柿美先生やたかやは話が飛びますね。私は筋道立てて話しているのに，二人はぽんぽん飛ぶからなんかはぐらかされている感じ。ここで社会心理学が出てくるのがわからないのですけど。
柿美教授：それは，はぐらかしているのではなくて，話に余裕をもたせているのですよ。社会心理学は，個人と社会との関係を研究してきました。まあ最近の社会心理学はこの「社会」をどっかに忘れている傾向はあるけど……。
奈々子　：また飛ぶ！
柿美教授：法律や規範は社会的なものだから，この社会を個人がどうとらえているのかが重要なんです。犯罪は法律という社会的決まりを破る，これはなぜかを考えるのが社会心理学にとって重要なテーマなのです。
奈々子　：ちゃんと話せばわかるのに。先生って無駄が多いのよね。そういえばお腹にも無駄なお肉が……。

　心理学の分野に社会心理学という分野があります。基本的には「人と人との相互作用」を心理学的に扱うのが社会心理学です。相互に作用し合う過程で，人々はどのように行動し，どのように考え，どのように感じるのかなどを追求するのが社会心理学です。犯罪・非行の大部分は人もしくはその所有するものと関係があることから，社会心理学とは関係がありそうです。さらにわかりやすくするために，たとえば現在日本において最も代表的と思われる安藤ら (1995) の本に記載されている社会心理学のテーマをあげてみましょう。1. 社会的認知，2. 自己，3. 態度，4. 社会的勢力，5. 対人魅力，6. 集団，などです。

1　社会的認知

　社会心理学で展開される社会的認知は，まず人が人をどのようにして見るか（対人認知），そしてその人に対してどのような印象を形成するか（印象形成）を研究します。対人認知や印象形成の研究は，犯罪心理学においてはまず，捜

査員の犯人像の形成などに応用可能でしょう。犯人をどのように見て，行動から人物像をいかに推定するのか，このような推論過程は社会心理学で詳細に研究されています。ここで重要なのは印象形成も一度で形成されず，仮説を立てて検証し，修正するというプロセスをくり返しているということです。最近，出会い系サイトによって犯罪に巻き込まれるケースが増加していますが，直接会うことによる仮説検証を経ないで印象形成の次の段階に進むことは危険を伴うものです。

　また，人が人を見たり，行動から人物像を推定する場合に様々な誤りやバイアスがあることがわかっています。この代表がステレオタイプ的対人認知です。これは，他者や集団に対して一つの紋切り型の印象をもつことで，外見から人を判断したり，人種から人を判断したりする偏見です。犯人像を推定する際にも留意しなければならないことがらでしょう。

　また，社会的認知の中に帰属過程というものがあります。帰属過程とは行動の原因の推測を通じて人や事物の属性・特性に関する知識を得る過程のことです。ここでは特に帰属の「歪み」について2つ述べます。第1に，基本的帰属錯誤というものです。これは，ロス (Ross et al., 1977) が名づけたもので，一般に，人は観察された行為の原因を行為者の内部属性に帰する傾向が強く見られるということです。それゆえ，行為者にとって状況要因は軽視されやすいのですが，環境や他者などによってもおおいに影響を受けています。第2に，行為者と観察者の帰属のずれで，観察者が行為の原因を行為者の内的属性に求めようとするのとは対照的に，行為者自身は自分の行為の原因を外部に求める傾向があるということです。心理学は一般的傾向として，他者の行動の原因を行為者の属性，特に性格に求める傾向があります。たとえば犯罪行動があると，その原因をその人の性格に求め，それゆえ犯行を再度くり返す傾向があるように見がちです。しかしながら，私たちはそのことを少し割り引いて，他にも原因があることを考えなくてはなりません。また，一般的にも人は犯罪行動を単純でわかりやすい原因に求める傾向があります。たとえば非行は家族が原因で，それは欠損家庭や貧困家庭などと考えたり，中学生が非行を起こすと，その原因をすぐに学校に求める場合です。これをファーンハム (Furnham, 1988) は素朴理論と名づけています。

2 自己

　自己に関して社会心理学では，自己の意識や表出などが研究対象となります。一般の心理学では自己に関してはアイデンティティ，自己概念などがテーマとなるのですが，ここでは自己意識を取り上げます。自己意識の中でも自己をあたかも客体のように見ることを客体的自覚といいます。自分自身に注意が向いている時の心理状態およびそれに伴う行動を扱うものです。ウィックランド(Wicklund, 1975)によれば，客体的自覚の状態にあると人は社会的な規範に沿った行動をとる傾向があるとされています。客体的自覚の状態に導く実験的手段は，鏡を見る，ビデオカメラで撮る，自己に注目している他者がいるなどです。人が見ていなかったり，自己を意識していない状態は反社会的行動にいたりやすい状況です。多数の人々の中に埋没して自分自身に注意を向けず，一人の人間としてのアイデンティティを喪失している状態を没個性化といいますが，これも犯罪にいたりやすい状況です。

　また，自分のことを他人に話すことを自己開示といいます。一般的には自己を開示したり，他者に悩みをうち明けることによって人間関係は進展するといわれています。しかし，これはある程度コミュニケーションがなされた段階で自己開示が行われるために人間関係が進展するのです。たとえば，見ず知らずの相手にメールなどで自己を開示しても，人間関係は進展しないか，逆に錯誤（会ってもいないのに自分のことをわかってくれている）が生じる危険性をはらんでいます。

3 態　度

　態度に関して，特に犯罪と関連するのが説得的コミュニケーションです。この分野では，相手を説得するためにいかなる手段や説得方法が用いられるかが研究されます。説得的コミュニケーションは1950年代から研究されていたのですが，1990年代になって新興宗教に入信する人々の分析（とりわけ，西田(1995)のマインドコントロールの研究）によって実践的研究が進んできました。新興宗教イコール犯罪ではありませんが，詐欺まがいの商品売買が行われたり，殺

人が行われたりするにいたって、その研究の重要性がクローズアップされています。たとえば、マインドコントロールの研究の中に状況の拘束性というものがあります。これは先に述べた基本的帰属錯誤とも関連しているのですが、人はみながこうだと言うとそう信じてしまう傾向があります。集団に囲まれて、こうであると言われると集団の方向性に抵抗しにくく、知らぬ間に集団の意図どおりの行動をとってしまう（集団という状況に拘束される）のです。これもマインドコントロールの一つです。

4　社会的勢力

　社会的影響は人々の信念、態度、行動が他の人の存在のあり方やコミュニケーションによって影響される過程のことです。同調、社会的勢力、服従などが犯罪への適用が可能です。個人の力だけではなく、様々な力が犯罪の原因にもなっています。

　社会的勢力とセクシュアル・ハラスメントとの関係を見てみましょう。社会的勢力とは影響を与える潜在的な力のことを指し、ある人（A）が他の人（B）に対してそのような潜在力をもっている時「AはBに対して社会的勢力をもつ」とされます。社会的勢力はいくつかの要素を基礎にして成立しますが、ここではセクハラと関係のある2つの勢力について述べます。一つは強制勢力です。これは、影響を与えようとする人（A）の要求に自分が従わないと、その人から罰を与えられるだろうという、影響される側の人（B）の認知によって生じる勢力のことです。たとえば、自動車教習所の教官に生徒が次の段階へいくための合格判定をもらおうとしている場合などです。セクハラに関して、この強制勢力を過大に感じ、加害者の要求にはからずも従ってしまう被害者もいます。もう一つは専門勢力で、Aは特定の技術や知識などについて専門家であるというB側の認知によって生じる勢力のことです。たとえば大学内の指導教官と学生との間はこの専門勢力があるため、指導教官の命令には抗することができないことが多いのです。

5 対人魅力

　対人魅力も社会心理学では最近，研究がさかんです。対人魅力とは，人は人のどんなところに惹かれるのだろうか，どのような人を好きになるのだろうか，別れはいつの時期が多いのか，別れたあと人はどのような行動をとるのか等々の研究ですが，ここでは，もう少し基礎的段階の，対人関係の進展について述べます。レビンジャー (Levinger, 1980) は，対人関係は時間の経過によって変化し，そのプロセスには一定の方向性があるとし，これを以下の5つの段階にまとめています。(A) 知己になる段階，(B) 関係の構築の段階，(C) 持続の段階，(D) 崩壊の段階，(E) 終焉の段階。このように段階を経ながら対人関係は発展し，終焉にいたる場合もあるのです。最近問題となっているストーカーは，この (A) の段階を省略して (B) 以降の段階にいたろうとするのだとされています。(A) の段階で拒絶されたり，傷ついたりするのを恐れているとも考えられます。私たちがふだんなにげなく行っている，人に惹かれることや人間関係の発展も系統立てて考えてみると意外な発見があったりします。

6 集　団

　集団も社会心理学ではよく研究されています。安藤ら (1995) は従来の研究を整理し，集団に特有の思考の「症状」を8つにまとめています。①無敵幻想：過度に楽観的になり，危険の兆候に対して注意を向けなくなる。②合理化：過去の決定を再考するよりも，それを正当化することに多くの時間を費やす。③集団の道徳性の信奉：自分の集団の道徳規準にのみ従う。④外集団のステレオタイプ化：集団の外にいる者を「交渉に適さない悪者」「自分たちで物事を計画・実行できない愚者」と見なす。⑤同調への圧力：異議が歓迎されない。集団の仮定・計画に疑義を提出すると，議論ではなく個人的な皮肉・中傷で支配される。⑥自己検閲：集団で意見が一致している場合，それに対して疑念を述べることを差し控えたり，みずからその価値を低めたりしてしまう。⑦全員一致の幻想：同調への圧力や自己検閲の結果，全員の意見が一致しているという幻想が生まれる。このことが，逆に集団の決定が正しいことを示す証拠として受け

取られる。⑧自薦の用心棒：集団成員が決定の道徳性や効果性に疑念を抱かせる情報を考慮しないように働きかける成員が出現する。

　この中で④や⑤などを考慮に入れながら，水田 (2001) はトルネード仮説を提示しています。これは，集団になると思考が狭隘化し，悪い方向へあたかも竜巻のように巻きあがっていくという仮説です。

　以上のように，社会心理学のごく一部を紹介しただけでも犯罪心理学に応用できることに気づかれたことでしょう。いわば，社会心理学が人の心理や人間関係を表側から見ているのに対して，犯罪心理学は裏側からそして，不足しているものを見ているといえるのです。

3節　認知，生理，環境からのアプローチ

奈々子　：私，大学入る前，心理学のイメージって悪かったんですよ。白衣着てウソ発見器にかけて，時々「にやっ」と笑ったり，変な図版を見せて「何に見えますか」と聞いたと思ったら「あなたはこんなこと考えてますね」って決めつけたりして……でもどうやらそうでもなさそうですね。少しわかってきた気がする。

たかや　：きのうコンビニで万引きした中学生見たんだ。それで店長に「どんな人？」って聞かれたんだけど，意外と細かいこと覚えてないんだよね。特に服装なんてあんまり見ないし……。

柿美教授：印象に残る記憶のことをFB（フラッシュバルブ）記憶といいます。鮮明に覚えているようで，細部は意外と事実と違っていたりするんです。

奈々子　：たかやのことだからいいかげんに言ったんでしょ？

たかや　：失礼な！　ところで，僕の最初のイメージは奈々子とはある意味逆で，大学の心理学ってみんな犯罪者プロファイリングみたいなものをやっていると思ってました。犯罪者の心理が簡単に分析できる装置か何かがあるにちがいないなんてね。

柿美教授：今，捜査や犯罪者プロファイリングの研究は驚くほど進んでいて，将来はかなりの確度で犯人を推定できるようになるでしょう。ポリグラフ検査にしても目撃者証言の研究にしても，それこそ，一人の人間のもしくは多数の人間の人生や命がかかっているので，現場の人は真剣に心して研究しているのです。そのあたりの真剣さをわかってもらいたいね。

奈々子　：たかやなんて，真剣になるのパチンコの時くらいじゃないの？　台なんて叩いたりして。あれ壊したら立派な？犯罪なのよ。
たかや　：パチンコだって立派なゲームさ。心理学の要求水準の授業で要求水準はパチンコやらなくてはわからないって，小橋先生が言ってたのさ。
奈々子　：私と会う時間は必要ないってこと？　パチンコって心理学でいう試行錯誤学習みたい。たかやもさしずめネズミってとこね。

　犯罪における臨床心理学，社会心理学のそれぞれのアプローチについて説明しましたが，その他にも様々な心理学の領域から犯罪に対するアプローチが可能と考えられます。この節では，それらアプローチの中から「認知心理学」「生理心理学・精神生理学」「環境心理学」について簡単に紹介したいと思います。

1　認知心理学とは

　まず，認知心理学（cognitive psychology）からのアプローチについて説明しましょう。知覚，学習，記憶，思考といった人間の知的作用を総称する「認知」に焦点を当て，人間が環境などを解釈し再構成する内的な過程を検討するのが，認知心理学といわれる学問です。人間の心理過程を情報処理過程としてとらえ実験や分析などが行われていますが，そもそも認知心理学という名前が広がったのは，1967年，アルリック・ナイサー（Neisser, U.）の著書『認知心理学』の出版以降といわれています。それ以前の心理学は，行動主義心理学というもの（外側から客観的に測定・観測可能な行動を扱うのが科学的心理学であり，意識の科学ではないといった考え方）が中心となっており，感情や注意といった内的状態を示す用語を使うことは科学的ではないとまでいわれていました。しかし，第二次世界大戦頃から情報科学などが発展しコンピュータが生まれ，言語学や哲学からも，この行動主義的人間観が批判されだします。そして，それら新たな動向の中で，情報処理の視点から注意や記憶といったテーマを，心理学が再検討しはじめたのです。
　認知心理学における研究成果の一つに記憶の研究があります。たとえば，記憶には情報を覚えるプロセス「符号化（記銘）」，覚えておくプロセス「貯蔵（保

持）」，思い出すプロセス「検索（想起）」の3つの処理段階があると考えられます。そして，保持時間の違いから，短期記憶（作業記憶）と長期記憶に分けられ，それぞれの保持時間，容量，機能などが明らかにされています。クレイクとロックハート (Craik & Lockhart, 1972) は，短期記憶（作業記憶）から長期記憶への情報の転送に関して，「処理水準理論」というものを提唱しています。どれだけその情報が保持されるかを考えた場合，機械的な反復（維持リハーサル）よりも有意味で深い処理をほどこした反復（精緻化リハーサル）のほうが保持されやすい，という考え方です。また，この長期記憶は，個人的な経験である「エピソード記憶」と一般的な事実についての「意味記憶」に分けられ，それぞれの特質が検討されています。これら記憶情報を実験的に検索させる場合，選択肢を与え思い出させる「再認」と手がかりがないまま思い出させる「再生」とがあります。前述したポリグラフ検査は犯罪事実の記憶の有無を検討するわけですが，この場合の記憶は特定の犯罪に対する犯人の個人的な記憶ですから「エピソード記憶」であり，いくつかの質問項目を並べて質問する方法（第2章4節を参照）は，記憶の「再認」ということができると考えられます。なお，エピソード記憶には，前後の経験がお互いに影響しあい記憶が曖昧になる「干渉」という現象があることも知られています。

2 目撃証言

さて，この認知心理学を用いた犯罪関連の研究としては，目撃証言のメカニズムに関する研究があげられます。なかでもエリザベス・F・ロフタス (Loftus, 1979) の一連の研究はたいへん有名であり，それらは『目撃者の証言 (eye-witness testimony)』に詳しくまとめられています。たとえば，次のような実験があります。自動車事故の映画を見せられた被験者は，グループAとグループBに分かれ，Aには「2台の車が激突した時のスピードは何マイルぐらいだったか」と尋ね，Bには「2台の車がぶつかった時のスピードは何マイルぐらいだったか」と尋ねます。結果は，AのほうがBよりもスピードを速く評価していました。1週間後，同じ被験者に映画を見せないで「あなたはガラスの破片を見ましたか」と尋ねます。実際は，ガラスの破片の映像はなかったのですが，Aの回答

は，「はい」が16名，「いいえ」が34名に対し，Bの回答は，「はい」が7名，「いいえ」が43名でした。すなわちこの実験では，同じ映画を見せても質問の仕方によっては，被験者の記憶内容を変えてしまうことを明らかにしたわけです。

　このような先駆的な実験室研究は，「被暗示性（suggestibility）」（目撃者が事件を目撃したあとで，事件とは異なる事後情報を与えられると，その事後情報に従って証言が変容する現象）や「事後情報の影響」（以後の情報が，その前に見たり聞いたりした出来事の記憶に影響）などといった目撃証言に関する以後の研究を盛んにさせました。そして多くの研究が，目撃証言がすべて信頼できるわけではないことを明らかにしたのです。と同時に，どのようにすれば正確に目撃者の記憶を得ることができるのか，といった研究や提案も行われています。たとえば，写真の面割りについては渡辺 (1994) が，質問技法については越智 (1998) が示唆に富む研究を行っています。このように認知心理学からのアプローチは，虚偽検出の検出理論や目撃証言のメカニズムなどについて，多くの知見をもたらしている学問領域であるということができます。

3　生理心理学・精神生理学から

　次に，生理心理学・精神生理学（physiological psychology, psychophysiology）的アプローチについてです。生理心理学・精神生理学を実務に応用したポリグラフ検査の有効性は，すでに説明したとおりですが，その他にも犯罪との関連を検討した研究がいくつかあります。なかでも，「異常脳波」と犯罪との関連および「脳障害」と犯罪の関連について，多くの研究がなされています (瀬川, 1998)。

　脳波とは，閉眼安静状態の時にみられる α 波，考えごとをしたり精神的に

興奮したりした時にみられるβ波といった電位変動を,脳波計により観察できる神経細胞の集団が示す電気活動です。この脳波でわかるのは,てんかん性の異常,器質的な異常など一部の精神疾患のみですが,精神鑑定では犯罪との関連から,その測定結果が検討されています。異常脳波の一つとして,「除波(大きな波)の多さ」がありますが,これと反社会的な行動との関連が高いことが指摘されています。次に,脳障害と犯罪との関連です。これは,脳の器質的異常が脳機能に障害を起こし犯罪につながるという考えです。注目される症状としては,「脳腫瘍」「脳損傷」「その他の中枢神経系の疾患」「前頭葉傷害」「脳半球機能障害」があるといわれています(瀬川,1998)。しかしながら,脳波同様,これら障害と社会的不適応との相関の高さが指摘されていますが,犯罪との関連性については,いまだに十分な解明はなされていません。

これらの問題は,脳をより精密に観測できるfMRI(磁気共鳴画像装置を用いた脳機能についての研究を意味する。functionalは機能的,Magnetic Resonance Imagingは磁気共鳴画像の意味をそれぞれ示す)などの器材の開発や,情報処理の物さしのような事象関連脳電位などの生理指標の発見をうけ,新たな研究が展開し解決されることが期待されます。

4 環境心理学から

次に,環境心理学(environmental psychology)からのアプローチについてです。環境心理学とは,人と環境との結びつきや相互作用を「心」の働きを仲介として解析しようとする学問です。環境の知覚,認知,評価に対する心理過程や,空間使用におけるテリトリー性,個人空間などの空間行動特性などを研究対象とし,実験室的研究よりも日常の様々な環境条件下で人間行動をとらえようとする研究方法をとっています。この環境心理学的な観点から,人的要因と環境要因の相互作用として犯罪行為を考えていこうとするアプローチが注目されています。この場合,従来の犯罪心理学が検討してきた犯罪者の家庭環境や生育環境といった背景的な環境に注目するのではなく,犯罪行為の発生場面といった状況・場面的環境に主眼を置いています(表6-1)。

この環境心理学により犯罪を考える際,重要な理論を提供しているのが環境

表6-1　犯罪者における4つの環境　(桐生, 2000)

	受動的	能動的
背景的環境	家庭，地域など	犯罪集団などへの加入
状況・場面的環境	遭遇した場面（誘因）	目的とする場面（変容）

　背景的環境は人格形成にかかわる環境を表し，状況・場面的環境は犯罪が行われる環境を表す。後者において放火を例にあげると，偶然に目についた段ボールに火をつける（放火をうながされる）のが受動的であり，対象とする家や物に着火しやすいよう灯油をまいたりするのが能動的である。

犯罪学です。環境犯罪学とは，主として犯罪発生を促進した物理的環境を改善することで，犯罪の予防をはかろうとする学問分野です。従来の犯罪学では，犯罪を抑止するため，犯罪者に対する様々な研究や方法が試みられてきましたが，なかなか効果的な方法が見いだせていません。そこで，人の要因ではなく物理的な環境に注目し犯罪を阻止する戦略が，1980年以降盛んに行われるようなります。犯行が困難な街づくりなど，その理論と実践が環境犯罪学において実践されています（守山, 1999）。環境犯罪学がより物理的，防犯的であるのに対し，犯罪に対する環境心理学はより心理的，捜査的であると考えられます（たとえば，第2章2節「地理的プロファイリング」を参照）。

　まだ始まったばかりの研究領域ですが，これまで犯罪者の生物学的要因や社会学的要因を偏重しすぎた感がある犯罪心理学に，犯罪行為や犯罪環境の問題を明確に提言する環境心理学は，今後多くの成果をもたらすものと期待できそうです。

5　複合的アプローチ──取調べと自供の研究

　最後に，取調べと自供における研究について紹介します。渡辺（2001）によれば，「取調べは，捜査官の人格と被疑者の人格とのかかわりあい」であり，取調べの成否は，「事件の性質，取調べの状況と方法，取調官と被疑者の性格と態度，取調官の経験や技能」が要因としてあると指摘しています。心理学者はこの分野に古くから関心を示し（第9章トピックス参照），いくつかの優れた

研究があるものの (Gudjonsson, 1992)，今後ますます検討すべき分野と思われます。またこの分野へのアプローチも，人と人のかかわりあいという観点から臨床心理学的アプローチが，態度や説得的コミュニケーションという観点から社会心理学的アプローチが，それぞれ同時にできるのではないかと考えられます。言い換えれば，取調べと自供に関する研究は，心理学内での学際的なアプローチを必要とする新たな研究領域ではないかと考えることも可能であります。

以上，「認知心理学」「生理心理学・精神生理学」「環境心理学」の犯罪に対するアプローチを紹介しました。現代の犯罪は多種多様な形で出現しています。心理学がもつ様々なアプローチを駆使して，それら犯罪事象を解明していくことが今後ますます重要になるものと思われます。

7 捜査員の推論過程

　犯罪者プロファイリングは，過去の事件データや行動科学の知見を用いて犯罪を遂行した可能性の高い犯人属性を推定するものです。この新たな手法は，欧米で一定の成果を上げており，国内でも警察の心理学研究者を中心に研究が進められています。一方，現実の捜査場面では，捜査員が事件現場の観察，被害者，目撃者の証言などから得られた情報をみずからの経験，知識に照らし合わせながら検討し，犯人に関する様々な情報を推論します。「事件の筋読み」とよばれるこのような捜査員の推論過程や内容は，実際の捜査の方向づけに影響を与えるものであり，プロファイリング研究において必要な経験的知識として関心がもたれています。

　捜査員の犯人推論過程については，これまでいくつか研究が行われています。ジャクソンら (Jackson et al., 1997) は，プロファイラーと捜査員に対し性的殺人事件資料をもとに犯人の特徴を言語化して推論するよう求め，その言語プロトコル分析から両者の推論過程の違いを比較検討しています。それによるとプロファイラーは，類似事件に関する広範な知識から犯人のパーソナリティや行動特徴をトップダウン的に予測していたのに対し，捜査員は，事件に関する詳細事実の収集や証拠価値の比較検討を重視するなどボトムアップ的処理を行っていたとしています。ただし，この点について，捜査員は，幾多の捜査経験から事件や犯人に関する豊富な知識を有しており，実際には，ボトムアップだけでなく，トップダウンの手法も用いて推論を行っていることが予想されることから，ジャクソンらの研究は，推論過程の違いに関する1つの見方を提示したものとして，とらえておくべきでしょう。また，横井 (2000) は，捜査員に仮想殺人事件に関する資料から犯人特徴を推論するよう求める調査を行っています。その分析の結果，捜査員は，おもに現場の状況や犯罪手口を根拠とした推論に加え，犯人が犯行現場，被害者との関係を有することを前提とした推論を行っていたと報告しています。このような研究は，プロファイリングだけでなく，捜査員の経験，知識の継承の観点から興味深く，またいっそう必要と考えられますが，現時点で十分に行われているとはいえません。

　筆者らもこの種の研究の必要性から経験豊富な捜査員の犯人推論に関する調査を行っており (長澤ら, 2002)，ここでは，その内容を紹介します。調査は，平成13年5月～平成14年2月に東北地方3県警察の捜査員47名（平均年齢

44.9歳，平均捜査経験年数16.0年）を対象に実施されました。調査内容は，質問紙で示す性犯罪の犯行内容から推論される犯人情報を自由に記述するよう捜査員に求めたものです（「犯行が日中に行われた場合，どのような犯人像が考えられますか」など135項目の設問で構成）。調査の結果，推論された犯人情報は合計4,184に上り，これらの回答は，「犯人の年齢」「犯人の職業・収入・経歴・資格」「犯人の居住形態，配偶者の有無」「犯人の生活パタン」「犯人の犯歴・常習性の有無」「犯人の性格特徴」「犯人の外見・身体特徴」「犯人と被害者・犯行現場との関係」「犯人の居住地」「犯行動機，犯人の性的問題」のカテゴリーに分類されました。

犯行項目別推論内容は表のとおりです。おもな結果として「犯行曜日・時間帯」に関する設問には，犯人の職業に関する推論が多く見られました。これは，人の行動の自由度が職種や勤務形態により制約されるという考えにもとづく推論と考えられます。「犯行場所」，「現場周辺の環境」，「被害者の職業」，「侵入方法」については，犯人と被害者・現場との関係に関する推論が多く見られました。これらは，捜査対象を絞り込むために最初に犯人と被害者・現場との関連性の判断を重視するという捜査員の推論過程を反映したものといえます。「接近方法」「言動」「暴力行為」「態度・行動」については，犯人の性格特徴や犯歴などに関する推論が多く見られ，これらは，犯行時の対人行動が犯人の性格や犯罪遂行への慣れの程度を反映するという見方にもとづく推論と考えられます。このように捜査員は，犯行情報の種類に対応した一定の推論枠組みを保持していることが示唆されました。

(長澤)

犯行項目別犯人推論内容 (長澤ら，2002)

	回答数	年齢	職業 資格	居住 形態	生活 パタン	犯歴 常習性	性格	身体 外見	被害者と の関係	居住地	動機
曜日・時間	372	2.4	60.8	8.1	5.9	7.8	2.4	0.0	4.8	5.4	2.4
場所屋内	640	3.3	3.8	0.3	2.2	4.2	2.0	0.0	68.9	7.5	7.2
場所屋外	248	8.5	4.0	0.8	3.6	12.5	13.3	0.0	34.3	7.7	15.3
周辺環境	217	6.0	7.8	0.5	5.5	4.1	0.9	1.4	40.6	26.3	6.9
被害者年齢	291	28.5	3.1	3.8	2.4	12.7	13.7	1.7	14.8	1.7	17.5
被害者職業	456	10.5	5.3	1.1	3.3	7.5	7.2	0.2	46.1	4.2	14.7
接近方法	325	6.2	8.3	0.6	4.6	24.9	23.4	1.8	19.1	2.5	8.6
侵入方法	250	4.4	1.2	0.4	1.2	27.6	4.0	5.6	43.2	2.0	10.4
言動	296	7.8	10.5	1.4	1.4	20.9	27.7	0.7	12.2	9.5	8.1
暴力行為	258	1.6	4.3	0.0	0.0	31.0	20.2	4.3	17.8	0.8	20.2
性的行為	244	14.3	2.0	4.5	0.4	14.3	19.7	3.3	0.0	0.0	41.4
態度・行動	359	1.7	7.0	0.8	0.3	34.8	24.0	1.1	18.9	2.2	9.2
移動手段	228	19.7	20.2	0.0	4.4	3.9	0.9	0.4	10.1	39.5	0.9
全体	4184	8.1	10.9	1.7	2.7	15.0	11.6	1.4	29.3	7.4	11.8

※ 表中の数値は，全体および犯行項目別の回答数に対する割合を示す。

第7章 心の世界から犯罪を見る
──臨床心理学

1節 矯正の現場で心理学がいかに活用・応用されているか

奈々子　：犯罪者特有の性格ってあるんですか？
柿美教授：教師に特有の性格なんてないでしょう。それと同じです。無理にくくればあるかもしれないが。逆にこういう性格だから犯罪者になるって決めつけたら怖い話ですよ。だけど「社会病質」といって反社会的な行動を取りやすい人もいるのはいます。けどこれはどちらかといえば，精神医学の対象です。
奈々子　：なんだか，うまくかわされた気がするなあ。ちゃんと答えて下さいよ。犯罪者の性格もわからないんだったら心理学はいったい何研究してるの？　じゃ，心理学で何か役に立つ考え方ってあるんですか？
柿美教授：性格の分析は，その人の今後の処遇（取り扱い）を考えるうえでとても重要です。けど，心理テストで犯罪や非行のサインが出ているからってその人を隔離するなんてことはしてはいけない。それこそナチスの時代に逆戻りですからね。まあ，それ以外でも役立つ考えとしてたとえばマスローの欲求の階層説というのがあります。人の欲求は段階的に必要なものから満たされていくという考え方で，これを犯罪に当てはめると，まず人は食べるために（生理的欲求）罪を犯すことがある。次に自分の財産を守るために（安全欲求），そして人からの愛情を得たい（愛情欲求）ための犯罪……これはいわゆる痴情関係のもつれというやつかな。次に人から認めてもらいたい（承認欲求）ための犯罪がある。これには愉快犯というものが含まれる。最後に犯罪そのものが楽しいという（自己実現の欲求）というのもあります。
たかや　：愉快犯って，一人ほくそ笑む犯罪ですか？
柿美教授：正確には違います。犯罪を見て驚く人がいるが，その驚く人を見て楽しむんです。自分もこんなことできたって……。給食に針を混入させる傷害事件や放火や薬物犯，そして殺人を犯す人にもそんな人がいます。火事現場に行って火事や消火活動を愉快そうに見つめている人がいるが，警察はそんな人をマークしてるのです。
奈々子　：楽しいって，人の不幸の何が楽しんだろう。歪んでるぅ。

柿美教授：たしかに歪んでる。でも愉快犯や自己実現の犯罪は今後も増えるでしょうね。薬物犯とか動物虐待とか放火や殺人は特にね。

1 犯罪心理学の位置づけ

　犯罪心理学とは応用心理学の一つです。応用心理学には，臨床心理学，社会心理学，教育心理学，産業心理学などが含まれます。いずれも基礎心理学の学術的な研究成果を，実務に生かそうとする点で共通しており，それぞれの分野での心理学の求められ方（必要性）に応じて，具体的に応用されています。

　犯罪心理学の現場，特に矯正の現場では，基礎心理学の中でも，学習，動機，発達，知能，性格という分野が，非行・犯罪の解明・分析および更生に向けた処遇指針の策定に用いられており，加えて，実際に非行少年・犯罪者の改善更生に向けた処遇場面でも数々の心理技法が用いられています。

2 基礎心理学の犯罪心理学への応用

　そこで，本稿ではそれぞれの知見がどのように犯罪心理学，とりわけ矯正の現場で生かされているのかを具体的に見てみましょう。

(1) 学　習

　学習とは高校や大学で勉強することをいうのではありません。心理学における学習とは，生活の中で様々な経験をし，その経験に基づいてその後の思考や行動が変わってくることです。

　学習分野では，「スキナーの箱」という実験が有名です。スキナー (Skinner, 1938) という心理学者が，ペダルを押すと餌が出てくる仕掛け付きの箱に空腹なねずみを入れて実験をくり返したところ，最初は偶然にペダルを押して餌を食べていたねずみが徐々にその仕組みを学習し，自発的な反応としてペダルを押すようになってきます。つまり成功体験を次の行動に反映させるということが学習であり，こうした一連の過程を強化（reinforcement）とよんでいます。

　さて，犯罪心理学への応用としては，非行・犯罪理解に際して，この強化という概念が応用されます。たとえば，窃盗等の犯罪の場合，家屋や事務所に侵

入して金品を物色するわけですが，それには大きなリスクを伴います。つまり，人に発見される，警備システムが作動するといった危険性を十分に認識しながらも，あえて侵入するわけですから，そのリスクを超えて得るものの大きさがあるわけです。「労せずして金を得られる」といった成功体験が，次の犯罪の誘因となっており，ここに強化という概念を用いた説明がなされます。

(2) 動　機

　人を行動に駆り立てるものを動機とよびます。たとえば，物を食べるという行動を例にして考えてみましょう。お腹が空くと物を食べたくなります。これは空腹という生理的な欲求を解消することを目的に行動を起こすことであり，これら一連の過程を動機づけとよびます。欲求には今述べたような生理的な欲求に基づくもの（一次的な欲求）と，人より偉くなりたいというような社会的な欲求に基づくもの（二次的な欲求）があります。

　犯罪心理学でも，この動機の解明は非常に大きな役割を果たしています。非行や犯罪が，一時的欲求に基づく動機づけ過程で行われたものであるのか，二次的欲求に基づくものであるのか等の検討をまずは行います。わかりやすく言えば，食品の万引きなどは一時的欲求に基づいたものといえるでしょうが，経済犯とよばれる多額の横領や詐欺などの背景にあるのは二次的な欲求といえるでしょう。また最近，目につく企業ぐるみの犯罪も会社を大きくしたいという二次的欲求に基づいているものにほかなりません。

　さて，動機の解明はおもに面接法を用いて行われますが，ここでは非行・犯罪者の主観をどのように整理し，考察していくかがポイントとなります。外見的には，人生の成功者で何も不自由がないと思われている人でも，犯罪を惹起することはあるわけで，その人なりの犯罪にいたる主観的考え方を，理論的に説明しえるかどうかが鍵となります。

(3) 発　達

　発達の分野では，身体，ジェンダー，自我，社会性，感情等の発達が多く研究されています。

　こうした各種発達を人間の生物的（あるいは時間的）な成長指標に当てはめて「発達課題」という具体的な概念を考えた人がハヴィガースト（Havighurst, R.J.）という教育学者です。ハヴィガーストは教育学者であったようですが，

教育の実効性を高めるための教育の適時性に関心をもち，発達課題を把握したうえでの教育の重要性を強調する中で，発達学を研究していきました。彼によれば，「発達課題は，人生の一定の時期あるいはその前後に生じる課題であり，それをうまく達成することが幸福とそれ以後の課題の達成を可能にし，他方，失敗は社会からの非難と不幸を招き，それ以後の課題の達成を困難にする」と述べています(Havighurst, 1972)。

たとえば，青年期の発達課題について彼は，①同年代の男女と新しい成熟した関係を結ぶ，②男性あるいは女性の社会的役割を身につける，③自分の体格を受け入れ，身体を効率的に使う，④親や他の大人たちから情緒面で自立する，⑤結婚と家庭生活の準備をする，⑥職業につく準備をする，⑦行動の指針として価値面や倫理体系を身につける，をあげています。

犯罪心理学の分野では，まず非行・犯罪の分析という面でおおいに応用されています。つまり，非行少年を例にとると，一つひとつの課題をきちんと達成しているかが視点となります。少なくとも上記青年期の発達課題の中で④，⑥，⑦は達成されていないケースが目立ちます。なぜその課題が達成されなかったのかを分析することが正しいケース理解に貢献しています。また，最初にも述べたように，この課題はそもそも教育学者であったハヴィガーストが適時性のある教育をするために考案したものであったことからもわかるように，その後の改善更生のためのプログラム作りの重要な資料となります。

(4) 知　能

知能や知能指数というのは私たちが日常的によく使う言葉です。ところが，その定義はとなると非常に難しく，正確に述べることができる人はいないのではないでしょうか。

知能の定義は様々です。今までの研究成果からも統一した見解が得られているわけではありません。ただし，知能はいくつかの下位概念の複合体であるという点では共通しており，ウェクスラー(Wechsler, 1958)は知能について包括的に，「知能とは目的的に行動し，合理的に思考し，環境を効果的に処理する，個人の総合的・全体的能力である」と定義しています。

さて，実際には知能は知能テストを通して数値化されます。それが知能指数とよばれるものです。しかし，知能指数は，あくまで単なる検査の結果ですか

ら，それを忘れて，その検査で測りきれない分野の能力まで推測してしまわないように注意することがたいせつです。

犯罪心理学，とりわけ非行少年の鑑別，成人犯罪者の処遇調査の両分野で，知能は最も重要な情報の一つとして扱われます。矯正の現場では第3章1節に見るように，様々な知能検査が用いられています。ケースに合わせて様々な検査を組み合わせて，包括的に知能を測定し，非行・犯罪との関係を見ようとしています。たとえば，善悪の弁別能力をとってみても，知能の高低が当然影響します。また，非行・犯罪をする際に，それが発覚した際の罰の大きさをどの程度予測できるかにも知能の高低は大きく関係しています。しかし，知能が高いほど非行や犯罪を起こさないかというとそうとはいえません。ホワイトカラークライムとよばれる一流企業に勤める会社員が引き起こす経済犯罪では，知能が高いゆえに法の網をかいくぐって，あるいは発覚しないように偽装工作をして，犯罪に及んでいます。

(5) 性　格

性格（character）も知能と並んで一般的な言葉になっています。よく似た言葉に人格（personality）というのがあり，語源をたどると諸説ありますが，心理学上はあまり大きな区別はされていません。性格とは，オールポート(Allport, 1961)によれば，「個人の特徴的な行動と考えを規定する心理・身体的体系であり，それは個人の力動的体制である」と定義されています。いわば個性ともいえるもので，ある環境や状況に対し，その人がどのような対応をしがちであるか，どのような対処をするのかということに対する全般的な傾向を総称するものです。

性格の理解は，非行・犯罪の解明には欠かせないものとなっています。上で述べたように，性格は行動傾向に結びついているので，非行・犯罪という行動がなぜ起こったのかを調査する際に性格の理解は欠かせません。矯正の現場では，第3章1節で見たような多種多様な性格検査が用いられていますが，それだけで性格が把握できるわけではなく，面接場面における応答やふだんの生活を観察する，加えて様々な課題を課してそれに対する行動様式を見るなどの結果を総合して性格の全体的な査定を行うようにしています。

さて，非行少年・犯罪者に独特な性格はあるのでしょうか。ずっと以前から，

犯罪に興味をもつ心理学者は犯罪者の性格の類型化を試みてきました。しかし，いまだ確定的なものはできていませんし，今後も難しいのではないかと思います。性格には二面性があるといわれています。つまり，ある性格はその人の長所であり短所でもあるわけです。たとえば，「明るく行動的で，誰とでも素早くうちとけられる」という記述は長所としての性格記述になりますが，「調子に乗りやすく場当たり的で，他者への迎合をしやすい」という記述は短所としての性格記述となります。こういった表裏一体となった性格記述が存在するわけであり，ネガティブな性格記述だけを切り取って非行や犯罪の分析に用いることは非常に陳腐なこととなります。

性格とはある程度一貫していますが，一定しているわけではありません。つまり，ふだん明るい人でも暗くなることはありますし，穏やかな人が怒ることもあります。どういった現象をみてその人の性格記述とするかは，難しいところですが，検査結果，面接結果，行動観察結果等を総合的に判断していく以外に方法はありません。

3　今後の犯罪心理学

最近，従来の犯罪心理学では解明しきれない不可解な非行や犯罪が増えてきています。その動機部分の解明が難しく，本人の主観をどのように整理していけばよいのかすらわかりかねる事件が増えてきています。つまり，応用心理学としての犯罪心理学は，また新たな基礎心理学の研究成果を応用しなければならない時期に入っているわけであり，心理学全般の学術的な進歩について，常にアンテナを高くし，新たな知識や理論の導入や，枠組みの再統合に積極的に取り組んでいかなければなりません。

2節　非行少年の心を理解する

奈々子　：法律をやっている立場からいうと少年非行に甘くないですか？　少年というだけで特別扱いしていませんか？
柿美教授：基本的には特別扱いはしてない。成人と同じです。でも少年の場合は本人にも今まで自分に何があり，自分はどこにいてこれからどこに行くのか気づいていない点がある。だから非行を理解して，「君の問題点はここだ」ということを教える必要があるんですよ。お節介ではありません。
奈々子　：そこが甘いと思うんですが。
柿美教授：でもそれを放っておくとたいへんなことになりますよ。何でも厳しくしろという人に限って厳しくすることの意味を知らない人が多いのです。たとえば，前にも言ったけど，今少年犯罪は凶悪化してるっていわれてるが，それが本当かどうか確かめたことありますか？
たかや　：そういえば大きな事件が起こるとそれがクローズアップされて取り上げられ，何となく凶悪化しているイメージあるけど。
奈々子　：そうそう。
柿美教授：君たちは変なとこだけ仲がいいんですね。どれくらい仲がいいのかな？
奈々子　：それってセクハラですよ。犯罪心理学者がセクハラで訴えられたらしゃれじゃすまされませんよ。あ，また話がそれた。
柿美教授：凶悪犯は世間でいうほど量的には増えてない。ただ，少年の質自体は変遷しているのでそれは把握しておく必要はありますね。むしろ単に金がほしいとか，友だちから誘われたとか，そんな簡単な理由で人を殺してしまうこともあるのだから……。家庭的にも非行で保護された少年のうち7割は両親がそろっているし，経済状態も9割はふつうの家庭です。重要なのはその家庭の質ってわけです。
奈々子　：先生のおたくは円満なんですか？　子どもがいないのは仲が悪いのかな？
柿美教授：余計なお世話。それこそセクハラだよ。
たかや　：(独り言)「柿美教授の謎」に書くこと増えてきたな。……メモ，メモ。「夫婦仲は悪い」と……セクハラの危険性ありかな？
柿美教授：何ごちゃごちゃ言ってるんだ。褒めるのなら面と向かって言ってくれよ。でだな。そういう質の内容を把握しないで厳罰化，厳罰化と言っても意味がないのです。

1　少年理解の重要性

　少年矯正の現場の人間は外部の人から「少年たちはなぜ非行を犯すのですか」,「少年たちの心の特徴は何ですか」という質問を受けることがよくあります。しかし，この種の一般的な質問に直接答えることを本節の目的にはしていません。というのは矯正の現場の本務は別のところにあり，またそれを読者に知ってほしいからです。

　現場の本務は個々の少年に接し，個々の少年の理解を推進し，個々の少年に適切な処遇を選択し実施することです。実際，ある少年院に100人少年が収容されているとすれば，100人がみな資質や環境の問題，非行の原因やメカニズム，それに更生のための手立てが違います。また第3章の1節と2節では，少年鑑別所は診断を，少年院は処遇を担うとありますが，少年の診断や理解は少年鑑別所で完結するわけではありません。少年院でも私たちは少年たちの新たな顔を発見します。ですから少年院は日々少年の理解を深めながら処遇を行わなければなりません。その意味で，理解という行為は少年矯正の基底にある必須の営みなのです。

　前節では矯正現場への心理学の活用について述べましたが，本節では心理学的な知を活用しながら，少年鑑別所や少年院の少年たちの実態に即し，少年の心をどのように理解したらよいのかについて，次節では心にどのようにかかわればよいのかについての経験知を整理します。小野 (2000) は，少年理解の骨子を小論で展開したことがありますが，本節ではより詳細に論じることにします。

2　少年の心を理解する方法

　少年の心の理解は簡単ではありません。理解の目を妨げる私たち自身の問題があるからです。これらの問題を内省しながら少年理解の方法を探りましょう。

(1) 予断なくありのままにみること――「社会悪説」や「個人悪説」の排除

　非行少年について，次のような話をよく耳にします。つまり「彼らは，みな純真な姿で生まれてきた。社会の仕組み，地域環境，家庭などから悪い影響を受けて非行に走らざるを得なかった。非行少年に対する社会の冷ややかな目や

ラベリングが悪である。非行少年は社会の犠牲者である。根はよい子なのだ。だから非行少年にワルはいないのだ」と。いわば「社会悪説」や「環境悪説」とでもいえるこの見方は，何が良くて何が悪いかという価値判断です。社会悪説とは反対に，仮に「非行や犯罪を犯す人たちはもともと悪の資質をもっている」という「個人（性）悪説」をとったとしても，それは検証もされていなければ，反証も許容しない信念や予断であることに変わりはないのです。もちろん非行も含めた行為は，個人の資質と環境との相互作用から生起するものですから，私たちの非行の原因分析や処遇は個人と環境の両面を考慮して行います。しかし問題は，分析などの前に価値判断ありきという事態なのです。これらの信念，感傷，予断が，社会に広く浸透している事情はともかく，少年に直接関与する私たちこそこうした価値判断から自由にならないと，少年の理解が的はずれになる危険性があります。つまり少年を「良い子」と見るにせよ「悪い子」と見るにせよ，あるいは，「親や家庭や悪いんだ」という見方をとっても，そうした見方に合致するような情報にしか目を向けなくなるおそれがあるのです。

　専門用語，正確には価値判断で色づけされた既成の「専門用語」の使用にも慎重になるべきです。たとえば「欠損家庭」「崩壊家庭」「低文化家庭」などは，言葉の意味が吟味されないままに「親の『欠損』が，家族の『崩壊』が，家庭の『低文化』が，非行を誘発する」という予断が入り込み，初めに結論が見えている用語です。また，「欠損家庭」に関連して述べますと，社会学ではそれに代わり「単親家族」または「片親家族」（one-parent family）というもっとニュートラルな用語が使われているようですが，私たちの非行診断の実務では，両親が揃っているか・単親かという構造面だけではなく，親がどのような動きをしてきたかという機能面の分析も重視しますし，実務経験では，非行の抑制や促進要因となるのは構造よりはむしろ機能だと考えられます。つまり初めから構造の欠陥が非行を誘発するという含意のある「欠損家庭」のような用語はふさわしくないのです。

　いずれにせよ，私たちの最も基本にあるスタンスは非行に直結した少年の姿をありのままに理解するということです。処遇の出発点もそこにあります。

(2) 今ある姿をつかむこと—不幸な生い立ちに引きずられないこと

これは (1) の「社会環境や家庭環境が悪い」という見方と密接に関連しているバイアスです。私たちは人格形成や非行化の過程を知るために少年の生活史（生い立ち）を綿密に調べます。そうすると，生まれてから親の愛情を受けずに育った少年，父母の争いばかりを見たり争いに巻き込まれたりして育った少年，遺棄された少年，虐待された少年などの不幸な出来事を経験した少年が少なくありません。今までよく生き延びてきたと心を動かされる少年さえいます。こうした少年たちに接すると，「彼らは，親の愛情を知らないで育ってきた気の毒な少年たちだ。今も親の愛情に飢えている。心の中はさびしさや悲しさで一杯だろう。だから誰かが親代わりとなって愛情を注ぎ，やさしく接してやれば，あるいは社会や地域が温かく迎えてやれば，さらに彼らを信じてやればきっと立ち直るだろう」という思いをもつ人がいるかもしれません。しかし，少年の更生をテーマにしたテレビドラマの世界や資質や非行の問題が軽い少年ならそのような事例がなくもないでしょうが，少年院などの少年矯正施設では「愛情をかければ立ち直る」という段階を超えた少年が多いのです。つまり過去の悲惨なまたは不幸な出来事が認知の大きな歪み，情緒の安定と成長の阻害，人や社会に対する不信感や攻撃感情の表出，人の生や命への無頓着さ，犯罪・非行文化の取り入れ等の問題を生み出します。身近にいる人が愛情を注ごうにも，すでに情緒が乾き切って人に何も求めない少年や内面に愛情飢餓感をもっていながら愛情の求め方を知らない少年もいます。さらに人への優しさや思いやりとは何か，人を信じるとは何かということを辞書的な意味で知り得ても心で感じ取れない少年も少なくありません。感じ取れるだけの心の成長が果たされてこなかったからです。

また驚くべきことに，たとえば親と生別したという「不幸な物語」や，身近な人たちから疎外されてきたという「被差別の自分史」を強調し，それを売りにして周りからの同情やひ護を引き出し，そうすることで自分を甘やかし，行為の責任を引き受けようとしない少年もいます。このような問題を有する彼らは，さして抵抗なく，人を傷つけたり命を奪ったり，人の物を盗んだり，薬物などで自分の心身を損ねたりします。彼らの更生のために努力している人々を平気で欺くこともします。「事実は小説より奇なり」と言いますが，少年の実

態も，私たちの想像や観念を超えています。それに，少年は私たちの筋書きどおりにはなかなか動いてくれません。特に少年院においては難しい少年が多いのです。

　過去に何があったかという生活史の分析は重要ですが，矯正の現場の人間がそれに引きずられたり少年が意図的に強調する物語に不用意に乗ったりして，直接かかわらなければならない今ある彼の本当の姿を見失わないことが最も重要です。現前する少年の実態把握に失敗すると，処遇はドン・キホーテのように実体や対象のない相手に向かっていくようなものになります。

(3) 少年の目から世界を眺めること

　これは少年の視点を取得し，少年の内的意味世界をつかむということです。直接少年に接して診断などを行う場面で特に留意しなければならないスタンスです。非行を誘発した原因を探るために家庭などの環境や人格の特徴を明らかにしますが，その際，単に家庭がこうだから（たとえば，しつけ不足，親子の葛藤など），資質の問題がこうだから（たとえば，攻撃性の強さ，共感性の欠如など）非行に関与したというやり方のみでは終わってはいけません。それは種々の情報をもとに析出した根拠のある説明ではありますが，少年の外側からの説明であり，少年の内側からの説明ではありません。

　非行に限らず，行為の動因となるのは，また行為の道筋を決めるのは，個人の主観的な認知や意味付与でもあるのです。単純化して言いますと，ある環境に置かれても環境のとらえ方しだいで行動の道筋も違ってきます。行動の前に必ず対象への意味付与というプロセスが介在します。ですから，少年が自分自身に，生い立ちに，周りの環境や人々に，そして非行にどのような意味付与をしたのかを観照することが非行に魅せられたり引き込まれたりした理由や資質の問題を解く鍵になります。

　それだけではなく処遇にも貢献します。第1に，対象に付与した意味がわかればそれを別の意味に変えることが可能になります。たとえば家庭の機能に修復不可能な問題があり，少年自身の家庭認知にも歪みが生じていることが非行を誘発しているとします。少年院は新たな視点から家庭をとらえ直させる指導も行うでしょう。人は過去を復元したり環境を作り変えたりはできなくても，過去や環境への意味づけを変えて新たな行動を選択することはできるからで

す。第2に，非行に付与している意味を非行以外の別の対象へ向けさせたり別の方法で満たさせたりできる可能性も開けてきます。たとえば関係を維持しようとして友人に物や金をふるまうために窃盗を行ってきた男子少年に対しては，金品ではなく言葉や心で対人関係を築く訓練を行います。また，いわゆるナンパされて売春類似行為まで行い，「セックス目的でも，男性から声をかけられれば女と認めてくれたんだなとうれしくなるよね。ブスには絶対声をかけないしね」と語る女子少年には，自己の女性性を確認し，自尊心を満たす，望ましい異性との交際を考えさせます。もちろん，これらは実施する処遇の一部にすぎませんが，内側の意味世界を知れば処遇選択の幅が広がるのです。

　しかし，少年の視点から非行の意味をつかむ際にもやはり私たちの思い込みが入り，理解の目を曇らせる場合があるので注意が必要です。路上で自動車窃盗を働いた男子少年が非行時の心境を「どきどきと緊張しました」と語りました。もしも私が「そうか，盗むことへの罪悪感か，通行人か誰かに犯行を見られ，警察に逮捕されるのではないかという不安から，どきどきしたんだな」と思い込んだりその思い込みで面接を方向づけたりすると，彼の本当の姿をつかめなくなります。実際「緊張とはどういうことかな。その時の気持ちになって話してごらん」とさらに聞いたところ，彼は「車の運転は初めてなので，うまく運転できるかと，どきどきしました」と答えたのです。

(4) 組織的に理解を推進する

　最後は複数の目で少年を理解するということです。矯正の現場では，少年の理解は心理臨床家の専権事項ではありません。少年に関与する多くの職員がそれぞれの持ち場で情報を収集し，職員集団で情報を共有・分析するというシステムをとっています。そうすることが理解の適切さ，豊かさ，精度向上につながるからです。心理臨床家もその中で重要な役割を果たしています。

　職員は矯正の現場では「専門官」という職名でよばれていますが，仮に検証もできない，反証も許容しないような狭い了見（予断や思い込み）にとらわれ，自分と異質なものを受け入れないような体質があるとすれば，とうてい専門家とはいえません。自分の見方を相対化し，明瞭化し，内省化し，他の専門官の見方も取り入れた幅広い視野をもつ必要があります。そのうえでより精度の高

い理解に向けて，専門官どうしが切磋琢磨していくことが求められています．

3節　非行少年の心にかかわる

奈々子　：少年院の生活って厳しいんですか？
柿美教授：社会で自由気ままに生活してきた少年にとっては，それは規則ずくめの生活は厳しいだろう．夜は9時に就寝．朝は6時に起床．運動が厳しいところもある．
奈々子　：でも，少年院は刑務所に比べて楽だという人もいるようですね．
柿美教授：たしかにね．でも，少年院の教官はいろいろな勉強や経験を通じてほんとにうまく少年と接していますよ．この間も少年院長のお話を聞いたんだが，規則正しい生活はなぜ必要か，人を受け入れるとはどういうことか，相手の立場に立つとはどういうことか，こういうことを一から教えるんです．
奈々子　：私も聞いたけれど大学の先生のお話よりも心に染みたわ．
柿美教授：そうだね．体験を通じた話は千の巧言よりもよっぽど仁があるね．
たかや　：それって，孔子でしたっけ？
奈々子　：ん？　何のこと？　ところで，刑務所を出てまた入ってきてしまう人ってどれくらいいるんですか？
柿美教授：それを再犯率というのだが，成人は5割くらい．まあ，正確には変動もあるんだが……．一方，少年は3割くらい．これも統計の取り方によって違うが．だから少年は可塑性に富むといわれるが，データ的にもそういう結果は出ているんです．
奈々子　：でも3割が戻ってくるって，その3割はムダってこと．税金のムダ遣いってこと？
柿美教授：厳しいな．でも忘れてはいけないのは，その3割はそのまま，成人になって罪を犯すという率は少ないんです．だから，その3割がそのままムダということはない．教育にとってムダということはないのです．私の授業だって聴いているのは3割くらいで，あとは昼ごはん何食べようかなんて考えているだろう．野球の打率だって3割といえば立派な打者さ．
奈々子　：授業や野球と非行は違うでしょ．またごまかそうとしてません？　授業を聴いているのが3割って，それって教え方がまずいのでは……．

1　少年院に入院する少年の心

　少年院に収容された少年が自分を変えようとする重要な契機の一つに，指導者である法務教官（以下「教官」という）とのかかわりがありますが，これは難しい営みです。少年の多くは次のような指導を受けつけない心に支配されて入院してくるからです。

① 「指導」には慣れている：幼いころから，怒られ，叱られ，注意される（時に，殴られ，蹴られる）という「指導」には慣れてきた少年が多く，彼らは教官を説教する存在ととらえ，指導をあまり感じないのです。

② 人へ攻撃的な感情を向けている：身近な人との葛藤や亀裂から，人への不信感が強く，やり場のない怒りや不満を内面に募らせています。心を開くどころかささいなことで非難されたなどと感じ，攻撃的な感情の矛先を教官に向けてきます。

③ 非や責任を感じ取れない：非行について「他に方法がなかった」「自分は誘われた」「直接手を出さなかった」「自分より悪い奴はいる」「被害者にも非がある」「環境が悪いからこうなった」と認知したり，「少年院に入らなくても立ち直ることができた」という思いをもっています。

④ 干渉や規制を受けたくない：物心両面で多くを与えられ，かばわれ，お膳立てされ，何でも自分の思いどおりになることを当然と感じてきた少年は，少年院での指導を単に自分への規制や干渉だというとらえ方しかできません。

⑤ 社会や人との接点をもてない：人や周囲と接することへの強い不安や恐怖，あるいは無関心さなどから，どのように自己表現を行って人に接すればよいのかをわからない少年もいます。

⑥ 言葉が内面に響かない：私たちが指導の際に何気なく用いる「やさしさ」「思いやり」「愛情」「家庭的」「信頼」などの言葉が，年齢相応に心に納まらない少年も少なくありません。言葉の意味を感じ取れるだけの経験や実感をもてないで生育してきたからです。彼らの前では「言葉は通じる」「話せばわかる」という私たちの暗黙の前提が崩れていきます。筆者は，非行臨床において起こるこの言葉の壁の詳細について，別稿（小野，2011）で論じておりますので，参考にしていただければと思います。

2 指導に対する歪んだ態度

　指導を受け入れようとしない少年は，入院当初，順応はするが適応はしない，我慢はするが努力はしない，表面を取りつくろい心では指導を意に介さない，などの態度や言動をとります。以下に具体的に態度や言動の特徴を述べます。
① 指導を聞き入れる気持ちがない，指導の言葉が心に落ちない，しかし逆らわずに従っていればよいという気持ちから，「はい」「はい」と言って取りつくろった態度をとります。そのため，一見素直で聞き分けがあるようですが，施設生活を無難に切り抜けよう，施設生活が終わるまで我慢しようという自分を殺した対応をとっているにすぎません。与えられた課題をまじめに遂行しているようでも心は乗っておらず，いわば流れ作業のように取り組んでいるのです。場面，場面でうまく立ち回り，教官の見えないところで規則違反を行うという表裏のある二面的な行動もとりやすいのです。
② 自分の思いを満たすため教官を操作したがる少年もいます。たとえばよい成績評価を得るため，教官の前で自分を脚色・演出したりすることに躍起となる，また初対面からあれこれ要求だけを押しつけるという少年です。さらに意識的か無意識的か少年によって違いますが，好きな教官（なつきたい教官）と嫌いな教官（なつきたくない教官）を作り，教官間に少年の評価の差異をもたらして職員の足並みを乱そうとする少年さえいます。私たちは人情としてどんなに問題のある少年であれ，なつかれると弱いという面をたしかにもっています。
③ 問題を起こすと，教官が助言をする前にやたらとぺこぺこして謝罪する少年がいます。実は失敗した時に自分の世界に立ち入られないですむ最大の自己防御が最初に「反省」や「謝罪」ありきの一手なのです。こんな処世術を身につけた少年たちもいて，それは指導しようとする人の意志を砕く可能性があります。
④ 自分を表現して他と関係をもてない少年は心を閉ざし，周りと打ち解けようとしません。また自分から考えず動かず，単に場面に居合わせるだけの対応や周囲の流れに乗って漂っているだけの対応をとりがちです。

3 かかわりの原則

以下，こうした特徴をもつ少年たちにかかわる原則をいくつか提示します。
(1) 自己決定，自助努力を援助すること
いくら説教したり問題点を指摘したり結論を提示したりしたところで，肝心の少年の心が動かなければ指導を表面的に受け流すだけで立直りを期待できません。重要なことは少年自身で非行に直結した問題点をつかむ，自分を変える気持ちになる，更生のための課題に自分から取り組むという自助努力をうながすことです。そのためには，少年にとっては苦しい作業ですが，何でも自分で考えさせる，考えたことを言葉で表現させる，表現したことの適切性を検討させる，未解決の課題や問題は宿題にさせるという指導を徹底しなければなりません。

(2) 心の問題は対等に話し合うこと
影響力を行使しようとか，指導力を発揮しようとして権威的な態度をとると，心が貧しい少年と心が豊かな教官という鮮やかなコントラストだけを浮かび上がらせ，結局少年に話をしてもむだだという気持ちをもたせてしまいます。心や経験は純粋に個人的なものですから，優劣や深浅という物差しで測らず，対等に話し合い，心を通い合わせる姿勢をもつこともたいせつです。こうしたかかわりが指導を受け入れようとする方向へ少年の心を変化させます。また少年院という場で教官との一期一会の出会いから，共感・共鳴することのたいせつさを実感することは少年の成長にとってとても大きな糧になるのです。

(3) 語らせること
少年たちは一般に，能力や情緒等の問題から自己の内面を語る言葉も力も不足しています。教官はたとえ道徳的に是認されない内容であろうと，まず少年に語らせる必要があります。語る行為には次の重要な機能があるからです。

① 自己理解が進む
教官が存在感を示さなくても，少年の話を受け止めることは，教官といういわば鏡を通して少年が自分の姿や輪郭が形をなしてくるのを実感したり，さほど意識していなかった自己に気づくことを助けます。教官に語る行為にはこうした鏡映効果が付随します。話の段落や区切りにそれまでの話の内容を要約し

て少年にフィードバックすれば，いっそうの効果を期待できるわけです。
② 行動統制力が高まる
　言葉による内面描写は内面にうごめいている欲求や感情を整理し，客体化，対象化するということです。客体化することでそれらをいわば手にとって自分で確認できる可能性が開けます。つまり欲求・感情から行動へというプロセスの中に思考というワンクッションが介在することになります。逆に，内面を描写する言葉をもたない，あるいは自分を表現できない少年の場合は，内なる欲求や感情を整理できず，欲求などが直接行動に結びついてしまう危険性が高いのです。この意味で語る行為は，行動統制力を高めます。
③ 心が軽くなる
　話をすることで緊張，不満，不安などを発散し，心が軽くなります。いわゆる浄化（カタルシス）作用のことです。人は心が苦しい時はやる気などは起きません。少年たちも同じです。私たちは指導を実施主体の側から考えがちですが，指導を受ける側の快感を知る必要があります。特に人からじっくり話を聞いてもらう体験が少なかった少年たちに自由な発話をうながし，情緒を安定させ，気持ちを切り替えて更生の道を歩むように方向づけることがたいせつなのです。

(4) 自分に合った生き方を考えさせる
　私たちは少年の個性をつかみ，少年が自分に合う生き方を模索するように指導したいものです。時に背伸びし，時に自分を否定し，自分の持ち味や長所を見失ったことが非行の背景にある場合もあるのです。また少年の個性を踏まえ，その感性や心にすとんと落ちる言葉を投げかけたいものです。ある少年院に人とうまく関係をもてず家に閉じこもり，夜になると商店に侵入してはゲーム機やゲームソフトの窃盗を重ねた少年がいました。仮退院の日，院長は少年に「無理に人に合わせんでもええから，人生マイペースで楽しんでくれや」という言葉を送りました。院長は少年に対して対人関係をうまくやれとはあえて言わなかったのです。筆者はその直後の少年との面談で少年が院長の言葉に心を大きく動かされたことを目の当たりにしました。

(5) 組織でかかわる
　本章2節で「少年理解は組織的に行う」と述べましたが，処遇にも同じ原則

が当てはまります。ある少年院の次長から次のような話を聞きました。ある少年が担任教官が自分に厳しいという不満を次長に訴えてきましたが，次長はそこで少年寄りにものわかりのよい対応をとらなかったそうです。部下である教官との信頼関係を損ねたり，何よりも少年自身が現実から身を引いたりしないためです。そして少年に「君の気持ちはいつでも聞くが，担任教官は家庭でいうなら君の父親だ。父親は君の指導に責任がある。だから一所懸命だ。君自身も父親とよい関係を築く努力をしなくては」と言ったそうです。また次長は，こうした少年とのやりとりを必ず記録し，情報を職員で共有しなければならないとも話していました。これ以上の説明は不要でしょう。矯正という現場で必要な少年へのかかわりの一つです。

4　かかわりの自己検証

　教官と少年のかかわりは一つの社会関係です。少年は教官の人柄，態度，姿勢しだいで，多少なりとも（時に劇的に）違う顔をみせます。ですから教官は自分の目に映る少年の姿が本来の少年の姿であると思い込んではならないのです。思い込みがあると的確な理解も適切なかかわりもできなくなります。たとえばある少年の担任教官が「私の前では素直で良い子なんですよ」と言い，別の教官は「私の前では勝手なことばかり言う」と言ったとします。しかしどちらも少年の本当の姿なのです。一般に教育に携わる人は自分の対象者を良い子ととらえがちです。「情」の問題もありますが，良く見ないと同僚を含む周りの人への示しがつかなくなり，教育者としての沽券にかかわるからです。しかし問題は，「私の前では」という見方だけでは一面的で自己満足的な理解に終わり，少年へのかかわりを自己検証する姿勢ももてなくなることです。しかも先に述べたように人を操作しようとする少年から情にほだされて足元をすくわれ，教官の間の意思疎通が損なわれるおそれもあります。

　少年への自他のかかわり方と自他のかかわり方への少年の反応に敏感になることがたいせつです。そうすれば，少年理解の情報が豊かになり，教官の間で情報が共有化されます。自己のかかわり方の特徴や偏りも見えてきます。さらに教官が相補的な関係性を認識し，指導の足並みも揃うようになります。

もちろん，かかわりは画一的でよいとか，教官に個性はいらないというわけではないことはおわかりだと思います。むしろ処遇は，教官と少年の心と心が，個性と個性が，生き方と生き方が，価値と価値が対峙する場でもあります。実際自分の持ち味，感性，経験知を発揮し，少年の心をつかみ，心を動かす教官も多いのです。かかわりの原則とかかわりの自己検証について述べたのは，教官が自分の持ち味などを発揮するうえで共通の約束事が必要だと考えたからです。

8 FBIの各種類型

　類型（typology）とは，「そのままでは混沌としていてうまく説明できない対象を，一定の考え方に基づいて，いくつかの典型的なタイプに分け，より的確に対象を理解しようとする枠組み」ととらえることができます。本書は，心理学系の本ですが，類型は何も心理学の分野のためだけではなく，様々な専門分野の視点で，それぞれの専門的な活動を円滑に進めるために作られるものといえます。

　類型化がどのように行われるのか，そのプロセスを大まかに分割してみると，まず「基盤の専門領域と専門知識」があり，その専門領域において何らかの理由で「類型化の目的」が生じ，その専門領域で一般に用いられる「類型化の方法」を経て，作られた類型がその専門分野で実用に適しているのかどうか「類型の有効性の確認」をする，という4つの段階が存在すると思われます。

　さて，FBIの類型については，すでに邦訳がたくさん出版されているFBI心理分析官シリーズなどに記述されています。最も有名なものは，秩序型（organized）と無秩序型（disorganized）という性的殺人（sexual homicide）に関する犯罪類型です。その他にも犯罪類型，もしくは分類（classification）が存在します。これら犯罪類型を包括的に網羅したものが，犯罪分類マニュアル（Crime Classification Manual），通称CCMとよばれる本です。この本の邦訳は，『FBI心理分析官凶悪犯罪捜査マニュアル』として，すでに1995年に出版されています。

　アメリカでは，この犯罪分類マニュアルが完成するまで，殺人事件に関して，FBI統一犯罪報告（UCR）の分類を利用していました。この分類は，第1級謀殺，第2級謀殺，正当防衛による殺人，その他の殺人，動機不明の殺人，の5種類に分類されていました。しかしながら，1980年代には，その他および動機不明の殺人が5割近くを占めるようになり，犯罪捜査における既存の類型機能に陰りがみえてきたのです。FBIが新たな犯罪類型の枠組みを作ろうとした背景には，このような犯罪の質的な変化に対して，捜査機関が適切な対応をしていかなければならないという大きな目標があったと思われます。

　こうした事情により，FBIでは殺人から始まり，放火，性犯罪へと順次に類型化の作業を行っていきました。新たに作成された類型は，第1から第4までのカテゴリーに分かれ，それぞれが分類番号（コード）によって整理されてい

ます。

　第1カテゴリー（最上位カテゴリー）は，「殺人」「放火」「強姦および性的暴力」の3つの犯罪に関する大分類です。

　その下位カテゴリーである第2カテゴリーでは，殺人の場合は，「私的動機による殺人」「性的殺人」「集団動機による殺人」などに分けられています。放火は，「バンダリズム動機による放火」「興奮動機による放火」「報復動機による放火」「犯罪隠蔽動機による放火」「営利動機による放火」「連続放火」などに分けられ，強姦および性的暴力は，「私的動機による強姦」「集団動機による強姦」などに分けられています。

　さらに下位カテゴリーの第3カテゴリーは，殺人であれば，「誘拐殺人」「毒物混入による殺人」「恋愛妄想動機による殺人」「家庭内における殺人」「秩序型の性的殺人」「カルト殺人」など，放火であれば，「スリル追及の放火」「スプリー放火」「大量放火」など，強姦および性的暴力であれば，「重罪による強姦」「パワー確認型の強姦」「搾取型の強姦」「怒り型の強姦」「子ども・青年のポルノ」「誘拐強姦」「従来型の子ども・青年売春組織」などに分類されています。

　第4カテゴリー（最下位カテゴリー）では，殺人は，「私益による殺人」「偽装した家庭内における殺人」「宗教的過激派による殺人」など，放火は，「詐欺目的の放火」「在庫処分目的の放火」など，強姦および性的暴力は，「孤独・機会的な性的暴力」「年少者被害の家庭内における性的虐待」「人種対象の怒り型の強姦」「犯罪組織による子ども売春組織」などに分けられています。

　以上の類型は，犯行動機を中心に犯行形態，背景組織などに基づいた分類といえます。それぞれの類型では，類型の定義，被害者の特徴，犯行現場の顕著な特徴，犯行現場の偽装，死体所見，捜査方針，押収すべき証拠物件，典型的事例などが例示されており，犯罪捜査を円滑に進めようとする類型化の強い目的が感じられます。

（岩見）

第8章　犯罪に挑む社会心理学

1節　生態学的社会学・心理学
　　　──特に円循環的見地の強調

奈々子　　：犯罪者って，みんなヘンな人ばかりなんですか？
柿美教授：そんなことありません。人はみな犯罪者になる危険性がある。重要なのは何がふつうの人と犯罪者とを分けているか，ということですよ。
奈々子　　：じゃあ，何が分けているのですか？
柿美教授：家庭が貧しいからって，みんなが非行に走るわけではない。その人がその貧しさをどうとらえるかというのを見る必要があるのです。
奈々子　　：だれだって貧しいのはいやでしょ。
柿美教授：でも，その貧しいことをバネにかえて頑張る人もいるでしょう。偉人伝に登場するのはそういう人たちです。
奈々子　　：豊臣秀吉とかですね。ところで前に犯罪心理学の歴史に関係して他の学問領域との関係をうかがったんですけど，犯罪心理学の心理学における位置づけがいまいちわからないのです。
柿美教授：じゃあ，また図示しましょう。
　　　　　こんな感じかな。もちろん犯罪心理学がメインというわけではありません。基礎的な考え方として基礎心理学があります。臨床心理学はおもに個人の性格や治療を考える。発達心理学も個人や家庭との関連を考える。社会心理学は人対人や集団を考え，環境心理学はもっと広い環境と個人との関連を考えるんです。

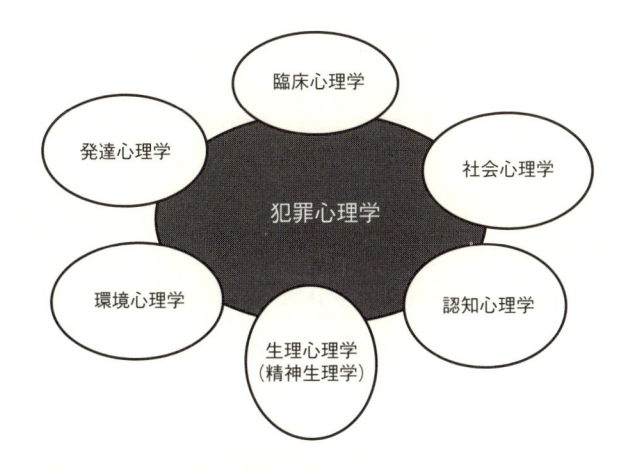

第8章　犯罪に挑む社会心理学　173

```
                    臨床心理学
        発達心理学              社会心理学
                    犯罪心理学
        環境心理学              認知心理学
                    生理心理学
                   （精神生理学）
```

心理学における犯罪心理学の位置づけ

　この章で述べる社会心理学は，6章2節で記述した社会心理学とは趣が異なります。先に述べた社会心理学は心理学の基礎的な考え方に基づくものです。ここで述べる社会心理学は，伝統的な心理学とは考えもアプローチ方法も根本的に異なります。つまり，心理学理論の応用ではなく，新たな基礎と考え方をもった学問領域と考えたほうがいいでしょう。しかし，心理学の理論と矛盾しない考えに基づいているものです。特にここで強調したいのは，犯罪の分析を性格論で行う方法とは真っ向から対立するということです。極論を言えば犯罪者に特徴的なパーソナリティはないと考えています。また動機論や心的メカニズムもとりあえずは考えません。行為者の動機や心的メカニズムはきわめて主観的なものであり，犯罪のトータルな解明にとって多くは有益ではないのです。犯罪者の動機や心理に何が影響を及ぼしたのかをここでは考えていきます。

1　ここで展開する社会心理学

　ここで展開する社会心理学は，東北大学の教授であった安倍淳吉先生の社会心理学を基礎としています（詳しくは『犯罪の社会心理学』(安倍, 1979)『社会心理学特論』(大橋, 2002) を参照）。ここで強調したいのは，一元論的な犯罪論への批判です。たとえば，攻撃行動をパーソナリティや心的モデルに当てはめてみ

ても，それは単なる言葉の言い換えにしかすぎません。もし仮に攻撃性が強い人間がいたとしましょう。また，しかし，その人は誰にでも暴力を振るうわけではありませんし，いつも暴力を振るっているわけでもありません。その人がある特定の人に対して，いつ，どの場所で，なぜ暴力を振るったのか，そして，暴力以外の手段をなぜとらなかったのかを説明することが社会心理学的には必要となります。

安倍理論ではこれを人格（個人）と社会との出会いという言葉で説明しています。これを図示すると図8-1のようになります。

もし，時や相手にかかわらずに暴力を振るっている人がいれば，それは犯罪心理学の対象ではなく，精神医学の対象となるのです。多くの心理学や社会心理学の理論が暴力犯罪の説明に成功を収めていないのは，このことを自覚していないからでしょう。また，ここで述べる社会心理学は社会的な背景，歴史的な背景を抜きにしては無意味です。たとえば安倍は幕末から明治期にかけての暴力系犯行（犯罪では攻撃行動よりもこちらの名称が適切）を理念系，利害功利系，情緒系に分けています（水田，1994）。これは歴史的な背景を考慮したうえでの分類です。暗殺や自爆テロなど，現代でも生じている犯罪は理念系でなくては説明不可能です。そこで重要となるのがその人にとって，なぜ暴力が手段として必要であったのかを説明することです。暴力犯罪をパーソナリティ等で説明することができないのは，犯罪行動の多くは瞬時の行動であり，犯罪者といえども犯罪行動時以外は社会的規範に沿った行動をとっているからです。

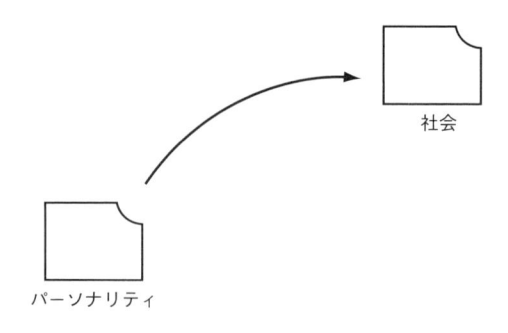

図8-1　パーソナリティと社会との出会い

2 生態学的社会学・生態学的心理学

　テレビで犯罪の事件が報道されると，自称専門家という人が事件の解説をしているのを見たことはありませんか。そうした報道の問題点は多々ありますが，その一つに，自称専門家の解説や報道の方法が，犯罪の原因を一つに絞りたい，そして一つに絞って納得したいという方向性をもって進められていることがあります。こうした報道では，多くの可能性がある中でその一つを指摘しているだけなのですが，視聴者は報道を絶対的なものととらえることが多いようです。また，自称専門家は自己の言動に責任をもつ立場にない人が多いですから，当たっていても当たっていなくても関係がないようです。このような考え方をファーンハムはレイセオリー (Furnham, 1988) といっています。しかし，犯罪の解明に挑む専門家はこれでは困ります。たとえば，犯罪・非行を引き起こす要因は図8-2のように様々ですが，本当に必要であるのはそれぞれの要因の相互関係と行為者にとってそれぞれがもつ意味です。

　ここで展開する社会心理学は，これから述べる生態学的社会学に近似しています。そもそも安倍理論は社会学におけるシカゴ学派の流れを汲むと筆者はとらえています。第5章1節でも述べましたが，犯罪現象を生態学的視点から分析する学派はシカゴ学派とよばれます。また，ここで述べる社会心理学はあくまで心理学であり，当然，心理学からも多くの知見を得ています。その代表が

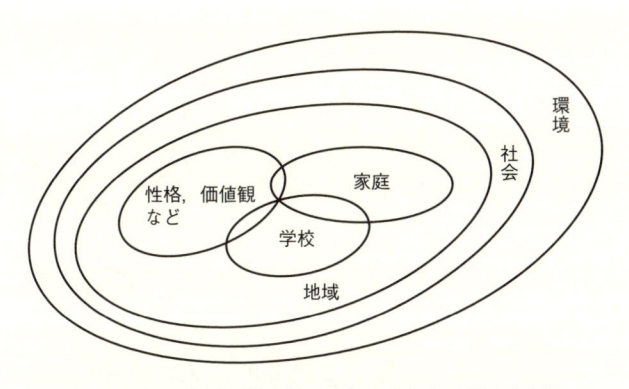

図8-2　犯罪・非行を引き起こすと考えられる様々な要因

生態学的心理学です。ここでは社会心理学理論である安倍理論を述べる前に，その背景となっていると考えられる生態学的社会学と生態学的心理学について見ていきましょう。

そもそも生態学は自然科学系の専門領域で，ドイツの生物学者ヘッケルの命名です。環境を含めてトータルに自然系－生命系を把握することを特色としており，細分化されすぎた学問への警鐘でもあります。1920年代のアメリカでは犯罪社会学のリサーチが多く発表されました。その中でも犯罪現象を生態学の視点から分析したのがシカゴ学派です。特にパーク（以下瀬川，1998による）は，生態学の視点を人間行動の分析に応用することを提案し，急激に都市化する社会での人間の行動にアプローチしたため，「社会生態学」または「人間生態学」とよばれました。

この流れの中でも特に華々しい成果を収めたのがショウとマッケイ（Shaw & McKay, 1931）です。彼らはシカゴ市における非行少年の居住地域の分布を調査し，次のような結果を得ました。①非行率は商工業地域で高い，②非行率の高い地域は経済水準が最も低く，同時に他の社会的問題も抱えている，③非行率の高い地域を人口構成比でみると，外国からの移民一世と黒人が多く，人口移動が多かった（図8-3参照），などです。

その後，トーマスとズナニエッキによってポーランド農民の研究がなされ，非行そのものを扱ったものではありませんがホワイト（Whyte, 1943）のストリート・コーナー・ソサエティでは大恐慌前後のボストンの街角における青年たちのやりとりが鮮やかに描き出されています。これらの生態学的社会学の手法で忘れてはな

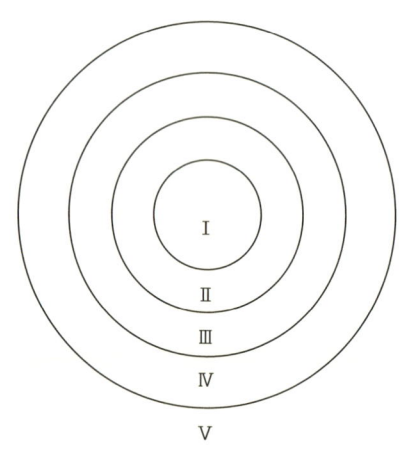

Ⅰ　中央商業地域：　11.9%
Ⅱ　工業地域：　　　8.8%
Ⅲ　労働者居住地域：5.7%
Ⅳ　一般居住地域：　3.3%
Ⅴ　郊外通勤者地域：1.9%

図8-3　ショウとマッケイ（1969）による都市の非行率を示した同心円図（瀬川，1998）

らないのが、統計的データの分析と参与観察や直接面接法の重要性です。

生態学的心理学にはバーカーに端を発する流れとギブソンの生態学的知覚に端を発する流れがあります。まずは、ギブソンの流れから述べましょう。

ギブソン (Gibson, 1979) の生態学的心理学にはいくつかの前提があります。①人間は地球環境で適応的に進化してきた生物である。②環境は人間に生存をアフォードしてくれている。アフォーダンスは情報という意味に近い。③知覚とは環境の中にある情報を取り出す行為である（知覚は感覚の総和ではない）。④環境アフォーダンスを利用することは、それがどのような結果をもたらすかを知っていることと同じではない。目的をもって行為を行うことと、結果として適応的な行動をとることは同じではない。⑤環境によってアフォードされていることが、人間の行動を決めている。⑥環境が人間の行動をすべて決定するのではない。行動の可能性のレパートリーが環境によって決定されている。⑦環境と人間の系ではない。人間が一方的に環境のアフォーダンスを利用している。

この説を見る限り、ギブソンの説は多くの従来の心理学を真っ向から否定するものです。特にボトムアップ的な研究をしている知覚の研究者は反論があるでしょう。それはともかく、ここでの社会心理学では、このアフォーダンスを社会・環境要因から分析することにあります。

一方、バーカー (Barker, 1968など) はレヴィン（Lewin, K.）の心理生態学の概念の影響を受け、生態学的アプローチを発展させています。彼が述べる生態学的心理学の目的は、人間の行動を日常の生活場面の中でとらえ、行動セッティングの生態学的な構造を心理学的な行動要因と関係づけ、行動を規定する諸条件を明らかにすることにあります。行動セッティング（behavior setting）の定義は、①行動セッティングプログラムとよばれる順序性をもつ一連の行動を遂行するための機能をもつ、②協調的に相互作用する置換可能な人間および人間以外の要素から構成される、③空間・時間的に限定された自己調整機能をもつ階層システムである、ということです。行動セッティングは、教室、ドラッグストア、集会所など、一定の機能と比較的安定した構造をもつ人々の集合場面を意味します。また、シノモルフ（synomorph）とは、①行動セッティングを構成する人間と人間以外の要素の調整された関係であり、②通常は意識されな

いが，調整された関係が失われると意識されるとしています。バーカーはレヴィンの場の理論を力学的概念として抽象化しないで，具体的な場面として扱ったのです。たとえば『大きな学校，小さな学校』(Baker & Gamp, 1964) の中でバーカーらは，観察を通じて，人員不足状態である学生数の少ない高校生は，適正人員（もしくは過剰人員）状態である学生数の多い高校生よりも，より多くの学校行事で責任のある役割を果たし，その結果，より「活動に対して積極的であった」「重要な役割を担っていた」「自信を得た」「必要とされている」等と感じた，という結果を得ています。

このように，生態学的心理学でまず重要なのは観察法の重視です。そして次に重要なのは，個人と社会との接点を具体的な場面の中で考えるということです。そこでは抽象的な場面を用いる実験や質問紙法は多くのケースで適用されないこととなります。

3　円循環的考え方の重要性

生態学的心理学を発達心理学に適用したブロンフェンブレンナー (Bronfenbrenner, 1979) は図8-4のように子どもに影響を及ぼす要因をあげ，様々な要因を考慮することの必要性を強調しています。しかし，これでは相互の関係が必ずしも明らかではありません。むしろドイツの理論生物学者ベルタランフィ (von Bertalanffy, 1968) が強調する「システム的思考」をこの円の中に取り入れるべきです。すなわち，それぞれの部分が相互に依存し，まとまりのある有機体，生命体を形づくっているという考えです。

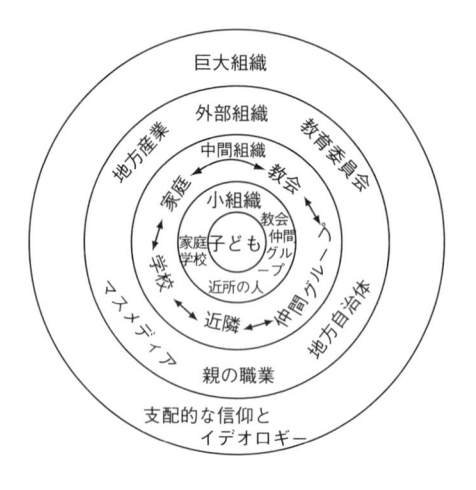

図 8-4　子どもの生態学的空間

たとえば，犯罪を，社会，地域，家族，学校，他人，知人，個人の輪の中で（すなわち一つのシステムとして），何らかのアンバランスが生じて発生したと考えるものです。そうすると従来の心理学や社会心理学の考えのように，その中の一部を取り出して論じることの無意味さがわかってきます。また，いくら個人を改善してもまた同じ場に戻せば，同じ行為をくり返してしまうことは，非行臨床の専門家ならば何度も経験しているでしょう。また，犯罪の原因の改善は必ずしも治療には役に立たないのです。さらに，何か一つ犯罪の要因が改善へと動き出すと連動して他の要因も動き出すことがあるのです。犯罪非行を一元的に考えていく方法は，実は学問上の方法論以外には役に立たないことが多いのです。

2節　犯罪・非行における安倍理論

奈々子　：安倍淳吉先生の本って難しいわ。1ページ飛ばしても気づきませんでした…。
柿美教授：それは日本語が難しいだけで，内容はふつうのことを言ってるんですがね。安倍先生は，事実の中で事実に基づいて理論を構築していった人です。外見はホームズのライバルであるモリアーティ教授に似てたんですけど。
たかや　：ドイルは同級生の名前からシャーロックホームズとか登場人物の名前を決めたそうですね。僕の小説にも奈々子は登場するよ，そのうちきっと。
奈々子　：実物と同じように美しく描いてね。
たかや　：……。
奈々子　：安倍先生のお弟子さんで有名な人っていないんですか？
柿美教授：佐藤郁哉氏なんかは，暴走族の研究で有名だし，"Kamikaze Biker"（The University of Chicago Press）という英語の本も出しています。
奈々子　：安倍先生の理論を簡単にいうとどういうことになるんでしょうか。
柿美教授：授業で話したでしょ，聞いていなかったの？　キーワードだけいうと，「価値観」かな。犯罪非行の多くは社会から見て価値観が偏っているために生じることが多い。矯正とはその偏りをなくすためにあるというのです。
奈々子　：価値観が偏っているって？
柿美教授：たとえば，暴走して目立つのはかっこいいとか，警察に反抗するのは本当の正義だとか，まじめに働くのはばかばかしいとか……。
奈々子　：そんな偏りって直るのですか？

柿美教授：まずどういうふうに偏っているかを伝えることが必要なのです。まずは気づきから始まる。
奈々子　：社会心理学がまたまたわからなくなってきました。
柿美教授：とりあえずは，人対人や集団や社会との関連（特に状況要因）を重視するってことで理解できないかなあ。
奈々子　：とりあえず……はね。

　1節で述べたような社会心理学を，すでに40年前に指摘したのが安倍淳吉です（詳しくは安倍, 1956参照）。ここでは安倍理論をやさしく解説した細江 (2001) に沿って安倍理論 (1978) を解説していきましょう。

1　準備状態の形成

　犯罪行動のみならず，人が行動にいたる前の段階を心理学では「態度」といい，犯罪についての態度の形成を「犯・非行の準備状態」「犯・非行レディネスの形成」といっています。この準備状態から犯罪行動にいたりやすいのですが，この準備状態がいかに形成されるかは，その人の生い立ちを知る以外に方法はありません。準備状態は，人や社会の中の価値観を学ぶことで形成されます。この価値観こそ安倍理論の中核をなすもので，個人の価値観が反社会的である場合に犯・非行にいたると考えられます。たとえば，シンナーはお金を払って買わないで万引きするという価値観があれば，シンナー吸引だけでなく万引きという反社会的行動へも導かれるのです。価値観を形成するのは，その人の人間関係，とりわけ，その人の自我の中核を形成する友人であり，集団です。本人が自我の中核（心の拠り所）とする集団のことを準拠集団といい，その代表的なものは家族，学校，遊び仲間などです。

2　準拠集団と価値観の相克

　犯罪者は四六時中，罪を犯しているわけではありません。犯罪者がプロであればあるほど社会の中で適応的にふるまおうとします。重要であるのは，犯罪者がそれまで生きてきた中で，社会的に適応的な部分と反社会的な部分がいか

に形成されてきたのかをとらえることです。これまでの生活のエポックで，①基本的な生活の場となり，心理的な自我の支えとなった集団が何であったか，②その集団で支配的な価値観はいかなるものであったか，③その集団に彼がどう適応し，どう適応できなかったのかを検討することで，反社会的な態度の形成過程をとらえるのです。このように，ある人が反社会的な価値観をもつようになる，つまり反社会的態度の形成には準拠集団が重要であることがわかっていただけたと思います。しかし，準拠集団と個人のもつ価値観とは合ったり，合わなかったりします。それらの組み合わせから，図8-5のような4つの非行発生類型を考えました。

A型：基本的生活の場となり，心理的な支えとなった社会集団のもつ価値の方向が法的統制基準の方向にそったものであるが，①社会集団が彼に期待する適応の要求水準が高く，適応できない場合，②適応しても，社会の認知が不十分である場合。

B型：基本的生活の場となり，心理的な支えとなった社会集団のもつ価値の方向が法的統制基準と逆の方向にあり，しかもそれに適応することで心理的にも支えられ，法基準に対して反発・無視の態度が形成される。

C型：基本的生活の場となり，心理的な支えとなった社会集団のもつ価値や統制の方向が混乱していたり，不鮮明だったり，一貫性を欠いていたりして，きちんとした価値の学習が行われず，その場の状況によって犯罪に至る。

D型：基本的生活の場となり，心理的な支えとなった社会集団のもつ特定の価値に強く適応しすぎて，他の社会集団や社会生活場面の変化に柔軟に適応できなくなる。従来の価値をそのまま信奉して行動して結果的に反社会的になったりする。

A型は，たとえば，何が悪くて何が良いということは知っています。しかし，良いことを考えるがゆえに苦しくなります。いわば善による喜びではなくて，善による苦しみだけが体験される。そこからはずれてみると，自由を感じ，非行に走るタイプです。
B型は，犯罪者の家庭や反社会的価値観をもった家庭に育った場合です。そのような生活しか知らない場合です。
C型は，善悪の基準がぼけている場合で，たとえば，父親と母親で価値観が全然違う場合などです。
D型は，過保護の家庭で，無菌状態にある場合などです。そのまま社会に出ると適応できない場合です。

図8-5　安倍の犯罪・非行発生類型（水田，1994）

3 反法的な態度の形成

それでは，AからDまでの型をもう少し具体的に説明しましょう。

A型：社会化過程不適応型（順法的な集団へ反発する人の犯罪）…よく犯罪や非行が生じると，どうしてあの家庭からあんな子が生まれたのだろう？という意見を聞きます。ふつうの家庭はごくふつうに順法的な価値観をもっています。しかし，その子どもはその価値観に反発することがあります。その反発や反発に対する集団の反応が，個人の自我を傷つける場合に，他の集団への帰属感を増し，他の集団にある価値観が反社会的な場合には，反社会的な態度が形成されることとなります。

B型：反社会化過程適応型（反法的な集団の価値観に適応する人の犯罪）…反社会的な集団に帰属し，反社会的態度を強めていく型です。反社会的集団とは，暴力団，暴走族，そして反社会的な新興宗教集団などです。最後のものは，マインドコントロールで説明されることが多いのですが，ここではむしろ集団の反社会的価値観が個人に強制もしくは内面化されたために個人にも反社会的な価値観が芽ばえたと考えます。

C型：価値基準混濁型（混濁した価値基準に順応した人の犯罪）…何が正しくて何が間違っているのかは，価値観の多様化した社会では伝えにくいものです。しかし，たとえば家庭における価値観が一貫せず，混濁している場合には，子どもに混乱が生じます。いうなれば後述するように，価値観が漂流している状態です。そして，子どもには「見つからなければいい」「叱られなければいい」という要領主義が芽ばえます。当面その場を切り抜け，要領よくやることを学習し，他人がいると悪いことはしないが，いないと悪いことをするという態度が身につきます。

D型：価値適応硬直型（硬直的な適応をした人の犯罪）…これは親の価値観を盲目的に受け入れていたが急に親がいなくなってしまった場合や，価値観の異なる文化にふれ，混乱が生じた場合，理想へと執着するあまりに社会の破壊が目的となってしまう場合などです。このタイプに共通にみられるのは，状況の変化への対応能力がないということです。

このように，様々な犯罪・非行が生じるメカニズムは個人の価値観と集団の

価値観の相克によって説明することが可能となるのです。

4 態度の形成から犯罪へ

　反社会的な態度があってもそれがただちに犯罪行動に結びつくわけではありません。行動に移行する要件の一つにスキルがあります。スキルとは，犯罪行動の具体的手段のことで，たとえば，住居侵入では入りやすい家を探す，鍵を開けるなどです。犯罪が報道されると数多くの模倣犯が追従しますが，これも多くは報道によって犯罪の手口と影響が知られることによります。また，もう一つの要件に加害者，被害者間に力の落差が存在することがあります。犯罪を構成するのは，加害者（＋共犯者），被害者，抑制者（対抗手段）です。対抗手段とはたとえば防犯カメラなどです。犯罪は特に抑制者や抑制条件がない場合に生じます。

5 犯・非行場面と状況要因

　生態学的心理学では実際の行動場面を，先に記述したように行動セッティングとして分析の第一の対象としています。犯罪場面もここで述べる社会心理学では非常に重要な分析対象で，全体で7つに分類されます（水田，1994参照）。①場面形成・調整型：これは加害者の手口に合う相手，対象を積極的に見つけるものです。たとえば恐喝相手が自分よりも力が弱小，自分たちの方が人数が多いなどの理由で犯・非行を行う場合です。粗暴犯や性犯罪に多く見られます。②発見型：これは加害者の手口に合う場面の発見をめざす型で，窃盗などに多く見られます。③誘発型：被害者に挑発される場合などです。④忍耐型：忍耐の限界に達し，犯行にいたる場合です。⑤誘因型：反社会的な態度が存在し，抑制者がいなかったり，抑制する力が弱くなっていた時に，その場の状況に負けて犯罪にいたる場合です。⑥群衆型：これは群衆によって抑制力が低下する場合です。⑦スキル欠如型：これは非常事態に対応すべき技術をもたなかったために犯罪にいたるもので，たとえば交通事故を起こし動揺して逃げてしまった場合などです。なお①②は場面を加害者が主体的に支配，調整することから場

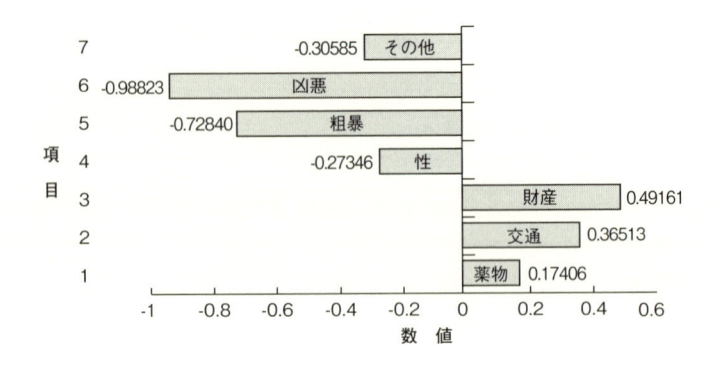

```
項    7           -0.30585   その他
目    6  -0.98823            凶悪
      5    -0.72840          粗暴
      4           -0.27346   性
      3                      財産  0.49161
      2                      交通  0.36513
      1                      薬物  0.17406
```

図 8-6 非行に及ぼす状況要因（水田，1994）

面支配型とよばれ，③～⑦は場面からの影響を受動的に受けることから，場面被支配型に分類されます。

犯・非行場面の中でも記述した状況要因は，態度から犯罪行動へと導く一要因となっています。たとえば，水田 (1994) は少年鑑別所に入所した少年 395 名を調査し，非行の種類とそれがいかに状況に依存するのかを調べています（図 8-6）。正の値が大きければ，状況への依存度が高く，負の値が大きければ状況への依存度が少ないということになります。財産犯や交通犯は，抑制者がいなかったりすることが犯罪への引き金となっています。一方，凶悪犯や粗暴犯は状況に関係なく犯罪にいたっています。

6　犯行の手口

特に場面形成・調整型において，犯罪が成立するために必要であるのは，被害者や抑制者，抑制物の対抗力を削ぐことです。それが手口とよばれるものです。安倍 (1979) は手口を 4 つに分類しましたが，細江 (2001) はその中の密行型と潜行型をまとめて窃盗型としています。細江 (2001) によれば，犯・非行の手口は次の 3 種類あります。①暴力的手口：加害者が物理的，身体的な力を行使し，犯行を可能にする。②窃盗的手口：被害者に犯行を気づかせない（密行，潜行）ことで対抗力を抑える。③詐欺的手口：加害者を被害者の協力者と誤認させて

対抗させない。

　まず，暴力的手口からみていきましょう。この手口は，暴力系（恐喝，暴行，傷害，強盗，殺人など）の犯罪に多くみられるもので，被害者への力の誇示によって被害者の対抗力を削ぎます。力の誇示は直接の暴力だけではなく，声や，凶器の誇示なども含まれます。窃盗的手口は，目の前にいる被害者に気づかせない場合（密行）と被害者がいない場面で犯行が成立する（潜行）手口とがあります。密行型はスリや万引きが典型的です。一方，潜行型は空き巣などが典型的です。詐欺的手口は，被害者からの信頼関係を得て，抵抗をなくすものです。

7　非行深度

　犯罪は反社会的行動ですが，人の成長の段階である社会化と必ずしも反対の方向にあるものではありません。犯罪非行を社会化のように段階をおって考えたのも安倍です。非行深度の第Ⅰ段階は，家庭や近隣などの保護領域内で非行が発生する段階です。第Ⅱ段階は，保護領域外の盛り場や，家庭の保護・統制の及ばない学校などで非行が発生する段階です。第Ⅲ段階は，暴走族，暴力団などの反社会的集団のおもに周辺部に位置して反社会性を深めていく段階です。第Ⅳ段階はプロの段階で，反社会的集団の中で専門化を深めていく段階です。

　以上安倍理論をまとめると図8-7のようになります。

8　直接面接法（事例研究）と参与観察

　安倍理論を実証するためには，犯罪者に直接会って話を聞いたり，参与観察を通じて彼らの日常を理解することが必要不可欠です。詳しくは『フィールドワーク』(佐藤，1992)などをご覧ください。

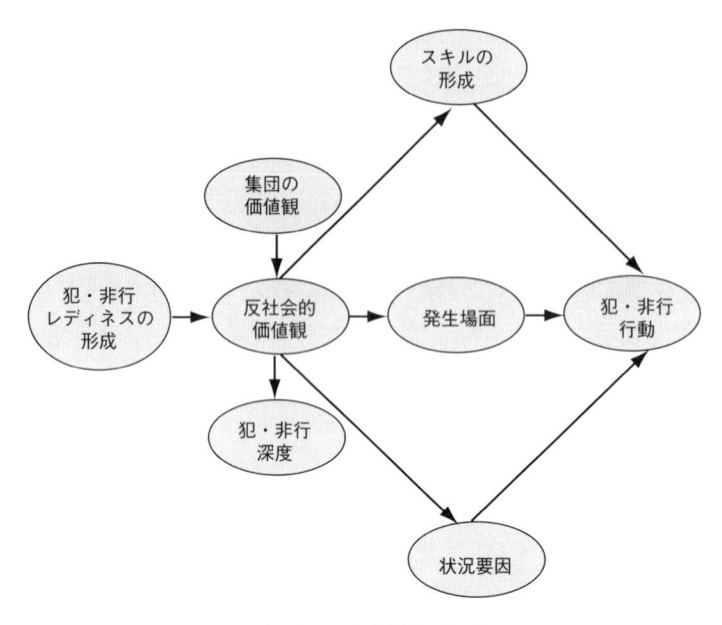

図8-7　安倍理論の概略

3節　関連する諸理論

　この節では，安倍理論を現在の犯罪行動に適用する際に必要である理論を解説します。多少，第5章1節で述べた内容とも重複します。社会学の理論が多く，心理学や現存の社会心理学の理論はほとんど含まれていません。

1　生活空間，犯罪生活曲線

　生活空間の重要性は安倍によって提唱され，石田（石田と武井，1984）によって展開されました。生活空間とは，個人，家庭，学校，社会はもとより，相手，犯・非行場面の物理的特性も含みますが，重要な点は，それらが行為者にとってどうとらえられているのかという点です。さらに生活空間は歴史性も含みます。

つまり過去も含むということです。その際に重要であるのは，第1に分析しようとする人が，行為者の自我を準拠させている場がどこにあるのか，たとえば家族であるのか，学校であるのか，友人であるのかを知ることです。第2に，その場を支配している価値基準の問題です。全体社会の基準に照らしてみて，その質が同一であるのか，その価値基準に抵触した時の制裁の程度などが重要です。第3には，準拠している集団における個人の適応の問題です。これは前節で説明しました。人間関係や価値への適応基準です。

犯罪生活曲線は犯罪学者である吉益 (1958) によって提唱されたものです。彼は特に犯行を重ねている累犯者を分析し，①犯罪の始まった時期，②刑の反復と間隔，③犯罪の方向，によって犯罪曲線を描きました。たとえば図 8-8 (福島, 1995) は 3 か月の間隔をおいて 2 人の女性を刺殺した 28 歳の殺人犯 A の生活曲線です。A は小学校のころから動物を虐待し，中学 2 年時に郷里の町で 2 人の女児を殺害したことがあったといいます。15 歳の時に旅館の金を盗んで補導され，16 歳の時には，7 歳の女児に対する強姦未遂，殺人等の罪で懲役 15 年の判決を受けました。出所後に上京して仕立屋で働き始めて間もなく本件犯行に及びました。このように犯罪者の生活空間を理解することによって，犯罪の点と点が鮮やかに線となって示されるのです。

また，水田と西道 (2001) は，ギリシャ語のカイロス（良くも悪くも分岐点の意）を語源とするクライシスが，犯罪者の生育歴の中で必ずといっていいほど生じていることを指摘しています。生活空間を調べ，犯罪生活曲線を描き，クライ

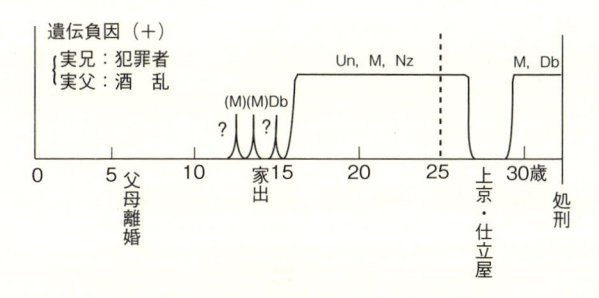

図 8-8　犯罪生活曲線の一例（福島，1995）

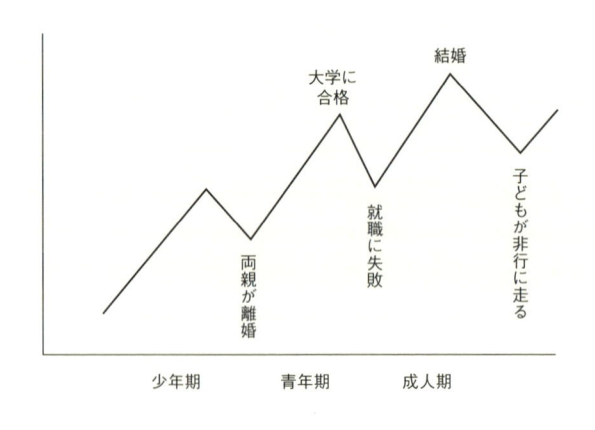

図 8-9　クライシス曲線

シスの有無を調べることは犯罪者の理解にとって必要なことです（図8-9）。

2　ラベリング理論

　ラベリング理論は，青少年の逸脱のメカニズムをダイナミックに示したものであり，社会から「非行少年である」というレッテルを貼られることにより，より逸脱した行動傾向を強めていくというものです。逸脱者であるというレッテルを貼られることにより，自尊心が低下し，どうせ自分はだめなんだ，まじめにはなれないという「否定的な自我」が形成されることがあります。この否定的自我は，現状への不満や閉塞感（何をやってもだめだという感じ）などと結びついていきます。また，レッテルを貼られると，ごくふつうのまじめな人とはつき合えないようになって，逸脱した集団に加わるようになる場合もあります。

3　分化的接触理論，分化的同一化理論

　すでにこの理論については若干を述べましたが，シカゴ学派のサザーランド（Sutherland, E. H.）によって提唱されました。彼の理論の重要な点は，犯罪は

学習の結果生じるということです。しかも心理学者のワトソンやスキナーのように機械的なものではなく，他者との相互作用による学習によって生じるとしている点が重要です。

彼の分化的接触理論は次の9つのポイントからなっています。
① 犯罪行動は学習される。
② 犯罪行動は，他の人々との相互作用の中におけるコミュニケーションの過程で学習される。
③ 犯罪行動の学習のおもな部分は，親密な私的集団の中で生じる。
④ 犯罪行動が生じる時，その学習には犯罪遂行の技術，動機，衝動，合理化，態度の特定の方向づけが含まれる。
⑤ 動機や衝動の特定の方向づけは，法律を好ましいと見るか，好ましくないと見るかという定義の仕方によって，異なったかたちで学習される。
⑥ 法律違反を好ましいとする定義が，法律違反を好ましくないとする定義を上回ることによって，人は非行少年になる。これが分化的接触の原理である。
⑦ 分化的接触は頻度，期間，順序，強度により変化し，それが犯罪行動の学習の仕方や程度を変化させる。
⑧ 犯罪行動の学習の過程は他の非犯罪的行動と同じ過程で学習される。
⑨ 犯罪行動は欲求や価値の表現であるが，それは非犯罪行動においても同様であり，その点から犯罪行動を説明することはできない。

後にグレーザー（Glaser, D.）は同じ集団に接触していても，犯罪を学習する人としない人が生じるのは，犯罪集団や他の犯罪者への「同一化」が原因であると考えました。これが彼のいう「分化的同一化理論」です。

4 漂流理論

マッツア（1964）は，非行少年の価値観は定まっておらず，自由と統制の間を行き来すると考えました。これが彼の漂流理論です。そして，非行少年は自己のもつ規範を中和化して，非行行為や犯罪行為をしやすくすると考えました。中和の技術は5つあります。
① 責任の否定：自己の責任を回避・否定し，自己の行為を合理化，中性化す

る。「俺は悪くない」「悪いのはあいつだ」などという言葉に現れています。
② 危害の否定：危害を否定することによって自己の行動を正当化しようとする。「たいしたことはない」「誰にも迷惑をかけていない」などの言葉がよく使われます。
③ 被害者の否定：被害者を否定することによる自己正当化。「あいつは悪人だ」「あいつは殺されて当然だ」などの言葉が使われます。
④ 非難者への非難：第三者への非難。「大人はもっと汚い」「もっと悪いことをする大人がいる」などの言葉に示されています。
⑤ より高度な忠誠への訴え：仲間や暴力団への忠誠心が優先されることで，そのためには社会にある規範を破るのは当然，いたしかたないという考えです。

佐藤 (1985) は暴走族の分析の中で，彼らは群衆や乱集よりに無統制状態になるのと，一方ではリーダーを中心として役割分化がなされた統制された集団に身を置くという二面性があり，最終的には多くは落ち着いていくことを見いだしています。ここにも少年は漂流するということが見て取れます。

4節　集団におけるトルネード仮説

ここでは，安倍理論をベースに3節で述べた諸理論を加味して，実際の犯罪行動を分析することを試みます。

最近，集団での非行が増加しており，表8-1は最近の集団での非行の多さを示しています。強盗や恐喝は半分以上が共犯によるもので，強盗は4人以上のものもあります。一昔前であるならば，暴走族や暴力団周辺部にたむろする人間との交際の深さが非行化の原因となっていたのですが，最近ではその傾向は薄れています。それでは最近の少年たちの集団による非行化はどのようにして生じているのでしょうか。まずは，その基礎となる集団の理論について触れておきましょう。

表 8-1 少年のみによる一般刑法犯 検挙事件の共犯率（罪名別）(法務省, 2010)

区分	総数	殺人	強盗	傷害	暴行	窃盗	恐喝	横領	強姦	強制わいせつ
	(87,398)	(42)	(375)	(3,112)	(1,184)	(56,620)	(990)	(18,341)	(97)	(389)
共犯あり	27.6 (24,098)	9.5 (4)	58.9 (221)	30.9 (963)	19.3 (229)	32.0 (18,116)	53.5 (530)	10.2 (1,874)	10.3 (10)	3.9 (15)
うち4人以上	2.9 (2,533)	2.4 (1)	17.9 (67)	7.3 (227)	2.7 (32)	2.5 (1,435)	9.1 (90)	0.3 (59)	—	1.3 (5)

(平成21年)

注：1　警察庁の統計による。
　　2　検挙時の年齢による。
　　3　「共犯率」は，少年単独犯による事件及び少年のみの共犯による事件の検挙件数に占める後者の事件の検挙件数の比率である。
　　4　道路上の交通事故に係る危険運転致死傷を除く。
　　5　捜査の結果，犯罪が成立しないこと又は訴訟条件・処罰条件を欠くことが確認された事件を除く。
　　6　「横領」は遺失物等横領を含む。
　　7　（　）内は，検挙事件の数である。

1　没個性化

没個性化とは自己に意識が向いているのとは反対の状態で，我を失っている状態です。集団にいる時，何かに熱中している時にこのような状態になります。このような時に攻撃的な行動が生じやすいという結果が社会心理学における実験において多く示されています (たとえば, Zimbardo, 1970 など)。特に集団において没個性化した個人の集まりが暴徒集団と化すことはしばしばみられる現象です。

2　同調，服従

これも社会心理学においては有名な実験ですが，集団で間違ったことを言うとなかなかそれには抗しにくいという結果が出ています (たとえば, Ash, 1951 など)。自分では納得していなくても集団の圧力に屈してしまう場合で，これを同調といいます。強制的な同調の一つに服従があります。ミルグラム (Milgram, 1974) の実験では，「命令」をされた人は予想以上にもろく人に従い，攻撃的な行動にいたりやすいことが示されています。

3 内集団, 外集団

　自分の所属している集団を内集団, 所属していない集団を外集団といいます。内集団－外集団をめぐる有名な研究にシェリフら (Sherif et al.,1961) の行った洞窟実験があります。彼らは3週間にわたって少年たちのサマーキャンプを観察しました。まず見られたのが, 仲間意識の高まりである「内集団」の形成です。そして, 隣接地に他の少年たちがキャンプをしているのを知ると, 彼らは自分たちの集団に対して「われわれ意識」を高めるようになりました。そして次には, 他の少年たちの集団（外集団）に対して敵対意識や攻撃心をもつようになりました。このように「うち−そと」の関係だけで仲間意識や敵愾心が生じるプロセスを精緻化して考えたのがタジフェル (Tajfel, H.) やホッグ (Hogg, M. A.) の「社会的アイデンティティ理論」です。

　まずこの理論で前提とされるのが, 人は自己概念の一部に自己の所属する集団ないし社会的カテゴリーの成員性を取り入れるということです。たとえば自分を考える時に,「○○大学の3年生である」「広島県人である」などと考えることです。次に, アイデンティティが確立してくると, しだいに集団についてカテゴリー化が行われていきます。たとえば,「優秀な人材を多く輩出している大学である」「スポーツが強い大学である」などです。このことによって集団内の人々は内集団を形成していきます。そして, シェリフの実験でも示されたように, 内集団びいきや外集団への攻撃を引き起こしていくのです。

4 トルネード仮説

　以上の理論を参考としながら, 水田ら (2001) は, 集団非行におけるトルネード仮説を提示しました（図8-10）。ベースとなったのは, 安倍理論に基づく少年の反社会的価値観でした。図8-10では,「強気の論理」や「力の支配」とありますが, これは一つの例で, これまで数々の理論で示したように, 集団の中で反社会的価値観を学習し, それが自我の中核となります。そして, 資質面のある程度の偏りをベースとして, 反社会的価値観を骨組みに, 集団の中で反社会性をあたかも竜巻のようにエスカレートさせ, 反社会的行動に結びつけてい

図8-10 トルネード仮説（水田ら，2001）

（竜巻の図のラベル：反社会的行動／表面的な人間関係／没個性化／内集団びいき，外集団排除／ウォーム作用，クーラーの不在／中和化／同調／強気の論理・力の支配／被害感／自己評価の低さ／刹那性／閉塞感／反規範性）

くのです。このプロセスをトルネード仮説と命名しました。

　単独で非行性を深めていく少年を除いて，多くの少年たちは，互いに何かを感じて魅き合うかのように群れ集まります。自分の気持ちを理解してもらいたい，退屈をしのぎたい，何かいいことがあるかもしれないなどの気持ちからでしょう。彼ら彼女らには多く，「否定的な自我同一性」や「刹那性」などが見られます。そして集団で行動するにつれて反社会的価値観を身につけていきます。さらに，同調，内集団びいき，没個性化などが働き集団での抑制力が低下し，集団での非行をエスカレートしていったり，単独での非行へと移行していったりします。また，集団で非行を行う場合には，みなで煽り立てることはするものの，「やめようよ」という沈静化に向かう言動ができないことが最近の特徴です。このように，あたかも竜巻のように犯罪がエスカレートしていくのが「トルネード仮説」の骨子です。

　このことを検証するために水田ら (2001) は非行少年たちの集団に関する考え方を調べました。非行少年のデータは職業訓練課程の２つの男子少年院におい

て収集しました。常習単独非行や対人関係にトラブルの多い少年を除いた，原則として入院時処遇中の少年を対象に，少年院の教官が面接調査を実施しました。対象者は予備調査10名を含めた38名です。質問内容はあらかじめ質問項目を設定し，その項目に答えていく形をとりました。

　内容は，少年の簡単な特性，考え，自己アイデンティティと集団との関係，社会的カテゴリー化，内集団の形成，内集団びいきと外集団排除，反社会的態度の形成，集団の拘束性です。また，教官にも少年についての集団の影響過程や集団の価値観について尋ねました。一方，一般群としては，大学に在学中の男女346名（男性143，女性203名，平均年齢は18.38歳）を対象に，中高生時代を思い出してもらう形で集団についての上記質問を同様に尋ねました。結果，38名の非行少年の属性は，暴走族加入者が半分強で，本件は道路交通法違反や恐喝が多く，特性に関しては（非行少年の N は28），非行少年と一般群で有意な差があったのは刹那性（1％水準）のみでした。非行少年は一般群にくらべ刹那的に物事を考える傾向が強いということです。所属する集団を他集団と区別するために特徴づける社会的カテゴリー化に関しては（非行少年の N は38），「仲間に共通する特徴的な言葉遣いがあったか」「グループに名前をつけたか」「仲間はいいやつだと感じたか」「仲間には共通の価値観があったか」「服装，髪型を同じにしたか」「仲間と多くの時間を過ごしたか」「仲間が遊んでいたら自分も仕事（勉強）を辞めたか」について尋ねました。

　非行少年のほうが有意に高かったのは，「共通の言葉遣いがあった」「グループに名前をつけた」「服装，髪型，持ち物等を同じにした」「仲間が遊んでいたら仕事を辞めた」です。一方，「仲間をいいやつと感じた」は一般群のほうが5％水準で有意に高いという結果が得られました。集団に共通の価値観に関しては，その有無に差はないが，内容には大きな差がありました。一般群は，「向上心をもつ」「高校を卒業しよう」「夢を実現させる」「日本一の高校生になろう」など，社会規範に沿ったものが多かったのに対し，非行少年は「盗むことに抵抗なし」「無免許は暴走族らしくて格好いい」「無免許・暴力肯定，物を盗むのは平気」「欲しい物は手に入れる」「バイクは盗んでもかまわない」「他の車に迷惑かけてもかまわない」「けんかが強いのが一番」「売られたけんかは買う」など，反社会的なものが多くみられました。これらは，入院以前にあった

価値観であり，矯正教育の中で改善されていますが，それにしても一般の人との違いには驚くものがあります。暴力団，暴走族の影響もあるでしょう。非行少年たちは，このような反社会的価値観を柱として，反社会的行動へとエスカレートしていくと考えられます。

　この章では現在数のうえで主流を占めている社会心理学とは異なる社会心理学の立場から，基礎的な理論を論じ，そして最後には実際のデータを示しました。
　他の社会心理学が犯罪をうまく説明できないのは，一般心理学に偏りすぎているためだと考えられます。つまり，そこには「社会」や「現実社会」がないのです。この章に登場した佐藤郁哉氏の言葉に「財布を落とした場所でもないのにそこが明るいというだけで，採られる誤った実証主義」というものがあります。ここで述べた社会心理学に，質問紙や機械や実験を通じて得ることのできない現実の人間の生の営みを感じ取っていただけたでしょうか。

●●●●●●●●●◆●●●●●● BREAK TIME ●●●●●●◆●●●●●●●●

① 犯罪や非行は、価値観が偏っていると生じるというけど、

② 集団の中ではどうかな？

③ 集団が共通して持つ価値観に影響されることが多い。

④ ってことは、自分の価値観(軸)を持つことが必要なのかも

topics 9 サイバー犯罪

　パソコンは今ではインターネットにつながっているのがあたりまえになっています。それだけにコンピュータウィルスに感染する危険性も高まってきました。また，インターネットなどに，システムへの侵入や破壊方法の説明が掲載されることも増えてきました。こうした記事には「ハッカー」という文字が添えられていることもあります。この言葉はもともと，コンピュータやネットワークに関する高度な知識をもつ人たちへの尊称だったのです。悪さをする人間が自分たちのことをハッカーと称するのは，うぬぼれであったり，ハッカーの本来の意味に隠れて自分の行為を弁護したいという意識があるからのように見受けられます。

犯罪の意識が薄い不正アクセス

　いたずらとの見分けがつきにくいのが，コンピュータシステムへの不正アクセスというタイプの犯罪です。特別の知識をもたなくてもインターネット接続が簡単にできる時代となり，危険性についての認識のないままインターネット環境に身を置いているパソコンユーザが増えているため，インターネットをちょっと探索すれば，抜け穴を放置したままのコンピュータをいくらでも見つけることができます。スマートホンもコンピュータの仲間で，これにも同様に抜け穴があると指摘されています。こういうセキュリティの甘いコンピュータに侵入したり，コンピュータウィルスをばらまいたりして喜んでいる者も少なくありません。そうした行為が単なるいたずら心から出たものであるとしても，社会に与える影響は大きいのがネットワーク時代の犯罪の特徴です。

　コンピュータの普及はまた，自覚のない犯罪者を増やすことにもなりました。行為者の意識とその結果の大きさとのギャップが，逮捕されたあとで出てくる「こんなはずじゃなかった」「こんなに大きな騒ぎになるなんて」というせりふに表れています。FBI に手配され逮捕された男が 5 年に及ぶ刑期をすませた直後に受けたインタビューで発した言葉もまさにそのようなものでした。

　犯罪捜査の視点からすると，ネットワークの向こう側にいる犯罪者が「いたずら盛りの子ども」なのか「分別のある大人」なのかを，その行為の形態だけから推測することはなかなか難しいのです。しかも，これまでコンピュータ犯罪を行う者に対しては「技術レベルは高いが人間的には成熟しておらず人づき

あいが下手」「コーラとピザを好みスニーカーとTシャツ姿，体型は太めで汗かき」「ちょっと内気だがコンピュータについては大人顔負けの知識と技術をもつ少年」というようなステレオタイプの人物像が描かれてきました。しかしコンピュータを扱う人たちはこのようなタイプばかりではありません。むしろきわめてふつうの感覚をもつきわめてふつうの人たちが大半を占めています。

このように犯人像が描きにくい時代だからこそ犯罪者プロファイリングの専門家の分析が，サイバー犯罪捜査の分野で効果を発揮することへの期待が高まります。また組織的・国家的な規模でのコンピュータシステムへの攻撃も目立ってきました。本コラムの範囲を超えますが，こうした行為に対処するためのサイバーインテリジェンス対策の重要性も高まっています。

コンピュータウィルスの実態

サイバー犯罪を敢行する強力な道具がコンピュータウィルスです。分類上はコンピュータウィルス，ワーム，トロイの木馬と区分されますが，いずれにしてもコンピュータやネットワークに害を与えることに変わりはありません。初期のコンピュータウィルスは主としてフロッピーディスク(注)のような記録媒体を介して感染していたため，モノの流通をたどることが捜査に大きく役立ちました。しかしインターネット環境が普遍化するにつれて，電子メールやソーシャルネット，ウェブサイトなどを経由した感染が中心となり，捜査の手法も大きく変わってきています。また，ネットワークを経由する感染は短時間で広範囲に及ぶため，感染防止策と並んで被害拡大を迅速に防止する対策が重要です。

いったい誰がコンピュータウィルスを作成したのかは捜査の大きな手がかりとなります。従来は，プログラム作成の高度な知識をもち，プログラムを開発するためのハードウェアやソフトウェアを整える資金がある，といった条件で対象を絞り込むことも比較的やりやすかったのですが，プログラム作成の知識がひろまり，コンピュータが安価に手に入る現在では，どんな人間がどのような場所で作っているのかを絞り込むことはきわめて難しくなってきました。そのため今では，コンピュータウィルスやワームなどを入手し，そのプログラムを解析することが，サイバー犯罪の被害拡大の防止や，サイバー犯罪捜査にとって不可欠なものとなってきています。

(手塚)

注：今ではUSBメモリ，CD-ROM，DVD-ROMなどに主流が移りました。

第3部
これからの
犯罪心理学

　第2部ではおもに臨床心理学と社会心理学を取り上げましたが，これからの犯罪心理学を考えると，これら以外の心理学からのアプローチに大きな未来が望まれるといっても過言ではありません。
　第9章では特に発達心理学，環境心理学，そして基礎心理学からのアプローチの可能性を記述しています。
　第10章ではそれらの考えを踏まえ，従来の狭い学問領域にとどまらず，今後の犯罪心理学の発展の可能性が自由に述べられています。犯罪心理学は矯正や警察の世界で発展してきましたが，今後は実務の世界と研究の世界を行き来して実践的な理論が構築されることが望まれているのです。

第9章 犯罪心理学はもっとおもしろくなる

1節　発達心理学者から

1　犯罪を性格からとらえる

　人には特有のものの見方（認知），気持ちのもち方（感情），ふるまい方（行動）があり，これらが日々の対人関係を特徴づけています。そして，人の認知，感情，行動を総合的に左右している存在が性格といってもよいでしょう。こう考えると，犯罪や非行という人の問題行動も，そのおおもとの原因は性格にある場合が多いことがわかります。

　犯罪や非行の心理学領域でも，この点には気づいているようすで，「犯罪・非行をもたらす性格とは何か」という問いに答えようとする試みが少なくないようです（たとえば，斉藤，1995；Waldo & Dinitz, 1967）。この領域では，性格からのアプローチ，特に実証的な研究による性格アプローチが緒についたばかりです。そこで，あえて忠告するのですが，先達の研究を見てわが身を顧みて欲しいのです。たとえば，健康問題では，古くから性格の研究が行われてきました。しかし，今その研究も研究上の混乱を多方面で示し始めています。その原因の大半は，測定しようとする性格の概念の曖昧さと測定方法の精度の低さにあります。研究者たちは，今やっきになってこの原因を取り除こうとしているのですが，そのような問題は，研究開始の当初から十分に見越して，細心の注意を払いながら研究を進めるべきでした。

　犯罪・非行の領域は同じ轍を踏まないでしょうか。犯罪・非行といえば，人ひとりの一生を直接に左右する重大領域です。現行の研究を見ていると，この点が危惧されるのですが，取り越し苦労であればよいが，と願うばかりです。

2 その性格は形成される

　犯罪や非行にいたる性格としては，自己中心性，攻撃性，情緒不安定性，パラノイド傾向などが指摘されています。それらの性格の多くは，生まれつきのものではなく，生後の様々な経験によって芽ばえてきます。その芽ばえの力には，遺伝的なものもあるのですが，やはり親の養育態度を中心とした環境の要因が重要になります。発達の最初の段階で簡単に説明してみると，子どもが感じる生理的欲求（空腹など）とそれを処理する外的要因（母親の行動など）に関連して，子ども自身の行動（泣くなど），感情（満足するなど），認知（泣くと母親が授乳してくれるなど）が働きます。それらが同じようなパターンでくり返され，その子どもに特有の認知，感情，行動のパターンができあがります。そして，このパターンを統合する構成概念が性格といえます。一度この性格ができあがると，今度は性格が認知，感情，行動をコントロールするようになり，その子どもらしい認知，感情，行動をもたらすことになるわけです。

　犯罪や非行は，認知，感情，行動の歪みがもたらす産物です。そして，その歪みのもとは性格の問題性にほかなりません。この性格が，上述のように生後に形成されるという認識をもつと，犯罪や非行は矯正することもできるし，なによりもその予防の可能性の大きさと重要性が浮かび上がります。

3 性格を予防的に教育する

　教育の観点から見ると，犯罪や非行への最もたいせつなアプローチは，懲罰ではなく，予防になります。この点で模範とすべきアメリカでは，子どもたちを対象にした規模の大きなプログラムが数多くあり，攻撃置換訓練（Aggression Replacement Training; Goldstein et al., 1998）などはその代表格です。このプログラムでは，スキル訓練，道徳推論訓練，怒り感情コントロール訓練などがそれぞれ10週ずつ展開され，多面的なアプローチが行われています。

　わが国では予防的な試みが全般に手薄ですが，最近，熊本 (2001) は，中学生のクラス集団を対象にして行う心理学的予防教育プログラムを構築し，総合的に実践しています。そこでは，非行にいたる要因として，認知，感情，行動面

での教育対象を設定し，認知面では自己中心性と原因帰属の改善，感情面では怒り感情のコントロール，行動面では主張的行動の獲得を目標として，1学期間を費やすような規模の大きな教育を実施しています。方法は，多様な心理学的技法をその背景理論とともに取り入れ，教育前後とフォローアップ期に科学的な教育評価を導入し，研究段階ではコントロール群との比較も行っています。

　犯罪や非行の予防には学校場面を利用することが推奨されますが，わが国における知識一辺倒の教育の展開に，その導入の余地がないという状況が長らく続いています。現行の教育課程は，生きる力や心の教育に特色がありますが，心身の健康教育とともに，犯罪・非行の予防教育を学校において恒常的に実施すべき時期が到来したように思えます。

2節　環境心理学者から

1　環境心理学と犯罪心理学の接点

　本書を手にとった大多数の方には環境心理学という学問領域はたぶん耳慣れないものだと思います。環境心理学というのは都市問題や居住環境問題，職場環境の問題などの解決をめざして，1970年代以降急速に発展してきた心理学の一分野で，基本的には行動・心理と（人工的・自然的）環境の相互作用を研究する分野といえます (Bell et al., 2001)。

　では，なぜ環境心理学者が犯罪問題にかかわるのでしょうか。犯罪の構成要素である法律，犯罪者，標的（被害者など），環境のうち，環境について見ると，罪種によってはある環境条件の存在が犯罪行為の発生を容易にしていることがあります。一例をあげましょう。図9-1は筆者がN市で犯罪被害調査 (小俣, 2000) を行った際に得られた路上犯罪の発生場所の分布です。この図からわかるように，明らかに犯罪が多発している場所があります。したがって，こうした場所には犯罪行為を促進する何らかの特徴があるのかもしれません。ちなみに，図の場所は歩車道の区分がない直線道路が続いているという特徴があります。このように，犯罪行為を促進または抑止する環境条件の解明から環境心理

図9-1　ある地域における犯罪発生場所
（小俣，2000）

A地点では，暴行，傷害，恐喝，誘拐，変質行為が，B地点では，強制わいせつ，恐喝，ひったくりが報告されています。なお，本文の記述はB地点に関するものです。

学者は犯罪問題にかかわっていくわけです。

2　基本的視点と研究の動向

　環境心理学的立場から犯罪問題を考える場合，基本的には「犯罪者は犯罪を行う場所を選択している」と考えます。これは犯罪学の中では合理的選択理論（瀬川，1998）という立場と関連しますが，犯罪を，対象地域の選択から対象家屋・場所（個人）の選択までの一連の選択過程と考えます。また犯罪者についても，「多くは変質者であり，その行為は理解困難である」と考えるのではなく，通常の社会生活を送る者がある状況下で犯罪という行為を選択するという視点に立ちます。つまり，どのような環境条件が揃うと人は犯罪という行為を選択する確率が高くなるのか，という視点に立ち，研究します。

　では，実際にどのような研究が行われてきたのでしょうか。微視的環境ないし犯罪発生場面の研究はそれらを統合する分野として「環境犯罪学」や「環境設計による犯罪抑止（CPTED）」という名称が用いられ，欧米を中心に研究が

行われています。その結果，地域の荒廃度，地域住民の自然的相互監視，地域や住居の領域的特徴の有無，あるいは道路の構造的特徴などが犯罪発生や住民の犯罪不安と関連していることが徐々に明らかにされています(小俣, 1999)。そして現在では，個々の要因がどの環境水準（住区，街区，場所など）で最も重要な要因となるかなど，より精緻化された分析へと進んでいます。

3　環境心理学的犯罪研究の意義と今後の課題

　環境心理学的犯罪研究や環境犯罪学の中心的目標は犯罪の「抑止」にあります。環境犯罪学やCPTEDを主張する研究者は，従来の犯罪者（およびその予備軍）の教育・矯正を中心にしてきた方法では，時間，費用，実際的効果の面で限られた成果しかあがらないと批判し，環境統制による犯罪抑止の重要性を指摘しています(Brantingham & Faust, 1976 ; Clarke, 1980)。この点については議論もありますが，わが国の犯罪や非行の多くが窃盗であり，なかでも路上犯罪が近年増加していることを考えると，これらの犯罪に抑止効果が期待される環境論的犯罪研究の果たす役割は大きいと思われます。また，犯罪多発地点の解明は警察の犯罪対策にも有効な知見を提供してくれるはずです。

　とはいえ，この種の研究には課題も多くあります。たとえば，上記の基本的立場に立ちますので，激情型犯罪や精神病患者，薬物中毒者による犯罪などにどこまで適用できるかなど，適用範囲の明確化は今後の課題の一つです。また，この種の研究は歴史的にも日が浅いため，包括的な理論やモデルはありません。したがって，加害者・標的・環境の三要素を統合した包括的な視点に立った理論，モデルの確立も今後の大きな課題です。

　いずれにしても，この種の研究はまだ萌芽的な段階にあります。しかし，犯罪心理学，環境心理学のみならず社会学，建築学，都市計画学など多様な領域の研究者による活発な交流がわが国でも始まりつつあります。その意味では，このホットな状況がこの分野の最もおもしろいところかもしれません。

3節　精神生理学者から

1　犯罪心理学への精神生理学の貢献

(1) ポリグラフ検査

　精神生理学は心と身体の関係を理解するために，心理的操作によって生じる生理反応を測定・記録します。たとえば，犯罪捜査に定着しているポリグラフ検査は，呼吸などの生理反応を測定していますから，まさしく精神生理学の知識を利用したものです（第2章4節参照）。名著として知られるアンドレアッシ (Andreassi, 2000) の『精神生理学』の中で，ポリグラフ検査が大きく取り上げられていることからも，精神生理学とポリグラフ検査の密接な関係がわかります。現在では，事象関連電位などの中枢神経系の指標を実務へ導入することが，精神生理学に課せられた重要なテーマと考えられています (平, 2009)。

(2) 犯罪行動と生理的状態

　レイン (Raine, 1993) は，犯罪行動に関する精神生理学的研究をまとめ，反社会的行動を示す未成年者の特徴として，安静時の皮膚伝導度水準の低さ，心拍水準の低さ，脳波の徐波化（θ波の出現）に代表される，覚醒水準の低さを指摘しています。また，15歳の男性101名の安静時の皮膚伝導度反応，心拍数，脳波を測定記録し，10年後にその101名の前歴照会をした結果（24歳の時点で犯罪前歴をもつ者は17名），犯罪群の安静時の生理状態が非犯罪群に比べて低覚醒でした (Raine, 1993)。この安静時の低覚醒に関する理論的背景としては，恐怖心の欠如をあげています。そして，レインとリウ (Raine & Liu, 1998) は，少年期の低覚醒がその後の犯罪行動を予測でき，この低覚醒をバイオフィードバック訓練で高くできることを示唆しています。これらは精神生理学的診断と訓練による犯罪行動への予防的介入であり，今後の発展が期待される分野です。

2　脳機能研究からの貢献

(1) 犯罪原因へのアプローチ

　レイン (1993) は犯罪，非行，サイコパス，暴力に関する脳波研究が100を越

えると指摘し,暴力犯罪者の50％に脳波の異常所見が認められると報告しています。また,レインとリウ (1998) は,PET (positron emission tomography：陽電子断層装置) などの脳の画像検査から,暴力犯罪者に前頭前野の機能障害が多く認められることを報告しています。この結果は,前頭前野が人間らしさの最高中枢といわれるだけに,抑制のきかない衝動型犯罪の原因解明に役立つ可能性があります。日本では,福島 (2001) が脳の画像検査から,殺人者に異常所見がみられる率は約50％で,一般人口中の有所見率の1％前後を大きく上回ることを見いだしています。現在は生体を傷つけない非侵襲的測定による脳機能研究が容易になったことから,脳機能と犯罪行動との関連を明確にする研究も増えてくると予想されます。ただし,脳の機能障害は必ず犯罪行動を引き起こすわけではなく,様々な原因の一つにすぎないことを忘れてはいけません。

(2) 目撃証言における記憶のメカニズムの解明

脳画像研究の成果は,情動を伴う事象は扁桃体 (恐怖や脅威にさらされた時に活性化する) を活性化し,再生時には扁桃体の再活性化が起こり,再生率を高めることを明らかにしています (Kleiner, 2002)。犯罪心理学の主要テーマである目撃証言の研究では,情動を伴った記憶は再生されやすいというものがあり (Christianson, 1992),脳機能研究は目撃証言における理論的研究としても有効な方法となりそうです。

3 犯罪現場に従事する人々への貢献

ホーリン (Hollin, 1989) は,警察官のストレスが職業ストレスの研究分野において,最も深刻で注目を集めていると指摘しています。具体的なストレスとしては,複雑な司法制度,反警察世論,超過勤務,危険を伴う勤務,事故・児童虐待などの悲惨な場面への臨場があります。警察官に限らず,犯罪に対峙する捜査機関,矯正機関,司法機関の人々でも状況は同じと考えられます。小西 (1996) は警察官,消防士,看護婦を例にあげ,ケアする者自身のメンタルヘルスの重要性を指摘しています。精神生理学は,様々なストレッサーに対する生理活動の研究から,ストレスのメカニズム,ストレス状態の判定,さらには,ストレ

スマネジメントに関して膨大な研究と臨床応用例をもっています。犯罪の現場に従事する人々のストレス低減も，精神生理学の重要な役目です。

犯罪を含め人間の行動は，大脳における情報処理活動の結果です。したがって，脳と心の関係を研究する精神生理学は，犯罪心理学の発展に無限の可能性を秘めているといえるでしょう。

10 寺田精一
―日本最初の犯罪心理学者―

　現在の日本では，犯罪心理学への関心は高まっています。では，いつごろから犯罪心理学への興味は存在したのでしょうか。また，最初の犯罪心理学者という人はいたのでしょうか。いたとすれば誰でしょうか。

　日本で最初の犯罪心理学者とされるのは寺田精一という人です。

　寺田は1884（明治17）年生まれ。1909（明治42）年，東京帝国大学哲学科（心理学専修）を卒業。卒業後は恩師である元良勇次郎の勧めに従って，犯罪や法と心理学に関する研究を志しました。1910（明治43）年に法学系の雑誌『法学志林』に「懐郷病と犯罪」を発表。懐郷病とはホームシックのことです。また，恩師の紹介で，東京帝国大学で刑法を担当していた牧野英一とも共同研究を行いました。牧野は新派刑法学の巨人です。新派刑法学の特徴はたくさんありますが，その一つに（犯罪の）主観主義があります。客観主義が，刑罰は犯罪事実（実害または危険）の軽重に応じて科せられるべきとする立場であるのに対して，主観主義は，犯人主義，人格主義ともよばれ，刑罰は侵害の反復の蓋然性，すなわち悪性（社会的危険性）によって定められるべきとする立場です。こうした主観主義を押し進めるには，（犯罪の客観的損害ではなく）犯罪人に関する生理学的，心理学的な実証的研究が必要となりました。日本において，こうした役割を担ったのが最初の犯罪心理学者たちであり，寺田精一もその一人でした。

　寺田の論文は，虚偽告白の検出，犯罪者の迷信，累犯時の精神状態など多様なものを扱っていますが，なかでも牧野と共同で目撃証言の実験を行ったことは特筆されます。日本で最初の目撃証言の実験は寺田によって行われたのです。著書は『囚人の心理』(1913)，『児童の悪癖』(1917)，『犯罪心理講義』(1921) など多数あり，訳書にもグロス著『犯罪心理学』(1915)，ロンブローゾ著『犯罪人論』(1917) などがあり，当時の最新の知識を日本に紹介しました。

　寺田は大学卒業後，定職に就くことはなく，警察講習所，監獄練習所，憲兵練習所，日本大学，日本女子大学にて講師・教授を務めました。1913（大正2）年には杉江菫たちと協力して犯罪学会の成立にも力を尽くしました。

　1922（大正11）年死去。38歳というその早すぎる死は法学と心理学のコラボレーションを停滞させることになりました。

今日でも彼の業績はあまり知られていません。彼のような広い業績をもった犯罪心理学者のことをこの機会に思い起こしてほしいと思います。

(佐藤)

第10章 犯罪心理学の展望

1節 警察の現場から

> 「つまり彼女(エリザベス・ロフタス博士)は方法をも創造する真にクリエイティブな科学者なのである。さらに特徴的なのは,彼女が研究のための研究ではなく,社会に生活する人間の記憶機能を解明しようと,現実の社会問題の解決に向けて,その研究成果を応用しようと努力している点であろう。心理学者としてどのように社会に貢献できるのかという問題意識を常に持ち続けているのである」(厳島行雄「訳者あとがき」:ロフタスとケッチャム著『目撃証言』2000年,岩波書店より)

　本書の第1部第2章において,警察における心理学の様々な活用を紹介しました。その活用内容については,おおよそお伝えできたかと思いますが,もう一度,整理してみます。まず,警察の現場における心理学の活用としては,警察本部少年課,警察署生活安全課もしくはその関連組織にて行われるものがあります。ここでの業務は,少年相談,補導,保護といったものであり,おもに少年相談専門職員によって行われ,彼らの多くは最前線の警察署にエキスパートとして配置されています。

　もう一つは,科学捜査研究所での業務です。心理担当者によって行われるポリグラフ検査(虚偽検出検査)が主要な業務なのですが,これに加え犯罪者プロファイリングや筆跡鑑定も行われています。このポリグラフ検査は,精神生理学という心理学の中でも「生理学」に非常に隣接した学問領域を背景に行われている心理検査であり,その信頼性や妥当性に関する近年の評価はきわめて高いとされています。

1 様々な心理学の領域の活用

　このポリグラフ検査の検出理論を見た時，様々な領域の心理学が導入されていることがわかります（平ら，2000）。たとえば，記憶の有無を生理指標で推定するのですから，「認知心理学」の知見がおおいに活用されます。また秘密がばれないようにしようとする心の動きは，動機づけや欺瞞のための対処方略をもたらすと考えられることから，「社会心理学」や「発達心理学」の知見が利用されます。このように，生理指標という有効なツールを用いて，断片的ではありながら心のあり様を記述していくポリグラフ検査は，単に警察における心理検査という枠を越え，心理学全体にその成果を還元できる魅力をもっているといえます。同様のことは，筆跡鑑定についても言及できます。書字行動の表れである文字とは，その出現過程を心理と身体と環境の総合的なモデルによって仮定され，その研究は，心理学を核としながら，より学際的な研究が進められようとしています。

　では，新たな犯罪心理学の手法である，犯罪者プロファイリングはどうでしょう。この分野の学問背景も，たいへんバラエティーに富んでいます。臨床心理学と社会心理学を根幹としながら，統計学，地理学，環境犯罪学などの知見が使用されていることは前述したとおりです。このように，犯罪現場の最前線にいる警察の心理学は，従来の臨床心理学を中心とした犯罪心理学の枠に収まることなく，様々なツールと理論を取り入れながら客観的でかつ有効な学問として，成長しているということができます。

　最近，それらの成果は学術書として公にされています。日々の業務の合間に行われてきた実験や調査の研究実績が，それらの本に記されているわけですが，その前段階として，実は各種学会における様々な活動が書籍の作成の原動力となっています。

2 心理担当者による学会企画と参加

　日本におけるポリグラフ検査の初の学会シンポジウムが開催されたのは，1996年の日本生理心理学会でした。以後，舞台は日本心理学会のワークショ

ップやシンポジウムに移行し，現在も多くの研究者を集める人気の高い企画として毎年開催され続けています。犯罪者プロファイリングの初の学会企画は，1999 年の日本犯罪心理学会でした。前後して，科学捜査研究所の心理担当者が話題提供者として日本心理学会のワークショップに参加し，また 2001 年の日本応用心理学会では，シンポジウムが開催されています（表 10-1 参照）。

　これらの企画運営や参加は，多くの心理学者に捜査現場での心理学の活用を正確に伝えたと同時に，共同研究の可能性を開きました。大学の心理学者にとって近寄りがたいイメージが強かった「警察」の実務家との連携は，犯罪心理学の新たな研究領域をもたらしたものと評価できるでしょう。

3　狭義の犯罪心理学と広義の犯罪心理学

　さて，犯罪心理学とは何かと考えた時，罪を犯した人に対して，面接したり心理テストを行ったりすることだけが犯罪心理学の手法と限定する必要はまったくないと考えています。もし，そのようなことだけが犯罪心理学ならば，犯罪者にかかわることのできる一部の人たちだけの学問になってしまいます。この本の主旨にもなっていますが，犯罪という事象にかかわる様々な問題に対し，心理学が総力をあげて解決していくことが，犯罪心理学の本来の姿だと考えています。犯罪にかかわる実務家や研究者が，臨床心理学だけの手法や社会心理学だけの手法に偏っていては，現場におけるその研究の手法や効果は，おのずと限定されてくるでしょう。

　筆者の手元に，一冊の古い本があります。1955 年に出版された『犯罪心理学』（植松 正 編著，朝倉書店）です。60 年も前の本ですが，目次は次のようになっています。

　　　序章　犯罪心理学の発達　　　　　植松　正
　　　第一部　裁判の心理
　　　　第一章　虚偽の発見　　　　　　戸川行男
　　　　第二章　否認と自白の心理　　　玉生道経
　　　　第三章　供述の心理　　　　　　小熊虎之助

第二部　犯罪の心理
　　第四章　犯罪の原因　　　　　新井尚賢
　　第五章　犯罪行動　　　　　　植松　正
　　第六章　犯罪人の差異相　　　村田宏雄
　第三部　矯正の心理
　　第七章　補導と相談　　　　　佐伯茂雄
　　第八章　施設内矯正　　　　　宮田義雄
　　第九章　更生保護　　　　　　中河原通之

　編者の植松正は，巻頭において犯罪心理学の名称を，狭義，中義，広義の3つの定義に沿って説明しています。狭義の犯罪心理学とは，「精神分析学を主とした犯罪行動の心理的機制を研究する学問であり，その卓見に敬意を示すが科学的同感をもてないものもある」と述べています。中義の犯罪心理学とは，「遺伝的・環境的諸条件が犯罪現象にどういう作用を営んでいるか，いわゆる犯罪原因論を研究するものだが，社会学などとの境界が明瞭ではない」と説明しています。最後に，広義の犯罪心理学とは，「犯罪人の心理のみを対象とするのではなく，犯罪の捜査・裁判に関する心理学的諸現象から，刑の執行その他犯罪人の処遇に関する心理学的諸問題をも対象とする」学問であるとし，彼らの本はこの広義の犯罪心理学をまとめたものと述べています。
　ところでこの本以後，生理学や知覚，記憶の実験的知見が盛り込まれた広義のこの犯罪心理学は，どうしたわけかしだいに省みられなくなってきました。どちらかといえば，ケース・スタディを重んじる犯罪原因論や，犯罪の特質や犯罪者の心理的特性から個々の犯罪の類型化を試みた類型論が，犯罪心理学として扱われ続けたのです。「なぜ人間は罪を犯すのか」ばかりが注目され，「どのように犯罪は行われたのか」があまり問われなくなったわけです。
　植松らの本が出版されてから約60年が経った今，ポリグラフ検査をはじめ，自白や目撃証言といった研究領域は，再び注目を浴びてきました。犯罪心理学は，もう一度広義の観点に立ち再構築されつつあるといえます。そしてその構築の一役を担うのが，現場の警察における心理学ではないかと考えています。

4 役立つ犯罪心理学──フィールドと実験

　現場の警察の心理学は，生の犯罪のフィールドをもち，それらを検討するための客観的手続きが扱える環境にある，ということができます．まず，リアルタイムに様々な形態の犯罪に接することができるのは，臨床的な意味で非常に重要です．ここから，犯罪心理学的な問題意識と解決すべき事項を実感することができます．次に，科学捜査に耐えうる心理学の応用が求められます．その代表がポリグラフ検査ですが，精神生理学の理論と実験心理学の手法が不可欠なこの検査は，長期の研修において基礎理論や科学的手続きを学んだあとでなければ使うことはできませんし，一定の期間後，数回の研修も行われています．科学鑑定としてのポリグラフ検査を行う技量は，このようなトレーニングと鑑定業務という実務での経験により養われますが，実はこのことが実験室研究を行うのに十分な技量を心理担当者に備えさせることとなります．すなわち，フィールドで実感される課題は，これより培われた技量にて研究される機会を有しているのだと考えるのです（たとえば犯罪者プロファイリングの研究やストーカーの研究は，このような過程から生まれました）．

　くり返しますが，犯罪心理学が犯罪現象の評価と分類だけで成り立つと考えることは，学問の領域をみずから狭くしていることにほかなりません．犯罪という広義のフィールドから汲み上げられた課題と，それを客観的に分析する調査や実験があって初めて，犯罪心理学は社会に貢献できる学問になると考えられます．警察における心理学が，再構築されつつある犯罪心理学の一役を担うと考えるのは，以上の理由「犯罪のフィールドに隣接し，そこからの問題を実験室的にも研究できる環境にある」からなのです．

　役に立つ犯罪心理学とは，犯罪を減らすための心理学であり，犯人を割り出すための心理学であり，えん罪を防ぐための心理学であります．そして，犯罪という事象に対し特定の方法や主義に偏らず，科学的であり事実を客観視できる心理学であることが大前提でもあります．これらのことを念頭に，多くの研究者との交流を通じながら，未来の犯罪心理学に少しでも貢献していくことが重要と考えています．

表 10-1　科捜研などの心理担当者が参加した犯罪心理に関する初期の主な学会企画

開催年	学会，企画名	参 加 者
1996	・第 14 回日本生理心理学会大会シンポジウム（関西学院大学）「記憶のかけらを探して：ウソ発見の生理心理学」	・企画：宮田洋（関西学院大学）　司会：三宅進（ノートルダム清心女子大学）　話題提供：山村武彦（兵庫県警），中山誠（静岡県警），平伸二（広島県警），足立浩平（科警研）　指定討論：山崎勝男（早稲田大学），梅沢章男（福井大学）
1997	・日本心理学会第 61 回大会ラウンドテーブル・ディスカッション（関西学院大学）「ウソ発見の現状と未来」	・企画：平伸二　司会：中山誠　話題提供：桐生正幸（山形県警），平伸二　指定討論：古満伊里（東亜大学），片山順一（北海道大学）
	・日本応用心理学会第 64 回大会公開シンポジウムⅡ（駒澤大学）「現代の青少年犯罪とおとなの役割」	・企画，司会：長谷川孫一郎（大正大学）　話題提供：川邉譲（仙台矯正管区），川崎道子（静岡少年鑑別所），奥村雄介（関東医療少年院），桐生正幸　指定討論：細江達郎（岩手大学）
1998	・国際応用心理学会議シンポジウム Towards a scientifically-based forensic psychophysiology.	・チェアマン：Furedy John　話題提供：中山誠（日本），MacLaren Vance（ニューブルンジック大学，カナダ），Bradley Michael（前同），Rosenfeld Peter（ノースウエスタン大学，アメリカ合衆国），Ben-Shakhar Gershon（エルサレムヘブロー大学，イスラエル），Furedy John（トロント大学，カナダ）
	・日本心理学会第 62 回大会企画シンポジウム（東京学芸大学）「記憶の扉を開ける：ウソ発見の理論と方法」	・企画：桐生正幸　司会：平伸二　話題提供：水谷充良（兵庫県警），中山誠，足立浩平（甲子園大学）　指定討論：大平英樹（東海女子大学），小林能成（上智大学）
1999	・日本心理学会第 63 回大会ワークショップ（中京大学）「ウソ発見はおいしい」	・企画：水谷充良　司会：廣田昭久（科警研）　話題提供：横井幸久（愛知県警），奥野徹（大阪府警）　指定討論：豊田弘司（奈良教育大学），道広和美（関西新技術研究所）
	・同大会ワークショップ「犯罪問題への環境心理学的アプローチの可能性」	・企画：小俣謙二（名古屋文理短期大学），小西啓史（武蔵野女子大学）　話題提供：小俣謙二，桐生正幸，島田貴仁（科警研）　指定討論：佐古順彦（早稲田大学）

	・日本犯罪心理学会ラウンドテーブル・ディスカッション（東北大学）「プロファイリングって何？」	・企画：渡邉和美（科警研），桐生正幸　司会：横井幸久　話題提供：岩見広一（北海道警），高村茂（徳島県警），長澤秀利（岩手県警），三本照美（福島県警）　指定討論：田村雅幸（科警研），佐藤達哉（福島大学）
	・第36回日本犯罪学会シンポジウム「性犯罪をめぐる犯罪学的諸問題」	・企画，司会：加藤久雄（慶應義塾大学）　話題提供：澤口聡子（東京女子医科大学），渡邉和美，小西聖子（武蔵野女子大学），林幸司（城野医療刑務所）
2000	・日本心理学会第64回大会ワークショップ（京都大学）「ウソ発見の終焉」	・企画：中山誠　司会：桐生正幸　話題提供：廣田昭久，福田恭介（福岡県立大学）　指定討論：山田冨美雄（大阪府立看護大学）
2001	・日本心理学会第65回大会ワークショップ（筑波大学）「虚偽検出における障害と妨害」	・企画：松田俊（広島修道大学）　話題提供：軽部幸浩（駒沢大学），佐々木実（広島修道大学）　指定討論：小林孝寛（京都府警）
	・同学会ワークショップ「性的暴力に関する心理学的研究の現状と今後の方向性」	・企画：小俣謙二，泊真児（筑波大学）　話題提供：長澤秀利，田中堅一郎（広島県立大学），泊真児　指定討論：内山絢子（科警研），小西聖子
	・日本応用心理学会シンポジウム（岩手県立大学）「捜査現場での心理学の応用」	・企画：桐生正幸，長澤秀利　話題提供：長澤秀利，三本照美，小野広明（秋田少年鑑別所）　指定討論：川邊譲（東京少年鑑別所）
2002	・日本心理学会第66回大会ワークショップ（広島大学）「虚偽検出：実務と研究の接点を求めて」	・企画：谷口泰富（駒澤大学）　司会：中山誠　話題提供：平伸二（東亜大学），安木博臣（福岡県警），岡崎伊寿（高知県警）　指定討論：岩永誠（広島大学），高澤則美（科警研）
	・同学会ワークショップ「都市空間における犯罪不安（1）」	・企画：桐生正幸，小俣謙二（駿河台大学）　話題提供：渡邉和美，小野寺理江（中京大学），樋村恭一（東京大学）　指定討論：畑山俊輝（東北大学），小俣謙二
	・同大学ワークショップ「犯罪心理学の最前線」	・企画：水田恵三（尚絅女学院短期大学）　話題提供：山元修一（宮崎県警），石川正彰（石川県警），田口真二（熊本県警）　指定討論：桐生正幸，サトウタツヤ（立命館大学）

2節　矯正の現場から

1　矯正の現場における犯罪心理学

　人間の心理から犯罪や非行を分析し，その原因や対策を明らかにすることを目的とするのが犯罪心理学ですが，犯罪と非行の最前線の一つである矯正の現場における犯罪心理学は，何を対象とする，どんな「学」なのでしょうか。第3章で述べた少年鑑別所，少年院および刑務所の目的に照らせば，被収容者を対象とし，その診断と処遇に貢献する「学」であり，また被収容者の診断と処遇に関する専門的な知見をもとに，一般社会の犯罪や非行の予防・対策に貢献する「学」であるという輪郭が見えてきます。
　本節では，矯正の目的でもあり，犯罪心理学の対象でもある，この「被収容者の診断と処遇」に対する基本的なアプローチについて少年矯正の現場の視点から筆者なりに点描します。なおこのアプローチは，実践的でもあり，学究的でもあります。両者が密接不可分な関係にあるのが現場の論理だからです。

2　開かれた眼をもつこと

(1) 少年への視点

　少年院や少年鑑別所で少年の診断や処遇に携わるためには，臨床心理学や犯罪心理学などの専門的知識，心理テスト，心理療法および処遇技法の習熟，そして被収容少年にかかわり，更生の力になるという熱意が必要なことはいうまでもありません。けれども最もたいせつなことが他にあります。それは，現場の実務にとっても犯罪心理学的な研究にとっても前提となるものです。つまり私たち自身が開かれた眼をもつことです。「開かれた」とは第7章2節の「非行少年の心を理解する」で述べた「非行少年はもともとよい子だが，社会や親が悪いから非行を犯した」とか，「愛情をかければ立ち直る，信じてやれば心が動く」などの予断，思い込み，信念，感傷など，私たちの目を曇らせる観念や心の動きから自由になることです。非行少年の診断などの専門的な領域においても，専門的な言葉で装いながらも，上記と大同小異のステレオタイプ化し

た見方に影響される危険性があります。

　こうした見方の問題は結論が先にあること，したがって結論に合致しそうな情報にしか目を向けなくなることです。また親や家庭や社会が悪いという見方では現実の世界で非行や犯罪を選択し，一線を越えた少年自身の分析が出てこないことです。要するに非行との接点が見えないのです。結局，認知，感情，欲求，行動様式，対人関係，集団帰属などに問題を有する被収容少年の今ある実態をつかみ損ね，彼らに必要な教育や処遇の的も射なくなる可能性のあることが問題です。

(2) 親への視点

　同様に親などの保護者を見る眼についても同様のことがいえます。私たちは少年や家庭の実態を知るために，親と面談して少年や家庭についての情報を収集することがあります。また少年院では，少年の更生に対する親の協力を得ることに努め，親に助言も行っています。それは診断と処遇にとても重要なことです。実際ケースを詳細に追うと，親の養育態度や家庭の機能に大きな問題があり，それらが非行を誘発したと考えられるケースは多いのです。そして問題をつかめば親に適切な働きかけを行うことができます。

　しかし親を見る私たちの眼に曇りがあると，少年理解がずれたり私たちの助言に親の気持ちがついてこなかったりする可能性が出てきます。つまりこういうことです。前述したように少年の非行は子育ての失敗などの親側に問題があるからだという背後仮説で臨むと，親を「指導対象」として眺め，親側の問題発見的な関心ばかりにとらわれてしまうのです。このスタンスの問題は第1に，両親の葛藤や子どもへの過剰な期待などのどの家庭でも大なり小なりありうる生活史上の事態をことさら非行誘発要因として問題に仕立てるおそれがあることです。また親や家庭の「問題」をいくら調べても，なお資質の問題の形成過程や非行化の説明のつかない少年が現にいることを見落としかねないことです。第2に，悪いのは親という見方が個々のケースで検証されないまま仮に一律に適用されると，保護者の気持ちを支えることができなくなる可能性があることです。保護者は何も望んで現在の状態を招いたわけではありません。そして保護者の多くは，「悪いのは親の育て方であり親が反省しなければならない」という世間や近親者の目を内面化し，自分たちのふがいなさやいたらなさを悔

やみ，あれこれ問題発見の作業をくり返します。この作業が生産的であればよいのですが，なかには親である自分自身の問題がいろいろ想起されても，でも「なぜ非行を」という根本的な疑問が解けないばかりか，親の目にも私たちの目にもどのように対応したらよいのかをなかなかつかめない人物として映る少年もいます。しかし親はこれからも少年にかかわらなければなりません。少年院の現場からみると，私たちは在院中という限られた期間内ですが，一般的には「指導の対象」ととられかねない，加害者側の親の気持ちも十分に理解し支えていく必要があると思います。なぜなら，親が少年の立ち直りに努力し，少年とともに被害者への慰謝などの責任を果たそうとする気持ちになることを援助するためです。ところが私たちが親を「指導の対象」として，親は自分たちを「指導される対象」として眺める関係にあっては，気持ちのやりとり自体が難しいのです。

　このように，せめて被収容少年の診断や処遇の専門家や研究者は既成観念から自由になり，開かれた眼で現実を直視するスタンスをもつことが何より必要です。いくら学知が豊富でも，また少年にかかわる熱意が強くても，既成概念を現実に当てはめるだけでは見えるはずのものが見えなくなるからです。

3　個の診断と個の処遇を推進すること

(1) 個別化の理念

　矯正の現場の関心は，「矯正」という言葉が示すとおり，目の前にいる被収容少年をいかに立ち直らせるかということに尽きます。そして更生のためには個々の少年の的確な診断を推進し，個々の少年に適切な処遇を選択・実施しなければならないということが現場の基本理念です。前述した「開かれた眼」があればよりいっそう「個」が見えてくるということです。

　私たちはまず少年一人ひとりについて非行を犯す心とは何かを綿密に鑑別し，少年個々にてこ入れすべき問題点の所在を明らかにします。次に，少年は保護歴（補導歴，保護観察歴，少年院歴など），非行歴の長短，非行の深浅，精神の発達段階，知的能力，性格や気質，社会生活への定着度，それに保護環境がみな違いますので，施設内処遇である少年院で非行を犯す心を鎮めるため

にはどういう処遇環境，処遇プログラム，働きかけ，プロセス，そして契機が必要なのかを見定めながら処遇を展開し，効果を評価します。この個別的な見定めが徹底されないと，たとえば達成の見込みがないハードルを設定したり，少年がいわば一生かけて取り組まなければならないような課題や少年にとっては優先的ではない課題を与えたりしかねません。さらに少年の教育は少年院で自己完結するわけではありません。教育のどの地点まで，また，どの内容まで施設内処遇で受け持ち，あとは社会内処遇（保護観察）に引き継ぐかの見きわめも個々の少年について明確にすることが重要なのです。これらの課題に対していかに犯罪心理学が貢献しうるかということが現場での重要な関心事です。

(2) しょく罪指導のあり方

　第3章2節で，最近少年院では，被害者側の痛みを感じ取り被害者への責任を果たさせる「しょく罪指導」にも力を入れていると述べましたが，これを例にして個別化の理念を説明しましょう。しょく罪指導といっても指導を受ける少年の出発点がみな異なるので，どのような指導を，どの時期に，どのように行うかを一般化することは適切ではありません。

　第1に，非行を犯した少年には知性や感性に働きかければ，比較的早期の段階で被害者の視点から非行を見直せる少年もいますが，そもそも被害者の気持ちを感じ取れるだけの心の成長が果たされておらず，人の命を奪うという非行を犯してもその重大性を理解しない少年もいて千差万別です。そのことを前提にする必要があります。

　第2に，教育内容の面では，課題作文，面接指導，ロールレタリング等による内省指導が効果的である少年もいれば，院外委嘱教育といって特別養護老人ホームや障害者施設での奉仕活動で実際に社会の現場へ行き，人と出会う，目で見る，耳で聞く，手で触れるという実体験が，生に対する現実感覚を磨くうえで有効な少年もいます。さらに私たちが人の心情や痛みを理解し，相手をいつくしむ心をもてるのは，生育過程において身近な人とそうした関係をもてたかどうかにもかかっています。換言すると，身近な人を思う気持ちや身近な人を失う恐れがそれ以外の人々の生を尊重することにつながります。ですから，遠回りのようでも親など身近な人との関係作りが人の生死を考える余裕をもたせたりそれを実感させたりするうえで先決課題となる少年もいます。

第3に，出発点が違うので一定期間に一定の改善を一律に期待することはできないと考えるべきです。課題の達成度や最終的な到達点も当然違ってきますので，やはり何を施設内処遇で行い，何を社会内処遇へ引き継ぐかということをそれぞれの少年について明確にすることがたいせつです。

4　現場の知を集成すること

　犯罪心理学は，個別的な診断と処遇にいっそう力を発揮することを期待されていると思います。そして私たちが集成・構築したいのは，次のとおり矯正という現場に即し，実践に活用できる犯罪心理学的「知」です。

　矯正の現場には，矯正なりの心理学の応用や応用に関する研究があると思います。たとえばわかりやすい例としてカウンセリングをあげます。カウンセリングといってもそれが行われる現場がどこか（矯正か，警察か，病院か，福祉機関か，学校か，その他の現場か）で内容や方法が異なります。対象者の特徴，カウンセリングを受ける意思，実施環境，目的，カウンセラーの特徴等々が異なるからです。そして矯正には，矯正の現場に有効なカウンセリングに関する実践的な知識があります。他の心理療法，処遇技法および心理テストなどの活用，対象者の人格診断の方法や診断内容においても同様のことがいえます。

　私たちに必要なことは心理学の学説や理論を演繹的に現場にあてはめるのではなく，矯正の現場でもまれ，検証にさらされ，鍛えぬかれた心理学的な「知」であり，現場での発見を帰納的に組み立てた経験知です。それはたとえて言うなら，いかだのように沈まず，浮き上がらず，現場の波にしなやかに密着するような診断と処遇に関する「知」です。

　こうした「知」が今までなかったというわけではありません。矯正職員は伝統的に，被収容者の人格査定，犯罪や非行の原因分析，犯罪性や非行性の認定，処遇計画の策定，処遇技法の選択，処遇効果の検証などの多くの領域で調査研究を盛んに行い，研究結果を現場の実践に活用しています。また専門的な知見をいろいろな形で社会に還元してもいます（たとえば「日本犯罪心理学会」などの学会機関誌をご覧になれば，矯正現場での犯罪心理学研究の豊かさ，研究者層の厚さなどがおわかりになると思います）。

こうした研究実績や今後の研究成果を，診断と処遇の個別性という理念のもと，現場の「知」として集成し，現場に即した実践的な理論として体系化していくことがたいせつだと考えるのです。『現代の少年非行を考える―少年院・少年鑑別所の現場から』『家族のきずなを考える―少年院・少年鑑別所の現場から』（どちらも法務省矯正局編）は，こうした目的にかなう画期的な試みの一つです。

3節　犯罪心理学の今後

1　理論的側面

筆者 (笠井, 1982) はかつて，犯罪心理学は他の領域の心理学と比べるとまだまだ未発達な段階にとどまっており，犯罪に関する体系的な理論を打ち立てるまでにはいたっていないと指摘し，人の精神生活や行動について体系的な説明を行っている心理学的理論の代表として精神分析理論と学習理論を取り上げて，それらが犯罪行動をどのように説明しているかを紹介しました。また，一見対立的に見える両者の考え方はアプローチの方向・視点の相違によるものと考えることができるので，両者を統合した考え方が必要であると主張しました。そしてさらに，社会的学習理論を含む学習理論に基づく，犯罪行動の解明が進むことを期待したいと述べたことがあります。もちろん複雑な要因のからんだ犯罪行動のすべてを単一の理論で説明できるとは考えてはいませんでしたが，基本軸を学習理論においた総合的，包括的な理論が提示されることを期待したわけです。

その後，そのような期待をある程度満たしてくれるような論考 (Andrews & Bonta, 1998) に触れることができましたので，彼らの考えのごく一部をここに紹介し，その延長線上での研究の発展を期待したいと思います。なお，実務経験に基づく緻密な分析と理論的検討，さらには説得力豊かな具体的提言を含む，少年非行に関する著書を公にされた藤岡 (2001) も，その著書の随所において彼らの考えに触れています。

彼らは精神力動論や統制論を中心として数多くの犯罪行動を説明する理論を検討し，それらの考え方を統合する形で総合的人格・社会心理学的アプローチ：個人的，対人関係的，コミュニティ強化理論（General Personality and Social Psychological Approach: A Personal, Interpersonal and Community - Reinforcement Perspective）というものを提唱しています。

彼らは，行動主義と精神力動論の統合されたものが社会的学習理論や社会的認知理論であるととらえています。そして彼らの理論は，この社会的学習理論を基礎に置いた幅広い理論であり，それは包括的査定を可能にし合理的，効果的介入策の立案を助けるものであると主張しています。

彼らの考え方の骨子は次のとおりです。

(1) 犯罪心理学の目的

犯罪心理学は，科学としては体系的，実証的な調査方法を用い，また，合理的な理論体系を作り上げることを通して，個人の犯罪行動を理解しようとするものであり，実践面では心理学的知識と方法を使って犯罪行動の生起確率を予測したり，それを操作する実際の作業を進めたり，さらに，犯罪そのものとその法的処理に要する人的，社会的コストを減らしたりすることをめざすものである。その理論的有効性は，実証的検証にたえ，臨床的にも有用であるかどうかによって決まる。

(2) 犯罪行為に関する危険因子

個人の犯罪行為関連要因に関する知識からすると，ほとんどの対象者に適用できる，犯罪行為の危険因子は次のとおりである。

① 反社会的認知
② 反社会的仲間
③ 反社会的行動の経歴
④ 反社会的人格の指標

さらに，反社会的人格の指標は次のものを含んでいる。

① 絶えることのないエネルギー
② 冒険心
③ 衝動性
④ 問題解決技能の乏しさ

⑤ 敵意
⑥ 他者に対する関心と責任感の乏しさ

　以上の因子の中で最も危険性の高いものは，反社会的認知と反社会的仲間の存在である。さらに，予測の観点からすると以上の因子のほかに中程度の予測力をもつものとして家族と養育，その人の学校または職業上の達成状況，愛着があげられ，それより弱い予測因子として低階層出身，言語知能の低さ，個人的困窮や悩みなどがあげられる。

(3) 個人の犯罪行為発現に影響を与える要因

　ある場面で犯罪行為が行われるか否かを決める要因は，その行為が行われた場合に生じる報酬（得られるもの）とコスト（罰など）であり，実際にはその報酬とコストについて予知された先行要因が大きな役割を果たす。

先行要因としては，次のものがあげられる。
① モデルとしての他者
② 報酬または罰の潜在的与え手としての他者
③ 行為遂行に必要な物的資源および手段
④ 本人のもっているイメージ・考え，感情状態
⑤ その他

　このように，彼らはそれまでの研究成果をふまえて犯罪行為に関連する要因を分析し，個人，対人関係，所属コミュニティの各レベルにおける強化機制を社会的認知に焦点を合わせて考察しています。犯罪行動の予防や介入の方法を考える場合に非常に参考になります。彼らの提示したパラダイムにそった研究を進めることが，理論的にも実践的にも有益であると考えられます。

2　個別的・具体的側面

　次に，筆者が特に関心をもっている犯罪を2つ検討してみたいと思います。

(1) 暴力犯罪

　これは今に始まったことではありませんが，人の生命・身体に害を及ぼすた

ぐいの犯罪が後を絶ちません。窃盗，詐欺，横領などの財産犯も被害者や社会が受ける害は大きいのですが，命を奪われたり重い傷害を負わされたり，暴力で犯されたり，といった暴力犯罪は，被害者だけでなく家族など周りの人々にも影響を与えます。しかも，その影響は心理的なものも含み，苦しみがいつまでも続くなど深刻なものが少なくありません。金銭など物的な被害であれば回復も可能ですが，身体的，心理的被害の場合は回復が困難です。ましてや殺人などは，回復不可能です。性的なものを含めて，暴力犯罪の影響は甚大であり，その防止には最大の努力が求められると思います。

　暴力犯罪も多種多様であり，それぞれに関与する要因も様々です。介入・予防の方法も多様であると考えられます。しかし，攻撃というメカニズムが大きくかかわっていることは確かです。なぜなら，攻撃の定義が「他者に危害を加えようとする行動」(大渕，2000a) であるならば，暴力犯罪は攻撃行動であると考えることができるからです。もちろん，攻撃にも意図や情緒的側面，誘発要因など様々な要因がかかわっていますが，それを行動レベルで考えるならば，先ほどの定義がぴったりと当てはまります。

　攻撃については，社会的学習理論の視点からなされたバンデューラ (Bandura, 1973) の優れた論考があり，主として社会心理学の分野において研究が進められています。最近の研究の中には，攻撃を道具的 (proactive) なもの（目標指向的で手段としての性格をもっている）と反応的 (reactive) なもの（認知された刺激や脅威に対する反応で，防衛的性格をもっている）に分けて考察を行っているもの (Crick & Dodge, 1996) もあり，また，その分類に基づいてスミスマイヤーら (Smithmyer et al., 2000) は，少年を対象として，攻撃と結果期待（その行為の結果どのような事態が生じるかということの予知）との間の関係は道具的攻撃の場合にのみ認められるという研究結果を発表しています。

　わが国における攻撃研究に関する第一人者である大渕 (2000a) は，攻撃行動を衝動的攻撃（不快感情の表出としての攻撃）と戦略的攻撃（目的達成の手段としての攻撃）の2つに分け，それを統合する理論として2過程モデルを提唱しています。そしてさらに，大渕ら (1999) は認知決定過程に着目し，戦略的攻撃動機の個人差を明らかにするために機能的攻撃性尺度の作成を試みています。また，大渕 (2000b) は矯正分野の実務家を対象として攻撃についての論説を発

表しており，それはこのテーマに関心のある人にとって理解を深めるための恰好の参考資料になると思われます。

上に述べたのは攻撃に関する理論や研究のごく一部ですが，この分野の研究がますます発展し暴力犯罪の解明や介入・防止策に有用な知見が提供されることが期待されます。また，犯罪心理学の分野でも暴力犯罪者の治療・矯正・社会復帰の過程を通して，実証的，実践的な角度から攻撃概念にアプローチする必要があると思われます。

(2)「社会的に成熟した」大人の犯罪

かつて，筆者の知るある県知事が収賄の容疑で逮捕されるということがありました。人格者との評があり筆者個人も敬意と好感を抱いている方でありましたので，大変な衝撃を受けました。しかし，残念なことながら政治家の汚職事件は珍しいことではありません。また，かつては清廉であると国際的にも定評のあった公務員の不祥事も時々見られます。企業社会においても，経理処理上の不正行為をはじめとする各種の違法行為が生じています。発覚しているのは氷山の一角であって，その裾野は果てしなく広がっているのではないかと疑いたくなるような昨今の状況です。

これらの犯罪，あるいはそれに類した反倫理的な行為にかかわっている人の多くは，個人としての属性を見た場合，高度の教育を受けそれぞれの領域において有能で一定の評価を得，一市民としても成熟した人格とものの考え方をもった人たちです。心理学的な問題を抱えている人はほとんどいません。

新田 (2001) も，「犯罪は一般に，公共の利益に対立する反社会的な裏の世界で発生するものと考えられていましたが，目を転じると，彼らとはまったく別の世界の政官財界人による疑獄や汚職事件が絶え間なく発生しています。ホワイトカラー犯罪が一般犯罪と異なる点は一つ，すなわち行為者が個人としてではなく組織の人として犯行に及んでいることであって，立派な人がなぜ醜悪な犯罪に落ち込むのか，の疑問を解く鍵も，そこにあることが明らかになってきました。個人としてはなんの問題もない好ましい立派な人格も，組織の中にあってはそのまま生きているわけではないということです（一部抜粋・要約）」と述べています。

高度に発展した産業社会，利潤追及を第一とする自由主義経済社会において

は,「社会的に成熟した」大人が置かれた立場や周囲の状況とのかかわりの中で,結果的に犯罪と目されるような行為に走ってしまう危険性が潜んでいるといえるのではないでしょうか。これらの犯罪行為については,水田 (1994) が強調する状況要因を考慮に入れたアプローチが必要です。また,アンドリュースとボンタ (Andrews & Banta, 1998) の指摘にあるように,その個人の属するコミュニティ（集団，組織など）の中に存在する行動の誘発・強化要因を強化随伴性の観点から分析する必要があると思われます。

先ほど引用した新田の著書は,この領域の犯罪を取り上げる場合の基本的な視点・研究の方法などについて豊かな示唆を与えてくれます。

犯罪心理学と根拠に基づく実践
(EBP: Evidence-Based Practice)

2006年以降，全国の刑務所及び保護観察下において，性犯罪者の再犯防止教育のためのシステムが整備され，共通のプログラムが実施されるようになりました。また，犯罪の中でも再犯率が高いとされる，薬物乱用者の再犯防止のための取り組みが強化されてきています（再犯防止対策関連省庁連絡会議，2010）。このように，防犯に対する社会の注意や関心の高まりを背景に，わが国においても，従来以上に，犯罪者の再犯防止に向けた大規模で組織的な取り組みがなされるようになっています。

それでは，このような新たな取り組みがなされる場合，その方法や内容等は，何に基づいて決められているのでしょうか。もちろん，政策的な決定には多くの要素が影響しているのですが，近年，こうした実践の分野で大きな影響を与えるようになっているのが，「根拠に基づく実践（Evidence-Based Practice: EBP）」といわれる考え方です。これは，医学の分野における「根拠に基づく治療（Evidence-Based Medicine: EBM）」の流れを引くものであり，医療行為等を科学的エビデンスに基づいて行おうとするムーブメントです（津富，2003）。1991年に初めてEBMを唱えたとされるGuyattによれば，根拠に基づく治療とは，①科学エビデンスに基づいて治療を決定すること，②そのエビデンスにはヒエラルキーがあること，③患者のおかれた状況や価値観をよく考慮することを強調した包括的な体系であるとされます（原田，2010）。

ここでいわれている，エビデンスのヒエラルキーとは，表に見るように，根拠となるエビデンスには質の差があるということを意味しています（表の上にいくほど価値が高い）。つまり，ランダム化比較試験のメタ・アナリシスがエビデンスとしては最も価値が高く，個人のバイアスを多く含む可能性がある専門家の意見等は最も価値が低いということになります。

犯罪心理学における根拠に基づく実践とは，再犯防止のための処遇についていえば，処遇を実施する者の好みや理論的立場から処遇内容を決定するのではなく，「現時点で，対象者の再犯防止に最も効果的であるという根拠がある処遇を実施すること」を意味します。実際に，日本における性犯罪者の再犯防止教育プログラムでは認知行動療法が中心となっていますが，これは，これまでの研究を広く分析すると，性犯罪者の再犯防止のための介入としては認知行動療法が一貫して最も効果をあげている，という根拠に基づいて採用されていま

す。また，現在採用されているプログラムについても，定期的な評価とレビューを実施し，最新の根拠に基づいて，より効果的なあり方を検討していくことが求められています (性犯罪者処遇プログラム研究会, 2006)。

その一方で，根拠に基づく実践については，倫理あるいは方法論に関する点からの批判もあります (生島, 2010；四方, 2005)。たとえば，倫理的な批判としては，犯罪心理学がかかわる刑事政策においては，実際上，罪の重さや社会感情といった「科学的」探求になじまない事象が大きく影響する・されるべきなのではないかということや，根拠に基づく実践の中心的なアイディアであるランダム化比較試験は，同じような対象者で，処遇を受ける者と受けない者とを生み出すことを意味しており，法の公平性に反するのではないかということなどがあります。また，方法論上の批判としては，実践の場面においては，本当の意味でのランダム化比較試験を実施するのは難しいということや，そもそも，多様な要因の影響の下で決定される人間の行動や，社会システムのようにダイナミックな変化を遂げるシステムにおいては，統計的検証がもつ有効性は限られているのではないかといったことなどがあります。

これらの批判が提起している問題には，今後，犯罪心理学が発展していくための，重要なテーマが含まれていると考えられます。特に，後者の方法論上の批判においては，根拠に基づく実践の前提としている「科学的な方法」が，主として，変化が少なく，均質性が高い物質というものを対象として発展した自然科学的なモデルに基づいているという意味で，社会や人を扱う犯罪心理学が拠って立つべき方法論や考え方が問い直されていると考えることもできるでしょう。犯罪心理学が関係する実践において科学的な方法・取り組みが求められており，今後，そうした方向で発展が進んでいくことは間違いないものの，その過程で，より深化した学問的・理論的な議論が必要となってくるものと考えられます。

(川端)

エビデンスのレベルと内容 (Agency for Health Care Policy and Research (AHCPR), 1993／正木・津谷, 2006より引用)

- Ⅰa ランダム化比較試験のメタ・アナリシスによる
- Ⅰb 少なくとも一つのランダム化比較試験による
- Ⅱa 少なくとも一つの良くデザインされた非ランダム化比較試験による
- Ⅱb 少なくとも一つは他のタイプの良くデザインされた準実験的研究による
- Ⅲ 比較試験や相関研究，ケース・コントロール研究など，良くデザインされた非実験的，記述的研究による
- Ⅳ 専門家委員会の報告や意見，あるいは権威者の経験

引用文献・参考文献

第1章

安香　宏・麦島文夫　1975　犯罪心理学の現況　安香　宏・麦島文夫（編）犯罪心理学　有斐閣　Pp.6-7.

Jackson, J. L. & Bekerian, D. A. 1997 *Offender Profiling*. New York: John Wiley & Sons. 辻　典明・岩見広一（編訳）田村雅幸（監訳）2000 犯罪者プロファイリング　北大路書房

太田　穣　1997　家庭裁判所の事件処理と家裁調査官の役割　こころの科学，**72**，40-45.

Ressler, R. K. & Schactman, T. 1992 *Whoever Fights Monsters*. ST: Martin's Press. 相原真理子（訳）1994 FBI心理分析官　早川書房

田村雅幸　1994　犯人像推定の研究：FBIのCriminal Personality Profilingについて　科学警察研究所（編）日本の科学警察　東京法令出版　Pp.197-204.

田村雅幸（監修）高村　茂・桐生正幸（編）2000　プロファイリングとは何か　立花書房

渡邉和美・高村　茂・桐生正幸（編）2006　犯罪者プロファイリング入門　北大路書房

米川茂信　1995　犯罪心理学　星野周弘・米川茂信・荒木伸治・澤登俊雄・西村春夫（編）犯罪・非行事典　大成出版　p.279.

第2章

Ainsworth, P. B. 2001 *Offender Profiling and Crime Analysis*. Devon: Willan Publishing.

安香　宏　1972　非行の予防　星野　命・詫摩武俊（編）臨床心理学　新曜社　Pp.216-226.

Boon, J. & Davis, G. 1993 Criminal profiling. *Policing*, **9**, 218-227.

Brantingham, P. J. & Brantingham, P. L. (Eds.) 1981 *Environmental Criminology*. Sage (Reprint, Waveland Press, 1991).

Canter, D. 1994 *Criminal Shadows*. London: Harper Collins. 吉田利子（訳）1996 心理捜査官ロンドン殺人ファイル　草思社

Canter, D. & Gregory, A. 1994 Identifying the residential location of rapists. *Journal of the Forensic Science Society*, **34**, 169–175.

Canter, D. & Heritage, R. 1990 A Multivariate Model of Sexual Offence Behavior: Developments in "Offender Profiling". *Journal of Forensic Psychiatry*, **1**, 185-212.

Canter, D. & Larkin, P. 1993 The environmental range of serial rapists. *Journal of Environmental Psychology*, **13**, 63-69.

古川　猛・宮崎章夫・鈴木由紀生　2000　筆速度によるひらがな筆跡のモデル化　日本鑑識科学技術学会第6回学術集会講演要旨集，185.

原田　豊　1997　「地域安全情報システム」のためのデータ入力支援ソフトウエアの開発　科学警察研究所報告（防犯少年編），**38**（1），1-12．

長谷川浩一（編）1990　電話相談の基礎と実態　川島書店

Hazelwood, R. R.　1987　Analyzing the Rape and Profiling the Offender. In R. R. Hazelwood & A. W. Burgess (Eds.), *Practical Aspects of Rape Investigation: A Multidisciplinary Approach*. New York: Elsevier.

Holmes, R. M. & Holmes, S. T.　1996　Plofiling Violent Crimes: An Investigative Tool. Sage. 影山任佐（監訳）1997　プロファイリング：犯罪心理分析入門　日本評論社

飯田喜一・高澤則美　1982　筆跡の形態および運筆状態の解析：2. 手書き漢字の分類と漢字の同形部分の形態変化についてⅢ　科学警察研究所報告（法科学編），**35**（1），14-18．

飯田喜一・高澤則美　1984　筆跡の形態および運筆状態の解析：2. 手書き漢字の分類と漢字の同形部分の形態変化についてⅣ　科学警察研究所報告（法科学編），**37**（2），100-106．

生島　浩　2002　司法・矯正領域における活動モデル　下山晴彦・丹野義彦（編）講座臨床心理学6 社会臨床心理学　東京大学出版会　Pp.87-106．

石川正彰・須川幸治　2000　筆跡の筆圧分布の顕在化とその応用の試み　日本鑑識科学技術学会第6回学術集会講演要旨集，184．

岩見広一　2000　リバプール方式のプロファイリング　田村正幸（監修）高村　茂・桐生正幸（編）プロファイリングとは何か　立花書房　Pp.80-87．

神宮英夫　1993　スキルの認知心理学：行動のプログラムを考える　川島書店

警察庁　2009　警察白書

警視庁防犯部　1988a　少年相談の手引き

警視庁防犯部　1988b　少年補導読本

Kind, S. S.　1987　Navigational ideas and the Yorkshire Ripper investigation. Journal of Navigation, **40**, 385-393.

小林一彦・赤尾佳則・関　陽子・高澤則美　1998　筆跡の3次元呈示システムの開発　日本鑑識科学技術学会第4回学術集会講演要旨集，123．

Lynch, K.　1960　Image of the City. M. I. T. Press. 丹下健三・富田玲子（訳）1968　都市のイメージ　岩波書店

三本照美　2000　地理的プロファイリング　田村雅幸（監修）高村　茂・桐生正幸（編）プロファイリングとは何か　立花書房　Pp.91-102．

三本照美・深田直樹　1998　地理的プロファイリング研究「Power plot professional」の開発　日本鑑識科学技術学会誌，**3**（1），A41．

三本照美・深田直樹　1999　連続放火犯の居住地推定　地理的重心モデルを用いた地理プロファイリング　科学警察研究所報告（防犯少年編），**40**（1），23-36．

三崎揮市・梅田三千雄　1997　文字パターンから抽出した量的特徴による筆者識別　日本鑑識科学技術学会誌，**2**（2），71-77．

三井利幸・若原克文　2001　コンピュータによる筆跡鑑定　多変量解析研究会

守山　正　1999　環境犯罪学入門（上）理論編　刑政，110（5），72-81．

中山　誠　2000　返答の作用　平　伸二・中山　誠・桐生正幸・足立浩平（編）ウソ発見：記憶のかけらを探して　北大路書房　Pp.134-142．

Rossmo, D. K.　1993　Multivariate spatial profile as a tool in crime investigation. *Workshop On Crime Analysis*, **23** August.

Rossmo, D. K. 2000 *Geographic Profiling*. CRC Press LLC.

Ressler, R. K., Burgess, A. W., & Douglas, J. E. 1988 *Sexual Homicide: Patterns and Motives*. Lexington: Lexington Books. 狩野秀之（訳）1995 快楽殺人の心理 講談社

関 陽子・小林一彦・赤尾佳則・菅原 滋 1999 欧文文字における筆跡個性の検討 日本鑑識科学技術学会第5回学術集会講演要旨集，136.

関 陽子・小林一彦・赤尾佳則・菅原 滋 2000 欧文筆跡の分類 日本鑑識科学技術学会第6回学術集会講演要旨集，180.

関 陽子・高澤則美 1990 筆者識別率と漢字の字画数との関係 日本応用心理学会第57回大会発表論文集，74.

関 陽子・高澤則美 1991 漢字の構造と筆者識別率の関係 第27回日本犯罪学会総会，犯罪学雑誌，**57**，117.

島田貴仁・原田 豊 1997 地域安全情報システムのための住所照合ソフトウエアの設計 科学警察研究所報告（防犯少年編），**38**(2)，1-12.

島田貴仁・鈴木 護・渡邉和美・原田 豊・田村雅幸 2001 捜査支援GISソフトウエアの開発 科学警察研究所報告（防犯少年編），**41**(1, 2)，11-27.

Snook, B., Cullen, R.M., Bennell, C., Taylor, P.J., & Gendreau, P. 2008 The Criminal Profiling Illusion: What's Behind the Smoke and Mirrors? *Criminal Justice and Behavior*, **35**, 1257-1276.

鈴木 護・田村雅幸 1998a 連続放火の犯人像（上）犯人の基本的属性と事件態様 警察学論集，**51**(2)，161-174.

鈴木 護・田村雅幸 1998b 連続放火の犯人像（下）地理的分析による居住地推定 警察学論集，**51**(3)，157-174.

鈴木玲子・中山 誠 2001 虚偽の返答と心拍数変容 第65回日本心理学会論文集，1057.

高村 茂 2006 犯罪者プロファイリグの展望 関連学会の動向（第4章1節） 渡邉和美・高村 茂・桐生正幸（編著） 犯罪者プロファイリング入門 北大路書房 Pp.157-168.

高澤則美 1998a 筆跡鑑定 科学警察研究所報告（法科学編），**51**(2)，43-53.

高澤則美 1998b 筆跡個性の規定要因：書字運動を指標とした筆者識別による検討 日本心理学会第62回大会発表論文集，1015.

高澤則美・飯田喜一 1981 筆跡の形態および運筆状態の解析：2. 手書き漢字の分類と漢字の同形部分の形態変化についてⅡ 科学警察研究所報告（法科学編），**34**(4)，236-242.

高澤則美・飯田喜一・金沢良光・吉田公一 1979 筆跡の形態および運筆状態の解析：2. 手書き漢字の分類と漢字の同形部分の形態変化についてⅠ 科学警察研究所報告（法科学編），**32**(2)，105-108.

高澤則美・小林一彦・関 陽子・赤尾佳則 1997 書字運動測定システムの開発と使用経験 日本鑑識科学技術学会第3回学術集会講演要旨集，145.

高澤則美・長野勝弘 1976 筆跡の個人差と個人内変動について：計量的側面からの検討 科学警察研究所報告（法科学編），**29**(2)，84-92.

高澤則美・谷本益巳・黒木健郎 1989 筆者識別結果からみた手書き漢字の部分構造と全体構造との関連 科学警察研究所報告（法科学編），**42**(1)，11-17.

田村雅幸 1994 犯人像推定の研究：FBIのCriminal Personality Profilingについて 科学警察研究所（編） 日本の科学警察 東京法令出版，Pp.197-204.

田村雅幸・鈴木 護 1997 連続放火の犯人像分析：1. 犯人居住地に関する円仮説の検討 科学警察研究所報告（防犯少年編），**38**(1)，13-25.

Turvey, B. E. 1999 *Criminal Profiling: An Introduction to Behavioral Evidence Analysis*. San Diego:

Academic Press.

渡邉和美・池上聖次郎・小林　敦　2000　プロファイリングとは何か　田村雅幸（監修）高村　茂・桐生正幸（編）プロファイリングとは何か　立花書房　Pp.15-27.

八重澤敏男・須川幸治　1993　書字行動の筆圧分析：描画の左右対称性と文字イメージの非対称性　日本心理学会第57回大会発表論文集，856.

吉田公一　1988　捜査のための実務文書鑑定　令文社

遊間千秋　2002　警察の少年相談　こころの科学102　非行臨床　日本評論社　Pp.94-96.

第3章

Eysenck, H. J.　1964　*Crime and Personality*. Masatusets: Houghton Mifflin co.　MPI研究会（訳）1969　犯罪とパーソナリティ　誠信書房

星野周弘 他（編）　1995　犯罪・非行事典　大成出版社

法務省 法務総合研究所　2001　平成13年版犯罪白書

法務省 法務総合研究所　2011　平成23年版犯罪白書

水田恵三（編著）　1994　犯罪・非行の社会心理学　ブレーン出版

澤田健一　2000　行刑制度をめぐる課題と展望　日立みらい財団　犯罪と非行第126号，105-125.

相馬壽明（編著）　2000　心理学 for you　八千代出版

坪内宏介　1995　少年鑑別所　星野周弘 他（編）　犯罪・非行事典　大成出版社　Pp.525-528.

植松　正　1981　刑法教室一・二　大蔵省印刷局

第4章

Alison, L., Rockett, W., Deprez, S., & Watts, S.　2000　Bandits, cowboys and robin's men: The Facets of armed robbery. In D. Canter & L. Alison (Eds.), *Profiling Property Crimes*. Dartmouth Ashgate.

Burgess, A. W. & Holmstrom, L. L.　1974　Rape trauma syndrome. *American Journal of Psychiatry*, **131**, 981-986.

Canter, D. & Alison, L. (Eds.)　2000　*Profiling Property Crimes*. Dartmouth Ashgate.

Canter, D., Heritage, R., Wilson, M., Dviaas, A., Kirby, S., Holden, R., McGinley, J., HugHes,H., Larkin, P., Martin, L., Tsang, E., Vaughan, G., & Donald, I.　1991　*A Facet Approach to Offender Profiling*, Vol. 1. Unpublished final report to the Home Office.

Dussich, J. P. & Shinohara, S.　2001　Non-Reporting of Sexual Assault in Japan, *Acta Crim*, **67**(1), 21-33.

現代犯罪事情：犯罪学の手法で読み解く　1999　法学セミナー, **539**, 5-49.

Gross, L.　1995　*To Have or to Harm: True Stories of Stalkers and Their Victims*. New York: Warner Books.　秋岡　史（訳）1995　ストーカー：ゆがんだ愛のかたち　祥伝社

Grubin, D., Kelly, P., & Brunsdon, C.　2001　Linking Serious Sexual Assaults through Behaviour. *Home Office Research Study*, No.215. London: HMSO.

浜井浩一・安東美和子・立谷隆司・横地　環・岡田和也　2000　第1回犯罪被害実態（暗数）調査　法

務総合研究所研究部報告 10.

Harris, J. & Grace, S. 1999 A question of evidence? Investigating and prosecuting rape in the 1990s. *Home Office Research Study*, No.196. London: HMSO.

Hazelwood, R. R. & Burgess, A.W. 1995 The Behavioral-Oriented Interview of Rape Victims: The Key to Profiling. In R. R. Hazelwood & A. W. Burgess (Eds.), *Practical Aspects of Rape Investigation. A Multidisplinary Approach*. 2nd ed. Boca Raton: CRC Press, Pp.139-154.

Holmes, R. M. & Holmes, S. T. 1996 *Plofiling Violent Crimes: An Investigative Tool*. Sage. 影山任佐（監訳）1997 プロファイリング：犯罪心理分析入門　日本評論社

法務省 法務総合研究所　1998　平成 10 年版犯罪白書　財務省出版局

法務省 法務総合研究所　2000　平成 12 年版犯罪白書　財務省出版局

法務省 法務総合研究所　2001　平成 13 年版犯罪白書　財務省出版局

板谷利加子　1998　御直披（おんちょくひ）　角川書店

岩見広一　1999　脅迫文を伴う連続空巣狙い事件に対する犯罪行動分析　科学警察研究所報告（防犯少年編），**39**，144-153.

Jackson, J. L. & Bekarian, D. A. (Eds.) 1997 *Offender Profiling: Theory, Research and Practice*. John Wiley & Sons.

影山任佐　2001　自己を失った少年たち　講談社

警察庁　2011　犯罪統計書　平成 22 年の犯罪

警察庁　2012　犯罪統計書　平成 23 年の犯罪

警察庁性犯罪捜査研究会（編）2001　性犯罪被害者対応ハンドブック（改訂版）立花書房

桐生正幸　2000　犯罪者プロファイリング：犯罪現場に隠された心理　新心理学が分かる：現場から　AERA Mook, **58**, 50-51.

小林寿一　1999　統計からみたわが国の犯罪情勢　法学セミナー，**539**，10-13.

小西聖子　1996　犯罪被害者の心の傷　白水社

好奇心ブックス 7 号　1997　神戸事件でわかったニッポン　双葉社

Merry, S. & Harsent, L. 2000 Intruders, Pilferers, Raiders and Invaders: The Interpersonal Dimension of Burglary. In D. Canter & L. Alison (Eds.), *Profiling Property Crimes*. Dartmouth Ashgate.

守山　正　1999　犯罪予防論の検討：コミュニティー・ポリシングと環境犯罪学の接点　警察学論集，52 (10)，172-189.

Muehlenhard, C. L. 1988 Misinterpreted dating behaviors and the risk of date rape. *Journal of Social and Clinical Psychology*, **6**, 20-37.

長澤秀利　1999a　多変量解析法を用いた性犯罪の犯行形態の分析　日本応用心理学会第 66 回大会発表論文集，39.

長澤秀利　1999b　性犯罪とプロファイリング　警察公論，54 (1)，90-97.

長澤秀利　2000　ストーカーのプロファイリング　田村雅幸（監修）高村 茂・桐生正幸（編）プロファイリングとは何か　立花書房　Pp.196-212.

小田　晋　1973　日本史における犯罪と狂気　現代のエスプリ：犯罪の人間学，**70**, 64-77.

小田　晋　1974　殺人の時代病理　山根清道（編）犯罪心理学　新曜社　Pp. 209-233.

小田　晋　2000　現代型犯罪類型としての「劇場犯罪」：劇場型犯罪の心理と病理　現代のエスプリ：劇場型社会，Pp.58-72.

Office for Victims of Crime, U.S. Department of Justice. 2001 Student Material to Victim

Empowerment: Bridging the Systems Mental Health and Victim Service Providers. Available: http://www.ojp.usdoj.gov/ovc/publications/

大渕憲一・石下　博・山入端津由・井上和子　1985　レイプ神話と性犯罪　犯罪心理学研究, 23 (2), 1-12.

奥村雄介・野村俊明　2006　非行精神医学　医学書院

佐渡真紀子　1999　男子大学生の性暴力観に内在するコミュニケーションの問題：異文化間コミュニケーションの視点からみた性暴力　慶應義塾大学メディア・コミュニケーション研究所紀要, 49, 133-148.

笹川真紀子・小西聖子・安藤久美子・佐藤志穂子・高橋美和・石井トク・佐藤親次　1998　日本の成人女性における性的被害調査　犯罪学雑誌, 64, 202-212.

薩美由貴・無着文雄　1997　我が国における凶悪殺人事件の特性：1973～92年の捜査本部事件の調査　警察学論集, 50 (7) ,73-94.

Taguchi, S.　2001　Offender profiling of serial rapists using multivariate Analysis. *Sixth International Investigative Psychology Conference Programme*, 44.

田口真二　2000　性犯罪のプロファイリングⅡ　強姦　田村雅幸（監修）高村　茂・桐生正幸（編）プロファイリングとは何か　立花書房　Pp. 138-151.

田口真二・猪口武典　1998　多変量解析による連続強姦犯の行動分析　日本鑑識科学技術学会第4回学術集会講演要旨集, 139.

田口真二・猪口武典　2000　連続強姦犯の犯罪行動の一貫性：犯行の時間と場所，被害者の年齢，接近法について　犯罪心理学研究, 38 (特別号), 30-31.

田口真二・猪口武典　2001　連続強姦犯の犯罪行動の一貫性（2）：一貫性のレベルに影響を及ぼす要因について　犯罪心理学研究, 39 (特別号), 30-31.

高村　茂　1996　窃盗犯のプロファイリング研究：犯行動機の異なる窃盗犯の比較を通して　犯罪心理学研究, 34 (特別号), 42-43.

高村　茂　1997　窃盗犯のプロファイリング研究（第2報）：犯行動機の異なる窃盗犯の比較を通して　犯罪心理学研究, 35 (特別号), 120-121.

高村　茂　2000　窃盗犯のプロファイリング　田村雅幸（監修）高村　茂・桐生正幸（編）プロファイリングとは何か　立花書房　Pp.180-193.

高村　茂・徳山孝之　1998　窃盗犯のプロファイリング研究（第3報）：犯行動機の異なる窃盗犯の比較を通して　犯罪心理学研究, 36 (特別号), 12-13.

高村　茂・徳山孝之　1999　窃盗犯のプロファイリング研究（第4報）：犯行動機の異なる窃盗犯の比較を通して　犯罪心理学研究, 37 (特別号), 4-5.

高村　茂・横井幸久・山元修一　2002　未公開データ

田村雅幸　1983a　最近の30年間における殺人形態の変化　科学警察研究所報告（防犯少年編）, 24, 33-44.

田村雅幸　1983b　最近の殺人事件の実態とその類型　科学警察研究所報告（防犯少年編）, 24, 78-90.

田村雅幸　1992　幼小児誘拐・わいせつ事件の犯人の特性の分析　科学警察研究所報告（防犯少年編）, 33, 30-41.

田村雅幸（監修）高村　茂・桐生正幸（編）2000　プロファイリングとは何か　立花書房

龍島秀広　1997　連続少女強制わいせつ・強盗事件犯人像の推定　犯罪心理学研究, 35 (特別号), 60-61.

内山絢子　2000　性犯罪被害の実態（1）：性犯罪被害調査をもとにして　警察学論集, 53 (3), 76-98.

早稲田大学守山ゼミ　1999　最近の著名な事件をみる　法学セミナー, 539, 38-41.

渡邉和美・田村雅幸　1998a　幼小児誘拐・わいせつ犯の犯人像（上）　警察学論集, 51 (5), 142-158.

渡邉和美・田村雅幸　1998b　幼小児誘拐・わいせつ犯の犯人像（下）　警察学論集, 51 (6), 173-196.

渡邉和美・田村雅幸　1999a　13歳未満の少女を対象とした強姦事件の犯人像分析：1　加害者の特徴と犯歴に関する分析　科学警察研究所報告（防犯少年編），40, 67-81.
渡邉和美・田村雅幸　1999b　バラバラ殺人事件の犯人像（上）警察学論集，52 (12), 147-166.
渡邉和美・田村雅幸　2000　バラバラ殺人事件の犯人像（下）警察学論集，53 (1), 174-198.
ウィルソン, C.（著）1972／中村保男（訳）1991　現代殺人の解剖　河出書房新社
Wright, J. A., Burgess, A. G., Burgess, A. W., McCrary, G. O., & Douglas, J. E.　1995　Investigaing stalking crimes. *Journal of Psychological Nursing*, 33(9), 30-43.
山岡一信　1962　犯罪行動の形態（Ⅰ）殺人（一）科学警察研究所報告（法科学編），15, 462-468.
山岡一信　1963a　犯罪行動の形態（Ⅰ）殺人（二）科学警察研究所報告（法科学編），16, 97-105.
山岡一信　1963b　犯罪行動の形態（Ⅰ）殺人（三）科学警察研究所報告（法科学編），16, 348-354.
山岡一信　1964　犯罪行動の形態（Ⅰ）殺人（四）科学警察研究所報告（法科学編），17, 126-133.
山岡一信　1968　性的動機による犯罪及びその諸特性　科学警察研究所報告（法科学編），21, 401-414.
横井幸久　2000　強盗事件データの分析　犯罪心理学研究，38（特別号），34-35.
横井幸久・山元修一　2001　強盗事件データの分析（2）犯罪心理学研究，39（特別号），66-67.
湯川進太郎・泊　真児　1999　性的情報接触と性犯罪行為可能性：性犯罪神話を媒介として　犯罪心理学研究，37 (2), 15-27.

第5章

ダルモン, P.（著）1989／鈴木秀治（訳）1992　医者と殺人者：ロンブローゾと生来性犯罪者伝説　新評論
福島　章　2000　子どもの脳が危ない　PHP新書
碧海純一　1967　法と社会　中公新書
井田　良　2010　基礎から学ぶ刑事法（第4版）有斐閣
石田幸平・武井槇次（編）1984　犯罪心理学：青少年犯罪者の生活空間と類型論　東海大学出版会
伊藤正己・加藤一郎　2005　現代法学入門（第4版）有斐閣
金子　宏他（編）2008　法律学小辞典（第4版補正）有斐閣
菊田幸一・西村春夫（編）1982　犯罪・非行と人間社会　評論社
桐生正幸　1995　最近18年間における田舎型放火の検討　犯罪心理学研究，33 (2), 17-26.
水田惠三（編著）1994　犯罪・非行の社会心理学　ブレーン出版
中田　修　1971　犯罪と精神医学　創元社医学新書
瀬川　晃　1998　犯罪学　成文堂
末川　博（編）2009　法学入門（第6版）有斐閣
吉益脩夫　1951　犯罪学概論　有斐閣

第6章

安藤清志・大坊郁夫・池田謙一　1995　社会心理学　岩波書店

Canter, D. 1999 *The Social Psychology of Crime: Groups, Teams and Networks.* Ashgate.

カートライト，D. & ザンダー，A.(著) 1953／三隅二不二・佐々木　薫(訳編) 1959　グループダイナミックスⅠ・Ⅱ　誠信書房

Craik, F. I. M. & Lockhart, R. S. 1972 Levels od processing : A framework for memory research. *Journal of Verbal Learning and Verbal Behavior,* **11**, 671-684.

French, J. R. P. Jr. et al. 1953 In D. Cartwright & A. Zander (Eds.), *Group Dynamics Research and Theory.* Harper & Row Publishers.

福島　章　1995　精神鑑定とは何か：何をどう診断するのか　講談社

ファーンハム，A. F. (著) 1988 ／細江達郎 (監訳) 1992　しろうと理論　北大路書房

Gudjonsson, G. H. 1992 *The Psychology of Interrogations, Confessions and Testimony.* Chichester: Wiley. 庭山英雄・渡部保夫・浜田寿美男・村岡啓一・高野　隆 (訳) 1994　取調べ，自白，証言の心理学　酒井書店

羽生和紀　1999　環境推論　日本大学心理学研究，**20**, 41-47.

堀　忠雄・齊藤　勇 (編) 1992　脳生理心理学重要研究集1：意識と行動　誠信書房

堀　忠雄・齊藤　勇 (編) 1995　脳生理心理学重要研究集2：情報処理と行動　誠信書房

Hughes, J. R. 1994 *EEG in Clinical Practice.* Butterworth-Heinemann. 越野好文 (訳) 1998　脳波プラクティス　メディカル・サイエンス・インターナショナル

行場次郎・箱田裕司 (編著) 2000　知性と感性の心理：認知心理学入門　福村出版

Jackson, J. L., Paul van den Eshof,. & de Kleuver, E. E. 1997 A Research Approach to Offender Profiling. In J. L. Jackson & D. A. Bekerian (Eds.), *Offender Profiling: Theory, Research and Practice.* John Wiley & Sons. Pp.107-132.　田村雅幸 (監訳) 2000　犯罪者プロファイリング：犯罪行動が明かす犯人像の断片　北大路書房

桐生正幸　2000　放火のプロファイリング：単一放火における可能性　田村雅幸 (監修) 高村　茂・桐生正幸 (編) プロファイリングとは何か　立花書房　Pp.154-164.

Levinger, G. 1980 Toward the analysis of close relationship. *Journal of Experimental Social Psychology,* **16**, 510-544.

Loftus, E. F. 1979 *Eyewitness Testimony.* Cambridge: Harvard University Press.　西本武彦 (訳) 1987　目撃者の証言　誠信書房

三品昌美・森　寿・松田尚人・竹内倫徳・松田育雄・辻田実加　2000　記憶学習の分子基盤　実験医学，**18**, 2662-2667.

宮澤浩一・加藤久雄　1973　増補犯罪心理学二五講　慶応通信

水田惠三　2001　トルネード仮説の実証的研究　犯罪心理学研究，**39** (特別号), 46-47.

守山　正　1999　犯罪および犯罪学の現在　法学セミナー，**539**, 6-9.

長澤秀利・桐生正幸・田端謙一　2002　捜査員の犯人推論に関する調査　日本心理学会第66回大会発表論文集，310.

Neisser, U. 1967 *Cognitive Psychology.* New Jersey: Prentice-Hall, INC.　大羽　蓁 (訳) 1981　認知心理学　誠信書房

西田公昭　1995　マインド・コントロールとは何か　紀伊國屋書店

越智啓太　1998　目撃者に対するインタビュー手法：認知インタビュー研究の動向　犯罪心理学研究，**36** (2), 49-66.

大橋靖史・森　直久・高木光太郎・松島恵介　2002　心理学者，裁判と出会う：供述心理学のフィール

ド　北大路書房
太田裕彦　1998　環境心理学再考：景観研究を中心として　放送大学研究年報, 16, 15-36. 小俣謙二（編著）1997　住まいとこころの健康：環境心理学からみた住み方の工夫　ブレーン出版
小俣謙二（編著）1997　住まいとこころの健康：環境心理学からみた住み方の工夫　ブレーン出版
小俣謙二　2000　犯罪抑止条件に関する環境心理学的研究：犯罪抑止をもたらす住居構造及び近隣地域の特徴を中心に　平成10年度，11年度文部省科学研究費交付研究報告書
瀬川　晃　1998　犯罪学　成文堂
菅原郁夫・佐藤達哉（編）1996　目撃者の証言：法律学と心理学の架け橋　現代のエスプリ 350号　至文堂
Ross, L., Greene, D., & House, P.　1977　The "false consequensus effect" :An egocentric bias in social perception and attribution process. *Journal of Experimental Social Psychology*, **10**, 173-220.
丹羽真一・鶴　紀子（編著）1997　事象関連電位：事象関連電位と神経情報科学の発展　新興医学出版社
渡部保夫（監修）・一瀬敬一郎・厳島行雄・仲真紀子・浜田寿美男　2001　目撃証言の研究：法と心理学の架け橋をもとめて　北大路書房
渡辺昭一　1994　面割り写真の類似性と提示方法が目撃者の同定判断に及ぼす効果　科学警察研究所報告（法科学編），**47**（2），46-51.
渡辺昭一　2001　捜査心理ファイル：取調べと自供の心理学　Valiant, **217**, 29-34.
渡辺昭一・横田賀英子　1999　否認被疑者の自供に至る心理：1. 否認する被疑者の特性　科学警察研究所報告（防犯少年編），**39**（2），44-52.
山根清道（編）1974　犯罪心理学　新曜社
横井幸久　2000　捜査員から見たプロファイリング　田村雅幸（監修）高村　茂・桐生正幸（編）プロファイリングとは何か　立花書房　Pp.30-44.
Wicklund, R.A.　1975　Discrepancy reduction of attempted distractions? *Journal of Experimental Social Psychology*, **11**, 78-81.

第7章

Allport, G .W.　1961　*Pattern and Growth in Personality*. New York: Holt, Rinehart & Winston. 今田　恵（監訳）1968　「人格心理学」（上・下）　誠信書房
ハヴィガースト，R. J.（著）1972／久世敏夫・斎藤耕二（監修）　2000　青年心理学事典　福村出版　p.35.
法務省 法務総合研究所　2011　平成23年版犯罪白書
久世敏雄・斎藤耕二（監修）2000　青年心理学事典　福村出版
水田恵三（編著）1994　犯罪・非行の社会心理学　ブレーン出版
長島貞夫（監修）1983　性格心理学ハンドブック　金子書房
小野広明　1999　再生への契機：かかわるということ　保健ニュース第1107号　少年写真新聞社
小野広明　2000　「少年理解の方法：矯正の現場から」　現代の社会病理学第15号
小野広明　2011　非行少年の言葉の意味理解をめぐって　埼玉工業大学臨床心理センター年報第5号
Skinner, B. F.　1938　*The Behavior of Organisms: An Experimental Analysis*. New York: Appleton-Century-Crofts.

高橋良彰　1999　新犯罪社会心理学　学文社

Wechsler, D.　1958　*The Measurement and Appraisal of Adult Intelligence*, 4th ed. Butimore: Williams & Wikins.　相馬壽明（編）2000　心理学 for you　八千代出版

第8章

安倍淳吉　1956　社会心理学　共立出版

安倍淳吉　1978　犯罪の社会心理学　新曜社

Ash, S. E　1951　Effect of group pressure upon the modification distortion of judgements In D. Cartwright & A. Zander (Eds.), *Group Dynamics*. Evanston.

Barker, R. G.　1968　*Ecological Psychology*. Stanford University Press.

バーカー, R. G. & ギャンプ, P. V.（著）1964／安藤延男（監訳）1982　大きな学校，小さな学校　新曜社

Bronfenbrenner　1979　*The Ecology of Human Development*. Cambridge, MA : Harvard University Press.

福島 章（編）1995　犯罪ハンドブック　新書館

ファーンハム, A. F.（著）1988／細江達郎（監訳）1992　しろうと理論　北大路書房

Gibson, J. J.　1979　*The Ecological Approach to Visual Perception*. Boston : Houghton Mifflin.

細江達郎　2001　犯罪心理学　ナツメ社

法務省 法務総合研究所　2010　平成22年版犯罪白書　財務省印刷局

石田幸平・武井槇次（編）1984　犯罪心理学　東海大学出版社

マッツア, D.（著）1964／非行理論研究会（訳）1986　漂流する少年：現代の少年非行論　成文堂

ミルグラム, S.（著）1974／岸田 秀（訳）1980　服従の心理：アイヒマン実験　河出書房新社

水田惠三（編著）1994　犯罪・非行の社会心理学　ブレーン出版

水田惠三・小林 裕・渡辺成夫　2001　トルネード仮説の実証的研究　犯罪心理学研究, **39**（特別号），46-47.

水田惠三・西道 実（編著）2001　図とイラストでみる人間関係　福村出版

大橋英寿　2002　社会心理学特論　放送大学教育振興会

佐藤郁哉　1985　ヤンキー・暴走族・社会人　新曜社

佐藤郁哉　1992　フィールドワーク　新曜社

瀬川 晃　1998　犯罪学　成文堂

Sherif, M., Harvey, O. J., Whyte, B. J., Hood, W. R., & Sherif, C. W.　1961　Intergroup conflict and cooperations: The Robber's Carve experiment. *Institute of Group Relations*, University of Oklahoma.

Shaw, C. R. & McKay, H. D.　1931　*Social Factors in Juvenile Delinquency*. Report on the Causes of Crime. Report No.13. vol.II. Washington Government Printing Office.

Shaw, C. R. & McKay, H. D.　1969　*Juvenile Delinquency and Urban Areas*. University of Chicago, p.69.

吉益脩夫　1958　犯罪学概論　有斐閣

ヴォルド, G. B. & バーナード, T. J.（著）1986／平野龍一・岩井弘融（監訳）1990　犯罪学：理論的考察　東京大学出版会

von Bertalanffy, L. 1968 *General System Theory*. George Braziller.

Whyte, W. F. 1943 *Street Corner Society*, 5th ed. University of Chicago Press. 奥田道大・有里典三（訳）2000 ストリート・コーナー・ソサエティ　有斐閣

Zimbardo, P. G. 1970 *The Human Choice: Individual, Reasons, and Order Versus Deindividuatin, Impulse and Chaos Nebraska Symposium on Motivation.* University of Nebraska Press.

第9章

Andreassi, J. L. 2000 *Psychophysiology*. 4th ed. London: Lawrence Erlbaum.

Bell, P. A., Greene, T. C., Fisher, J. D., & Baum, A. 2001 *Environmental Psychology*. 5th ed. Orlando: Harcourt College Publishers.

Brantingham, P. J. & Faust, F. L. 1976 A conceptual model of crime prevention. *Crime and Delinquency*, **22**, 284-296.

Christianson, S.Å. 1992 Emotional stress and eyewitness memory: A critical review. *Psychological Bulletin*, **112**, 284-309.

Clarke, R. V. G. 1980 "Situational" crime prevention: Theory and practice. *British Journal of Criminology*, **20**, 136-147.

福島　章　2001　子どもの犯罪と脳　科学，**71**, 699-702.

Goldstein, A. P., Glick, B., & Gibbs, J. C. 1998 *Aggression Replacemant Training: A Comprehensive Intervention for Aggressive Youth*. Champaign, Ill.: Research Press.

平　伸二　2009　脳機能研究による concealed information test の動向　生理心理学と精神生理学，**27**, 57-70.

Hollin, C. R. 1989 *Psychology and Crime: An Introduction to Criminological Psychology*. London: Routledge.

Kleiner, M. 2002 Physiological detection of deception in psychological perspective: A theoretical proposal. In M. Kleiner（Ed.）*Handbook of Polygraph Testing*. London: Academic Press. Pp.127-182.

小西聖子　1996　犯罪被害者の心の傷　白水社

熊本万里子　2001　中学校クラス集団における非行予防プログラムの作成および教育効果の検討　鳴門教育大学大学院修士論文

小俣謙二　1999　近隣地域における犯罪被害及び犯罪不安に関与する要因の環境心理学的研究，犯罪心理学研究，**37**, 1-13.

小俣謙二　2000　犯罪抑止条件に関する環境心理学的研究：犯罪抑止をもたらす住居構造及び近隣地域の特徴を中心に　平成10年度，11年度科学研究費補助金（萌芽的研究）研究成果報告書

Raine, A. 1993 *The Psychopathology of Crime: Criminal Behavior as a Clinical Disorder*. San Diego: Academic Press.

Raine, A., & Liu, J. H. 1998 Biological predispositions to violence and their implications for biosocial treatment and prevention. *Psychology, Crime and Law*, **4**, 107-125.

斉藤文夫　1995　TATによる非行少年の攻撃性に関する一考察　犯罪学雑誌，**61**, 235-247.

瀬川　晃　1998　犯罪学　成文堂

Waldo, G., & Dinitz, S. 1967 Personality attributes of the criminal: An analysis of research studies, 1950-1965. *Journal of Research in Crime and Delinquency*, **4**, 185-202.

第10章

Andrews, D. A. & Bonta, J. 1998 *The Psychology of Criminal Conduct*. 2nd ed. Cincinnati: Anderson.

Bandura, A. 1973 Aggression. London: Prentice-Hall.

Crick, N. R. & Dodge, K. A. 1996 Social information-processing mechanisms in reactive and proactive aggression. *Child Development*, 66, 710-722.

藤岡淳子 2001 非行少年の加害と被害 誠信書房

原田隆之 2010 我が国の犯罪心理学における Evidence-based practice(EBP) の現状と課題 犯罪心理学研究, 48 (特別号), 261.

平 伸二・中山 誠・桐生正幸・足立浩平 (編) 2000 ウソ発見:犯人と記憶のかけらを探して 北大路書房

法務省矯正局 (編) 1998 現代の少年非行を考える:少年院・少年鑑別所の現場から 大蔵省印刷局

法務省矯正局 (編) 1999 家族のきずなを考える:少年院・少年鑑別所の現場から 大蔵省印刷局

法務省性犯罪者処遇プログラム研究会 2006 犯罪者処遇プログラム研究会報告書 http://www.moj.go.jp/ PRESS/060331-1.pdf

笠井達夫 1982 犯罪理論・心理学理論 菊田幸一・西村春夫 (編) 犯罪・非行と人間社会 評論社 Pp.33-40.

正木朋也・津谷喜一郎 2006 エビデンスに基づく医療 (EBM) の系譜と方向性:保健医療評価に果たすコクラン共同計画の役割と未来 日本評価研究, 6 (1), 3-20.

水田恵三 1994 状況要因の理解 水田恵三 (編) 犯罪・非行の社会心理学 ブレーン出版 Pp.297-326.

新田健一 2001 組織とエリートたちの犯罪 朝日新聞社

大渕憲一 2000a 攻撃と暴力 丸善ライブラリー

大渕憲一 2000b 攻撃性の社会心理学①〜⑦ 刑政, 111-5 〜 11.

大渕憲一・山入端津由・藤原則隆 1999 機能的攻撃性尺度 (FAS) 作成の試み:暴力犯罪・非行との関係 犯罪心理学研究, 37 (2), 1-14.

小野広明 2011 非行臨床の対象及び倫理としての社会 埼玉工業大学人間社会学部紀要第9号

ロフタス, E. & ケッチャム, K. (著) 1991 /厳島行雄 (訳) 2000 目撃証言「訳者あとがき」 岩波書店

再犯防止対策関連省庁連絡会議 2010 再犯防止施策の今後の展開:現状の課題と施策実現に向けた取組の方向性

Smithmyer, C. M., Hubbard, J. A., & Simons, R. F. 2000 Proactive and reactive aggression in delinquent adolescents: Relations to aggression outcome expectancies. *Journal of Clinical Child Psychology*, 29 (1), 86-93.

生島 浩 2010 エビデンスに基づいた犯罪心理学と刑事政策:「有効」と「有用」との差異 犯罪心理学研究, 48 (特別号), 263.

四方 光 2005 社会安全政策におけるエビデンス・ベイスト・ポリシーの意義 犯罪社会学研究, 30, 33-47.

津富 宏 2003 系統的レビューに基づく社会政策を目指して:キャンベル共同計画の取り組み 日本評価研究, 3 (2), 23-39.

植松 正 (編著) 1955 犯罪心理学 朝倉書店

事項索引

あ行

悪魔的思考　83
アスペルガー症候群　106
アノミー　118
アフォーダンス　177
いきなり型非行　99
一次的な欲求　153
一般相談　56
違法　115
院外委嘱教育　66
印象形成　137
エピソード記憶　144
fMRI　146
FBIアカデミーの行動科学課　22
エロトマニアストーカー　110
演繹的　25
円仮説　29

か行

快楽殺人　80
科学警察研究所　18
科学捜査研究所　13
学習　152
仮想現実　108
片親家族　159
カタルシス　167
価値観　180
家庭裁判所　4
家庭裁判所調査官補　11
環境悪説　159
環境心理学　146, 202
環境設計による犯罪防止 (CPTED)　203
環境犯罪学　28, 119
干渉　144
鑑別結果通知書　58
帰属過程　138
帰納的　25
客体的自覚　139
強化　152
強化随伴性　227
矯正教育　62

矯正施設　4
拠点犯行型　29
金融機関強盗　90
虞犯行為　47
クラインフェルター症候群　117
グリコ・森永事件　82
警察機関　4
警察組織　18
刑事訴訟法　125
刑法　122
刑罰　122
刑務所　6, 68
劇場型犯罪　82
公訴　125
強盗　88
行動主義心理学　143
行動セッティング　177
公判手続　126
コソ泥　86
国家公務員採用試験　9
個別化の理念　219
個別的処遇計画　65
小松川女子高校生事件　82
コンピュータウイルス　197

さ行

罪刑法定主義　123
裁決質問　43
最小空間分析 (SSA)　52
再生　144, 206
在宅鑑別　58
再認　144
参与観察　185
シカゴ学派　119, 175
自己　137
自己開示　139
自己決定　166
事後情報の影響　145
資質鑑別　6, 58
自助努力　166
実験心理学　214
児童自立支援施設　62

シノモルフ　177
社会悪説　159
社会心理学　137
社会生態学　176
社会的アイデンティティ理論　192
社会的学習理論　222
社会的コントロール理論　119
社会的勢力　137
社会的認知　137
集団　137
主観的ファンタジー　83
受容　131
少年院　6
少年鑑別所　6, 54
少年刑務所　68
少年相談　46
少年法　16
少年補導　5, 46
処遇　61
しょく罪指導　220
書字行動　34
女性警察官　97
処理水準理論　144
事例研究　185
侵入窃盗　85
侵略者　87
スキル　183
ストーカー　110
ストックホルム症候群　93, 109
ストリート・コーナー・ソサイエティ　176
性格　152, 200
性格検査　60
生活空間　186
精神鑑定　118
精神生理学　145, 205
精神病質　118
精神分析学　120
生態学的心理学　177
性犯罪　94
性犯罪神話　94
生理心理学　143, 145
生理反応　13, 205
セクハラ　115
窃盗　84
説得的コミュニケーション　139

専門官　162
捜査　125
捜査心理学　52
ソーシャル・スキル・トレーニング (SST)　135
素朴理論　138

た行

対人認知　137
対人魅力　137
態度　137
多変量解析　24
魂の殺人　92
単親家族　159
地下鉄サリン事件　78
秩序型　22, 170
知能　152
知能検査　60
調査官　6
地理情報システム (GIS)　31, 53
地理的重心モデル　30
地理的プロファイリング　27
地理分析支援ツール　30
通勤犯行型　29
手口　184
電話相談活動　48
動機　152, 153
洞窟実験　192
同調　191
ドストエフスキー的思考　83
トラウマ（心的外傷）　93
取調べと自供　148
トルネード仮説　142, 192

な行

内集団びいき　193
2過程モデル　225
二次的な欲求　153
日本応用心理学会　129
日本心理学会　129
日本生理心理学会　129
日本犯罪学会　128
日本犯罪社会学会　129
日本犯罪心理学会　3, 128
日本被害者学会　129

日本法科学技術学会　129
認知心理学　143
脳波　145, 205

は行

ハッカー　196
発達　152
発達課題　153
バラバラ殺人　81
犯罪学　16, 119
犯罪社会心理学　16
犯罪者プロファイリング　5, 21
犯罪心理学　7
犯罪生活曲線　187
犯罪精神医学　16
犯罪の成立要件　123
犯罪分類マニュアル　170
反社会的価値観　192
犯人推論過程　149
犯・非行の準備状態　180
被暗示性　145
PET　206
被害者学　17, 119
非行深度　185
非行発生類型　181
筆者識別　35
筆跡鑑定　34
否定的な自我同一性　193
漂流（ドリフト）理論　119
フィールド　214
分化的接触理論　119
文書鑑定　13
報酬とコスト　224
法務教官　9
法務技官　10
保護観察　62
保護観察官　62
没個性化　191
ポリグラフ検査　5, 13, 39, 211
ホワイトカラー犯罪　226

ま行

マインドコントロール　139
無秩序型　22, 81, 170
目撃証言　15, 144
模倣犯　83

や行

有責　115
よう撃捜査　27

ら行

ラベリング理論　119
乱入者　85
リバプール大学　23
リンク分析　24
臨床心理学　131
累進処遇　71
レイセオリー　175
レイプ神話　94
連続児童殺傷事件　79
連続幼女誘拐殺人事件　78
ロールレタリング　66

わ行

和歌山カレー毒物混入事件　79

人名索引

あ 行

アイゼンク（Eysenck, H. J.） 68
アッシュ（Ash, S. E.） 191
安倍淳吉 16, 173
アンドリュース（Andrews, D. A.） 222
ウィックランド（Wicklund, R. A.） 139
ウイルソン（Wilson, C.） 83
ウェクスラー（Wechsler, D.） 154
植松 正 68, 212
大渕憲一 225
オールポート（Allport, G. W.） 155
小田 晋 77
小野広明 158

か 行

影山任佐 111
カンター（Canter, D.） 23
ギブソン（Gibson, J. J.） 177
クレッチマー（Kretchmer, E.） 21
グロス（Gross, L.） 110
コールバーグ（Kohlberg, L.） 132

さ 行

サザーランド（Sutherland, E. H.） 119
佐藤郁哉 17
シェリフ（Sherif, M.） 192
ジャクソン（Jackson, J. L.） 149
シュナイダー（Schneider, K.） 118
ジンバルドー（Zimbardo, P. G.） 191
スキナー（Skinner, B. F.） 152

た 行

ターベイ（Turvey, B. E.） 24
田村雅幸 5, 17, 80
デュルケーム（Durkheim, K.） 118

な 行

ナイサー（Neisser, U.） 143
西田公昭 139
新田健一 226

は 行

バーカー（Barker, R. G.） 177
ハーシ（Hirschi, T.） 119
ハヴィガースト（Havighurst, R. J.） 153
バンデューラ（Bandura, A.） 225
ファーンハム（Furnham, A. F.） 138, 175
福島 章 16, 117
藤岡淳子 222
ブラッセル（Brussel, J.） 22
ブランティンガム夫妻（Brantingham, P. J. & Brantingham, P. L.） 28
ブロイラー（Bleuler, E.） 106
ブロンフェンブレンナー（Bronfenbrenner, U.） 178
ヘアー（Hare, R. D.） 118
ベッカー（Becker, H. S.） 119
ヘッケル（Haeckel, E. H.） 176
ベルタランフィ（von Bertalanffy, L.） 178
ホーリン（Hollin, C. R.） 206
ホワイト（Whyte, W.） 17, 176
ボンタ（Bonta, J.） 222

ま 行

マッツァ（Matza, D.） 119
水田惠三 16, 142
ミルグラム（Milgram, S.） 191
ミンコフスキー（Minkowski, E.） 105
守屋克彦 16

や 行

山岡一信 80
吉益脩夫 119, 187

ら 行

レイン（Raine, A.） 205
レスラー（Ressler, R. K.） 80
ロフタス（Loftus, E. F.） 144
ロンブローゾ（Lombroso, C.） 21

編者紹介

笠井達夫（かさい・たつお）
1936 年　三重県に生まれる
1958 年　名古屋大学教育学部教育心理学科卒業
　　　　東京少年鑑別所長を経て，徳島文理大学人間生活学部教授（2011 年退職）
主　著　犯罪・非行と人間社会（共著）評論社　1982 年
　　　　問題行動の心理と指導（共著）福村出版　1983 年
　　　　潜在能力の発見（現代のエスプリ別冊）（共著）至文堂　1993 年
　　　　青少年の消費行動と非行に関する研究調査（共著）総務庁青少年対策本部
　　　　1997 年

桐生正幸（きりう・まさゆき）
1960 年　山形県に生まれる
1984 年　文教大学人間科学部人間科学科心理学専修退学（学位授与機構より学士（文
　　　　学），東亜大学大学院より博士（学術）を授与）
　　　　山形県警察本部科学捜査研究所心理主任研究官を経て
現　在　関西国際大学人間科学部人間心理学科教授
主　著　ウソ発見：犯人と記憶のかけらを探して（共編著）北大路書房　2000 年
　　　　幼い子どもを犯罪から守る（共編著）北大路書房　2006 年
　　　　嘘とだましの心理学（共著）有斐閣　2006 年
　　　　犯罪者プロファイリング入門（共編著）北大路書房　2006 年
　　　　性犯罪の行動科学（共編著）北大路書房　2010 年
　　　　犯罪者プロファイリングは犯人をどう追いつめるか　河出書房新社　2011 年

水田惠三（みずた・けいぞう）
1958 年　広島県に生まれる
1983 年　東北大学大学院文学研究科博士課程前期修了
　　　　山形少年鑑別所法務教官兼技官を経て
現　在　尚絅学院大学総合人間科学部教授
主　著　犯罪・非行の社会心理学（編著）ブレーン出版　1994 年
　　　　図とイラストでよむ人間関係（編著）福村出版　2001 年

著者一覧 (執筆順)

笠井達夫	(編者)	第1章1節, 第10章3節
川邉 譲	(駿河台大学心理学部)	第1章2節-1, 第6章1節
舘山亜希子	(福島家庭裁判所)	第1章2節-2
長澤秀利	(岩手県警科学捜査研究所)	第1章2節-3, トピックス
水田惠三	(編者)	トピックス, 第4章1節, 第5章1節, 第6章2節, 第8章
横井幸久	(愛知県警科学捜査研究所)	第2章1節
三本照美	(福島県警科学捜査研究所)	第2章2節
須川幸治	(石川県警科学捜査研究所)	第2章3節
中山 誠	(関西国際大学人間科学部)	第2章4節
田中純夫	(順天堂大学スポーツ健康科学部)	第2章5節
岩見広一	(北海道警科学捜査研究所)	トピックス
出口保行	(東京未来大学こども心理学部)	第3章1節・3節, トピックス, 第7章1節
小野広明	(埼玉工業大学人間社会学部)	第3章2節, 第7章2節・3節, 第10章2節
桐生正幸	(編者)	第4章1節, トピックス, 第6章3節, 第10章1節
高村 茂	(徳島県警科学捜査研究所)	第4章2節
田口真二	(熊本県警科学捜査研究所)	第4章3節
奥村雄介	(府中刑務所)	第4章4節
岡田智子	(元ジャーナリスト)	第5章2節
手塚新樹	(保安通信協会)	トピックス
山崎勝之	(鳴門教育大学)	第9章1節
小俣謙二	(駿河台大学心理学部)	第9章2節
平 伸二	(福山大学人間文化学部)	第9章3節
佐藤達哉	(立命館大学文学部)	トピックス
川端壮康	(尚絅学院大学総合人間科学部)	トピックス

犯罪に挑む心理学 Ver.2
―現場が語る最前線―

2002年12月 1 日	初版第 1 刷発行
2009年12月20日	初版第 6 刷発行
2012年 8 月10日	Ver.2 第 1 刷印刷
2012年 8 月20日	Ver.2 第 1 刷発行

定価はカバーに表示
してあります。

編 者　笠 井 達 夫
　　　　桐 生 正 幸
　　　　水 田 惠 三

発 行 所　㈱北大路書房
〒603-8303　京都市北区紫野十二坊町 12-8
　　　　　電　話　(075) 431-0361㈹
　　　　　FAX　　(075) 431-9393
　　　　　振　替　01050-4-2083

© 2002, 2012

制作／T.M.H.　イラスト／よしのぶもとこ　印刷・製本／㈱太洋社
検印省略　落丁・乱丁本はお取り替えいたします。
ISBN978-4-7628-2781-5　　　　　Printed in Japan

・ JCOPY 〈㈳出版者著作権管理機構 委託出版物〉
本書の無断複写は著作権法上での例外を除き禁じられています。
複写される場合は，そのつど事前に，㈳出版者著作権管理機構
(電話 03-3513-6969,FAX 03-3513-6979,e-mail: info@jcopy.or.jp)
の許諾を得てください。

北大路書房の犯罪心理学関連図書

- **犯罪と市民の心理学**
  －犯罪リスクに社会はどうかかわるかー
  小俣謙二, 島田貴仁　編著／A5・320頁・3360円

- **少年非行の行動科学**
  －学際的アプローチと実践への応用－
  小林寿一　編著／A5・264頁・2625円

- **犯罪者プロファイリング入門**
  －行動科学と情報分析からの多様なアプローチー
  渡邉和美, 高村　茂, 桐生正幸　編著／A5・216頁・1995円

- **幼い子どもを犯罪から守る！**
  －命をつなぐ防犯教育－
  岡本拡子, 桐生正幸　編著／A5・184頁＋16頁・1680円

- **犯罪心理学**
  －行動科学のアプローチー
  C. R. バートルら　著　羽生和紀　監訳／A5・702頁・6825円

- **捜査心理学**
  渡辺昭一　編／A5・280頁・2625円

- **都市の防犯**
  －工学・心理学からのアプローチー
  小出　治　監修　樋村恭一　編集／A5・274頁・3360円

- **地理的プロファイリング**
  －凶悪犯罪者に迫る行動科学－
  D・キム・ロスモ　著　渡辺昭一　監訳／A5・318頁・2940円

- **ウソ発見**
  －犯人と記憶のかけらを探して－
  平　伸二, 中山　誠ら　編著／A5・286頁・2310円